GRöLS Verlage

„Bücher sind wie Fallschirme. Sie nützen uns nichts, wenn wir sie nicht öffnen."

Gröls Verlag

Redaktionelle Hinweise und Impressum

Das vorliegende Werk wurde zugunsten der Authentizität sehr zurückhaltend bearbeitet. So wurden etwa ursprüngliche Rechtschreibfehler regelmäßig *nicht* behoben, denn kleine Unvollkommenheiten machen das Buch – wie im Übrigen den Menschen – erst authentisch. Mitunter wurden jedoch zum Beispiel Absätze behutsam neu getrennt, um den Lesefluss zu erleichtern.

Um die Texte zu rekonstruieren, werden antiquarische Bücher von Lesegeräten gescannt und dann durch eine Software lesbar gemacht. Der so entstandene Text wird von Menschen gegengelesen und korrigiert – hierbei treten auch Fehler auf. Wenn Sie ebenfalls antiquarische Texte einreichen möchten, finden Sie weitere Informationen auf www.groels.de

Viel Freude bei der Lektüre wünscht Ihnen das Team des Gröls-Verlags.

Adressen

Verleger: Hermann-Josef Gröls,

Im Borngrund 26, 61440 Oberursel

Externer Dienstleister für Distribution & Herstellung:

BoD, In de Tarpen 42, 22848 Norderstedt

Unsere „Edition | Werke der Weltliteratur“ hat den Anspruch, eine der größten und vollständigsten Sammlungen klassischer Literatur in deutscher Sprache zu werden. Nach und nach versammeln wir hier nicht nur die „üblichen Verdächtigen“ von Goethe bis Schiller, sondern auch Kleinode der vergangenen Jahrhunderte, die – zu Unrecht – drohen, in Vergessenheit zu geraten. Wir kultivieren und kuratieren damit einen der wertvollsten Bereiche der abendländischen Kultur. Kleine Auswahl:

Francis Bacon • Neues Organon • **Balzac** • Glanz und Elend der Kurtisanen • **Joachim H. Campe** • Robinson der Jüngere • **Dante Alighieri** • Die Göttliche Komödie • **Daniel Defoe** • Robinson Crusoe • **Charles Dickens** • Oliver Twist • **Denis Diderot** • Jacques der Fatalist • **Fjodor Dostojewski** • Schuld und Sühne • **Arthur Conan Doyle** • Der Hund von Baskerville • **Marie von Ebner-Eschenbach** • Das Gemeindekind • **Elisabeth von Österreich** • Das Poetische Tagebuch • **Friedrich Engels** • Die Lage der arbeitenden Klasse • **Ludwig Feuerbach** • Das Wesen des Christentums • **Johann G. Fichte** • Reden an die deutsche Nation • **Fitzgerald** • Zärtlich ist die Nacht • **Flaubert** • Madame Bovary • **Gorch Fock** • Seefahrt ist not! • **Theodor Fontane** • Effi Briest • **Robert Musil** • Über die Dummheit • **Edgar Wallace** • Der Frosch mit der Maske • **Jakob Wassermann** • Der Fall Maurizius • **Oscar Wilde** • Das Bildnis des Dorian Grey • **Émile Zola** • Germinal • **Stefan Zweig** • Schachnovelle • **Hugo von Hofmannsthal** • Der Tor und der Tod • **Anton Tschechow** • Ein Heiratsantrag • **Arthur Schnitzler** • Reigen • **Friedrich Schiller** • Kabale und Liebe • **Nicolo Machiavelli** • Der Fürst • **Gotthold E. Lessing** • Nathan der Weise • **Augustinus** • Die Bekenntnisse des heiligen Augustinus • **Marcus Aurelius** • Selbstbetrachtungen • **Charles Baudelaire** • Die Blumen des Bösen • **Harriett Stowe** • Onkel Toms Hütte • **Walter Benjamin** • Deutsche Menschen • **Hugo Bettauer** • Die Stadt ohne Juden • **Lewis Caroll** • *und viele mehr....*

Inhalt

Hugo Bettauer

Der Kampf um Wien

1. Kapitel

Flanagan kommt nach Wien und wundert sich.

An einem Morgen des frühen Dezember stieg ein junger, großer, muskulöser Mann aus dem Schlafwagen des Paris – Bukarest Expreßzuges, der eben in die Halle des Westbahnhofes eingerollt war. Hinter ihm stand ein baumlanger Neger mit allerlei Handkoffern beladen, und beide, der Herr wie der Diener, wunderten sich. Der Neger, weil keinerlei Träger nahten, um ihm zu helfen, der Herr, weil er ein ähnliches Ungeheuer von Bahnhof, ein solch Konglomerat von Schmutz, Enge und Unzweckmäßigkeit noch nie erblickt hatte. Schließlich kam doch ein Träger, und der Herr wies auf das Gepäck des Negers und sagte in reinem, fließendem und doch fremd klingendem Deutsch:

„Hier mein Gepäckschein, beheben Sie die zwei Koffer, nehmen Sie das Handgepäck und besorgen Sie ein Auto." Was der Träger darauf erwiderte, erschien dem jungen Mann ein absolut unverständliches Kauderwelsch, und erst als sich ein Bahnhofbeamter in die Unterhaltung mengte, erfuhr er, daß der Träger wohl die Koffer beheben, aber ein Auto nicht besorgen könne, weil er nicht das Recht habe, irgendwelchen Dienst außerhalb des Bahnhofes zu versehen. Worauf sich der Herr wieder wunderte und kopfschüttelnd nach einer Halle ging, die ihm eine Mischung von Schweinestall und Obdachlosenheim zu sein schien. Dort wartete er geduldig, bis die zwei großen Lederkoffer zum Vorschein kamen, dann gings ins Freie, wo ihn sofort Männer umringten und in einem Deutsch, von dem er wieder kaum hie und da ein Wort verstand, auf ihn einsprachen. Mittlerweile wurde das Gepäck herangerollt, und die kleinen und großen Koffer konnten endlich auf ein Mietauto verstaut werden, worauf der Neger sich neben den Chauffeur setzte, während der Herr im Kupee Platz nahm und als Ziel das Hotel Imperial angab.

In flotter Fahrt ging es die Mariahilferstraße abwärts, und der junge Mann im Wagen flog auf und nieder und lachte vergnügt vor sich hin, weil es ihm ein ganz Neues war, in einem Auto mit zersprungenen Federn über ein Pflaster, das aus Hügeln und Gruben zu bestehen schien, zu fahren. Er wollte ein Fenster herablassen, aber das ging nicht, weil der Griff abgebrochen war, und so begnügte er sich damit, mit dem Lederhandschuh die Feuchtigkeit von der Glasscheibe, die einen Sprung hatte, zu wischen und so einen Ausblick auf die Straße zu gewinnen. Es war neun Uhr und viele Leute gingen die Straße entlang, aber der junge Mann vermißte das Großstadttempo, es schien ihm, als ob alle diese Männer und Frauen einen schleppenden Gang hätten, als ob niemand in Eile wäre. Hie und da gingen Menschen langsam statt auf dem Bürgersteig auf dem Fahrdamm, und dann dröhnte warnend und mißtönig die Autohupe, und die Bedrohten fluchten und sprangen in komischem Zickzack hin und her, bis sie in Sicherheit waren. Der junge Mann lächelte vergnügt und dachte: Dies gehört wohl zur Gemütlichkeit, die ja in Wien ihre Heimat haben soll! Ich werde mich an vieles gewöhnen, vieles verstehen lernen müssen.

Nun kam ein kurzes Stückchen Ring und dann der freie, große Schwarzenbergplatz, aber vorher schon querte das Auto die Ringstraße und hielt vor dem Hotel Imperial. Männer mit grüner Schürze kamen heran, halfen beim Aussteigen und belehrten den Fremden, daß er den neuntausendfachen Betrag von fünf Kronen vierzig Heller zu bezahlen habe plus einem Trinkgeld, dessen Höhe in seinem Belieben stehe. Der junge Herr lachte hell auf, weigerte sich aber, auf der Straße bei eben einsetzendem leichten Regen die schwierige Multiplikation vorzunehmen, sondern überließ die Ordnung der Angelegenheit dem inzwischen herbeigekommenen Portier, einem älteren Mann von respektablem Exterieur mit goldbetreßter Mütze. Aber er wunderte sich abermals, denn das Wort Trinkgeld, dessen Bedeutung ihm trotz gründlicher Beherrschung der deutschen Sprache fremd war, beschäftigte ihn und er beschloß, recht bald in Erfahrung zu bringen, warum Leute in Wien Geld bekommen müssen, wenn sie Durst haben. Und dunkel erinnerte er sich, gehört zu haben, daß Wien ein ganz besonders gutes Quellwasser habe. Arme Stadt, dachte er, die ihren Bewohnern das Trinkwasser verkaufen muß.

Im Hotelbureau verlangte der Fremde, nach seinen Zimmern geführt zu werden.

„Ja, welche Zimmer wünschen der Herr?“ fragte mit einem Blick auf den Neger, der einen sicheren Schluß auf den Reichtum des Passagiers ziehen ließ, sehr höflich ein Herr im schwarzen Gehrock, der Direktor genannt wurde.

„Nun“, erwiderte ein wenig gereizt der Fremde, „ich habe doch gestern nachts von Salzburg aus mich telegraphisch angemeldet.“

„Haben der Herr die Depesche dringend oder gewöhnlich aufgeben lassen?“

„Dringend oder gewöhnlich? Das verstehe ich nicht! Ich denke, daß jede Depesche dringend ist.“

Der Direktor lächelte diskret.

„Jawohl, mein Herr, aber bei uns in Österreich werden gewöhnliche Depeschen sehr oft per Post befördert und dann kommt es vor, daß sie ebenso lange, wenn nicht länger, unterwegs sind als ein Brief.“

Der Fremde riß den Mund vor Erstaunen auf.

„Wissen Sie, was das nach unserem primitiven amerikanischen Menschenverstand ist? Ein ganz gemeiner Betrug, eine infame Gaunerei! Und wenn so etwas die Western Union täte, so ließe ich ihren Manager glatt wegen Betrug und Herauslockung von Geld unter falschen Vorspiegelungen verhaften.“

Der Direktor war froh, endlich erfahren zu haben, daß der Herr ein Amerikaner sei und sein Lächeln wurde noch verbindlicher.

„Sir, bei uns ist das Telegraphenwesen verstaatlicht und der Staat –“

„Kann seine Bürger wie er will betrügen“, ergänzte der Amerikaner. „Aber nun sagen Sie, kann ich bei Ihnen Zimmer bekommen oder nicht?“

„Bitte sehr, mein Herr, natürlich, Zimmer, wie viele Sie wollen. Es kommen ja fast keine Fremden, alles stagniert – ja, früher, vor einem Jahr, da hätte der Herr von Hotel zu Hotel fahren müssen. Wünschen ein Zimmer allein oder eines mit Bad?“

„Für meinen Diener eines mit Bad, und für mich ein Appartement, Schlafzimmer und Parlor und selbstverständlich auch ein Badezimmer. Muß nicht groß sein, aber einigermaßen behaglich.“

Das Wort Parlor – die amerikanische Bezeichnung für Salon – erfüllte den Direktor mit Genugtuung und er führte den Amerikaner und dessen schwarzen Diener mit dem Lift in das zweite Stockwerk. Dort überlegte er einen Augenblick, dann öffnete er zögernd eine Tür.

„Dies wäre unser schönstes Appartement. Hier ein kleiner Vorraum mit separater Garderobe, dann dieser Salon, ein Schlafzimmer und anstoßend das Badezimmer.“

Der Amerikaner war von der distinguierten Eleganz, mit der die Räume möbliert waren, angenehm berührt.

„Nehme ich! Und nun bringen Sie in meiner nächsten Nähe meinen Diener Sam unter!“

Um allen späteren Weiterungen vorzubeugen, beschloß der Direktor, gleich jetzt den Preis zu nennen. „Das Appartement ist eigentlich für zwei Personen berechnet und ein wenig kostspielig. Mit dem Dienerzimmer zusammen würde ich bei längerem Aufenthalt zwei Millionen pro Tag in Anrechnung bringen.“

Der Gast erschrak zuerst, als er diese ungeheuerlich klingende Summe hörte. Dann lachte er hell auf.

„Beinahe dreißig Dollars! Na, ungefähr der New Yorker Preis. Mit der Wiener Billigkeit, von der mir drüben so viel erzählt wurde, scheint es ja vorbei zu sein.“

„Jawohl mein Herr, wir haben die Weltparität erreicht, vielfach sogar überschritten und daher eben die Stagnation, die Wien noch ganz zugrunderichten wird. Ich werde nun die Koffer heraufschicken."

Ein paar Minuten später war Sam in voller Tätigkeit. Das Handgepäck wurde aufgeschnürt, der Liegekoffer geöffnet, der Schrankkoffer aufgestellt, zischend floß das heiße Wasser in die Badewanne und Sam goß über den schlanken, von der Hitze des Wassers geröteten und dampfenden Körper seines Herrn flüssige Seife, Bayrum und reinen Alkohol und begann zu kneten und zu reiben, daß ihm der Schweiß über die schwarze Stirne floß und sein Herr stöhnte. Während er ihm dann den Seifenschaum über das Kinn pinselte, sagte er vergnügt grinsend im breiten Negerenglisch:

„Master Ralph, Wien gute Stadt sein tut."

„Warum das, Sam?"

„Draußen war hübsches weißes Mädchen mit blondem Haar, auf dem komische Haube saß. Immer, wenn ich vorbeiging, hat sie mich angelacht, so daß ich Mut bekam und sie in Arm zwickte. O Master, Arm war weich und fein! Und das Mädchen hat nicht mit dem Fuß nach mir gestoßen, sondern mir nur Schlag mit kleinen Patschhändchen gegeben und gelacht. Master, glauben Sie, daß Wiener Mädchen mich lieben werden?"

Der Herr platzte belustigt heraus:

„Sam, paß auf, mach' mir keine Unannehmlichkeiten hier im Hotel! Aber du hast recht, wenigstens hat man mir schon auf dem Schiff erzählt, daß sich deine farbigen Brüder bei den deutschen Mädchen durchaus keiner Unbeliebtheit erfreuen."

„Werde ich also probieren, Master", sagte Sam und verdrehte in Erwartung kommender Freuden die Augen und grinste, daß die schneeweißen Zähne zwischen den wulstigen brennroten Lippen hervorleuchteten.

Sam durfte sich mit seinem Herrn schon einige Frechheiten erlauben, denn er war sein Milchbruder, das heißt, Sams Mutter war die Amme des jungen Amerikaners gewesen.

Der Amerikaner war nun angezogen, besah im Spiegel seine schlanke, in einen dunkelblauen Cheviotanzug gekleidete Gestalt und das glattrasierte Gesicht, aus dem die braunen Augen klug und freundlich blickten. Er strich nochmals die hellbraunen seidenweichen Haare mit der Bürste zurück, dann ließ er sich von Sam in einen hellgrauen mit Biber gefütterten Tuchpelz helfen, setzte den grauen Seidenplüschhut auf und ging voll Erwartung hinunter, um die ihm neue Stadt zu betreten, das ihm neue, fremde Leben kennen zu lernen und in einer Welt unterzutauchen, von der er sich das große Erlebnis, die hohe Mission und die Ergründung des Menschentums versprach.

In der Halle hielt ihn der Portier mit der Bitte auf, den Meldeschein auszufüllen. Wieder wunderte der Amerikaner sich. Was geht andere Menschen meine Religion, mein Alter an? Warum nicht gleich mich nach meiner Gesinnung, meinen politischen Anschauungen und Neigungen fragen? Doch er füllte mit großen, steilen, festen Buchstaben den Schein aus.

Patrick Ralph O'Flanagan, geboren 1892 zu St. Paul in Minnesota, Bürger der Vereinigten Staaten von Nordamerika, katholisch.

Nun war noch die Rubrik „Beruf“ frei. Der Amerikaner zögerte einige Sekunden und überlegte. Wie sollte er diese Frage beantworten? Mit „Vergnügungsreisender“ etwa oder „Privatier?“

Beides würde der Wahrheit entsprechen, aber doch nicht ganz, denn eigentlich war er ja, bevor er nach Europa fuhr, Präsident der „American Wood- und Forest Trust Company“ geworden. Und da Patrick Ralph O'Flanagan sich, soweit es ging, gerne an die volle Wahrheit zu halten pflegte, schrieb er diesen Titel hin. Ohne zu ahnen, welch verhängnisvolle Tat er damit beging und wie sehr er sein ganzes Leben beeinflußte.

2. Kapitel
Wie Ralphs Mutter einen Amerikaner geheiratet hatte.

Es hatte aufgehört zu regnen, der Himmel war blau geworden, und fahle kühle Sonnenstrahlen beleuchteten den Dezembertag.

Ralph O'Flanagan stand vor dem Hotel, ließ den Blick nach links und rechts schweifen, und das Bild, das sich ihm bot, war von so eigenartiger Lieblichkeit, wie er es nach der Fahrt im schäbigen Autotaxi wirklich nicht vermutet hatte. Er querte den Ring, ging bis zur Oper und betrachtete mit hellem Entzücken und unverdorbenem primitiven, aber um so echteren Verständnis den harmonischen Bau und freute sich auf die Kunstgenüsse, die er ihm bieten würde. Oft genug hatte ihm ja seine Mutter von der Wiener Oper, von der Bild und der Schläger, dem Winkelmann und Reichmann erzählt. Und immer hatten ihre Augen vor Stolz dabei geleuchtet, so daß einmal sein Vater mit schneidendem Hohn ausgerufen hatte:

„Machst ja gerade, als hätte die Oper dir gehört!"

Ralph O'Flanagan bog, nachdem er einen Taschenplan zu Hilfe gezogen, in die Kärntnerstraße, und nun erst empfand er es, in einer Großstadt zu sein. Die Straße fast so belebt wie das New Yorker Tenderloin, elegante Herren, schöne Frauen in kostbaren Pelzen, nach der neuesten Mode gekleidet, geschmackvolle Auslagen, gefüllt mit den besten und schönsten Erzeugnissen Wiener Schneider- und Modekunst.

Ralph lächelte und zog einen Vergleich. Die New Yorker Damen traten mit mehr Selbstbewußtsein auf, diese Wienerinnen aber da mit entschieden mehr Grazie. Und wie sie mit ihren großen, schelmischen Augen zu flirten verstanden! Ralph errötete unter dem Kreuzfeuer von Blicken, die mit Wohlgefallen an ihm hängen blieben, und wieder mußte er seiner Mutter gedenken.

„Kokett sind ja die Wiener Mädeln", hatte sie einmal gesagt, „auch leichtsinnig, aber dabei gut und lieb."

Schon fühlte sich Ralph vom Tempo des Wiener Lebens erfaßt, langsam wie noch nie in seinem Leben schlenderte er bis zum Stephansplatz, blieb mit weit aufgerissenen Augen vor dem Dom stehen und schloß sich dann dem Mittagsbummel auf dem Graben an. Aber seine Gedanken waren nicht mehr in der neuen Stadt, flogen weit zurück übers Meer und den halben amerikanischen Kontinent, zur toten Mutter, zum freudlosen, nüchternen Elternhaus, zu seinem früheren Leben, aus dem er mit einem jähen Ruck gerissen worden war.

Patrick Ralph O'Flanagan war als das einzige Kind des Sägewerksbesitzers John Patrick O'Flanagan und dessen Gattin Lola, geborene Holub, in St. Paul, der größten Stadt des nordwestlichen Staates Minnesota, aufgewachsen. Sein Vater ein Hüne, Typus des Irländers mit Stiernacken, breiten Schultern, mächtigen Fäusten, trockenem Witz und eisernem Schädel. Die Mutter klein, zierlich, mädchenhaft auch noch mit vierzig Jahren. Und wenn der Vater einen Jähzornanfall bekam und zu brüllen begann, dann wurden ihre großen blauen Augen ganz dunkel und feucht, sie erzitterte am ganzen Leib wie ein junges Reh, und später, als Ralph zwölf und mehr Jahre alt geworden, geschah es oft, daß Frau Lola wie hilfesuchend den Arm ihres Sohnes ergriff, wenn der Vater harte Worte sagte.

Mutter hatte aber neben tausend lieben, guten Eigenschaften auch eine sehr drollige, über die Ralph jetzt, mitten am Wiener Graben, bei der Erinnerung laut auflachen mußte. Mutter hatte nämlich nie ordentlich die englische Sprache erlernen können! Wohl konnte sie sich mit jedermann vollständig und leicht verständigen, jedes englische Buch glatt lesen, aber ihrem Englisch haftete ein entschiedenes Wienerisch-Deutsch an, und wenn sie in Aufregung geriet oder vor ihrem großen, mächtigen Mann Angst hatte, vergaß sie die englische Sprache ganz und produzierte ein Kauderwelsch, über das sich der kleine Ralph krank lachen konnte, der Vater aber erst recht in Tobsucht geriet. Mama sagte ihrem Jungen, wenn sie mit ihm allein war, immer wieder auf deutsch:

„Ralpherl, weißt, ich hab' ja schon so gut englisch sprechen können, aber später, wie ich mit O'Flanagan ein paar Wochen verheiratet war, hab' ich alles wieder vergessen.“ Wobei zu bemerken ist, daß seine Mutter von ihrem Gatten nie anders als „der O'Flanagan“ sprach.

Mamas Geschichte hatte sich folgendermaßen abgespielt:

Der in Fachkreisen sehr bekannte Wiener Architekt Rudolf Holub hatte im Jahre 1889 von einer großen amerikanischen Gesellschaft den ehrenvollen Auftrag erhalten, herüber zu kommen, um sich am Bau einer mächtigen Brücke über den Delaware zu beteiligen. Und da Rudolf Holub ein armer Teufel trotz seines Ruhmes war und das amerikanische Angebot materiell sehr verlockend, so nahm er an und fuhr mit seiner Frau und dem kaum siebzehnjährigen Töchterchen Lola nach Amerika. Frau und Tochter blieben in New York in einer netten deutschen Pension, Architekt Holub aber fuhr mit den übrigen Architekten, Zeichnern und Ingenieuren dorthin, wo die Brücke gebaut wurde.

Einen einzigen Brief bekam seine Frau von ihm: In diesem Brief hieß es:

„Mir ist bange nach Euch, so bange, wie ich es gar nicht sagen kann. Alles erscheint mir hier wild, so roh und brutal. Der Wind wird zum Orkan, der Regen zum Wolkenbruch, Sonnenwärme zur Höllenqual. Es ist, als wollte sich die amerikanische Erde gegen den weißen Eindringling zur Wehr setzen. Mir ist gar nicht wohl zu Mute, dumme, haltlose Träume und Ahnungen bedrücken mich.“

An einem Montag hatte Frau Holub diesen Brief bekommen und am folgenden Dienstag erschien einer der Manager der Gesellschaft bei ihr und teilte ihr mit, daß ihr Gatte am Samstag von einem gestürzten Eisenpfeiler erschlagen worden sei. Er kondolierte herzlich und außerdem gab er der Witwe noch einen ganzen Wochengehalt, wobei er versicherte, daß Amerikaner nobel seien.

Und Frau Holub stand, der englischen Sprache nicht mächtig, mit ihrem zarten, bildschönen Töchterchen, das hübsch singen und etwas klavierspielen, aber sonst auch gar nichts konnte, mittellos im fremden Lande da.

Die kleine Lola entwickelte ungeahnte Energien. Nachdem sie sich ausgeweint hatte, begab sie sich eines Tages im Oktober nach der vierzehnten Straße, bog auf den Irving Place ein und blieb mit hochklopfendem Herzen vor einem recht schäbigen Theatergebäude stehen, dessen bunte Reklamezettel besagten, daß hier die Direktoren Gustav Amberg und Heinrich Conried Theater spielen. Lola hatte nämlich am Tag vorher in der Staatszeitung gelesen, daß das deutsche Theater durch die Erkrankung zweier weiblicher Mitglieder in arge Verlegenheit geraten sei und besonders das Operettenrepertoire sehr würde leiden müssen. Worauf Lola sich im Spiegel besah, feststellte, daß sie auch im schwarzen Fähnchen sehr reizvoll aussehe, sich im Parlor der Pension an das Klavier setzte, ein paar Töne anschlug und abermals befriedigt konstatierte, daß ihre Stimme gut und hell klinge.

Und nun stand Lola vor dem Theater, hatte Herzklopfen und traute sich nicht hinein. Bis ein freundlicher Mann mit mächtigem Schnurrbart vor ihr stand und nach ihrem Begehr fragte. Es war dies der sehr einflußreiche und wichtige Theaterdiener Herr Steinberg, ehemaliger k. k. Sicherheitswachmann in Wien! Da Steinberg das Mädchen nicht in der verhaßten englischen Sprache anredete, sondern „Freil'n" sagte, wurde sie zutraulich und erklärte, ein Engagement zu suchen. Worauf Steinberg sie ohneweiters beim Arm packte und in die Direktionskanzlei führte, in der eben Herr Amberg und Herr Conried einander die furchtbarsten Grobheiten an den Kopf warfen.

Fünf Minuten später stand Lola auf der Bühne, um, von dem Wiener Kapellmeister Lehner begleitet, das Liedchen zu singen:

„Weißt du Mutterl, was mir träumt hat..."

Abermals fünf Minuten später war Lola mit der schandbaren Gage von zwanzig Dollar wöchentlich als Soubrette an das Irving-Place-Theater engagiert.

Den Wert oder Unwert dieser Summe durchaus nicht erkennend, lief Lola beglückt nach Hause und fiel ihrer vergrämten und abgehärmten Mutter jubelnd um den Hals. Die Witwe lauschte der Botschaft, rote

Flecken traten in ihre mageren Wangen, sie griff sich mit den wachsgelben Händen ans Herz und sagte: „Kind, du mußt aber brav bleiben, auch wenn ich nicht mehr bin.“

Einige Wochen später, zwei Tage nachdem Frau Holub einem Herzleiden erlegen war, stand Lola auf den Brettern, die ihr die Rettung bedeuteten, und sang in der Fledermaus den Prinzen Orlowsky. Davon, daß sie in den Pausen schluchzte und von den mitleidigen Kollegen mit Whisky gelabt werden mußte, hatte das Publikum, dem die kleine Soubrette sehr gut gefiel, keine Ahnung.

3. Kapitel
Der Mann aus dem Westen.

So vergingen zwei, drei Monate mit ewigen Geldnöten und harten Versuchungen, sich eines neuen Hutes halber zu verkaufen, bis eines Sonntags abends ein sonderbarer Zufall in Gestalt des wohlhabenden Sägemüllers John Patrick O'Flanagan dem Leben der kleinen Lola eine merkwürdige Wendung gab.

John Patrick O'Flanagan war ein Irländer, der als junger Bursch nach Amerika ausgewandert war, sich zuerst jahrelang als Holzfäller im Westen herumgetrieben hatte, bis er durch zähen Fleiß, Schlauheit und eine tüchtige Portion Skrupellosigkeit zu eigenen Waldungen, erheblichem Wohlstand und einem schönen Haus in St. Paul gekommen war. Er war unbeweibt geblieben, einerseits weil er keine Zeit gehabt hatte, sich um Frauen zu kümmern, anderseits aber weil er eine instinktive Furcht hatte, sich unter das Joch einer amerikanischen Frau zu begeben, die, wie er überzeugt war, der Teufel erfunden hatte, um die Männer zu kujonieren.

Und nun war John Patrick nach vielen Jahren zum erstenmal nach dem Osten gekommen, hatte in Philadelphia große Verträge abgeschlossen und war dann nach New York gefahren, um mit den Direktoren der Erie-

Eisenbahn wegen Lieferung von Eisenbahnschwellen für zehntausend Kilometer Strecke abzuschließen.

Eines Sonntags unmittelbar nach dem Neujahrstag schlenderte der Mann aus Minnesota durch die Straßen und langweilte sich, wie sich ein Fremder nur im amerikanischen Osten langweilen kann. Die Kneipen geschlossen, die Theater und Variétes desgleichen, die Straßen wie ausgestorben, da der biedere New Yorker der Ansicht ist, ein anständiger Mensch habe am Sonntag zu Hause zu sitzen und zu beten.

Es war neun Uhr abends und John Patrick beschloß eben, innerlich einen derben irisch-wildwestlichen Fluch ausstoßend, das Hotel Netherland aufzusuchen, in dem er wohnte, als ihm an der Ecke der vierzehnten Straße und des Irving Place so etwas wie Musik in die Ohren tönte. Neugierig folgte er diesem Klang und kam so vor das deutsche Theater, vor dem Plakate in Englisch und Deutsch ankündigten, daß als „Sacred-Concert“ mit Gesangseinlagen der „Rabenvater“ gegeben werde. Es war damals nämlich ein Privilegium des deutschen Theaters, mit Rücksicht auf die Lebensgewohnheiten der Deutschen auch am Sonntag zu spielen, nur mußte ein frommes Mäntelchen umgenommen werden und jede Vorstellung den Charakter eines „Kirchenkonzertes“ haben. Das heißt, es durften keine Kostümstücke gegeben werden und zwischen den Akten wurden allerlei höchst unheilige Lieder und Couplets gesungen, so daß die Polizei, wenn sie die Augen zudrückte und die Hände dafür offen hielt, wirklich an ein Kirchenkonzert glauben konnte.

John Patrick O'Flanagan sprach zwar außer „Sauerkraut“ und „Frankfurter“ kein Wort deutsch, aber dachte, deutscher Gesang sei immerhin besser als keiner, ging zur Kassa und verlangte den besten Sitz, worauf der Kassier, ein ehemaliger österreichischer Generalstabsoffizier, ihm mit großer Ehrfurcht den Platz in der Orchesterloge, ganz dicht neben der Bühne, verkaufte.

Der erste Akt war eben zu Ende und ein Herr in einem schlechtsitzenden Frack sang mit schmalziger Stimme eine endlose Arie, die den Mann aus dem Westen zu heftigem Gähnen veranlaßte. Nach dieser Nummer wurde er aber ganz lebendig. Die Bühne betrat in einem blaßblauen, nur wenig ausgeschnittenen Kleidchen bescheidenster Art ein junges, blondes Mädchen, das wie eine kleine Puppe aussah und mit unwahrscheinlich veilchenblauen Augen schüchtern in das Publikum sah. Flanagan hatte, wie die meisten großen und robusten Männer, eine besondere Vorliebe für das Zarte und Kindhafte und außerdem war er sofort überzeugt, noch nie in seinem Leben ein so liebliches Ding und so blaue Augen gesehen zu haben. Das Mädchen sang mit zarter, aber wohlklingender Stimme ein paar Wiener Lieder, das unvermeidliche „Weißt du Mutterl, was mir träumt hat" und „Muß ja net alles von Gold sein was glänzt", und Flanagan, der natürlich nicht ein Wort verstand, setzte seine mächtigen Hände in Bewegung, klatschte wie toll, pfiff und trampelte dazu mit den Füßen, was in Amerika besonderen Enthusiasmus bedeutet, so daß die Sängerin einen erschreckten, großen Kinderblick auf ihn richtete und sich vor ihm nochmals besonders verbeugte.

Worauf O'Flanagan über und über rot wurde und ein so heftiges Herzklopfen verspürte, wie bisher nur einmal in seinem Leben, als er sich vor Jahren irgendwo in Wisconsin plötzlich allein zehn Rothäuten gegenübersah, die stürmisch nach seinem Skalp begehrten.

Die kleine Sängerin trat ab, O'Flanagan stellte mit Mühe und Not aus dem Programm fest, daß sie Lola Holub hieß, und als nach ihr eine imposante Germanin aus Berlin erschien, die sich während des Singens abwechselnd auf den vollen Busen und die mächtigen Schenkel schlug, ergriff er die Flucht.

Nach einer sehr unruhigen Nacht, in der ihm im Traume mehrfach die kleine deutsche Sängerin erschien, wickelte O'Flanagan seine Geschäfte erfolgreich ab, wobei er so zerstreut war, daß er die Direktoren noch mehr um die Ohren haute, als er eigentlich beabsichtigt hatte. Die übrigen Tagesstunden verbrachte er in nervöser Unruhe und abends war er eine viertel Stunde vor Beginn in der Orchesterloge des deutschen Theaters, wo irgend ein Lustspielschmarrn gegeben wurde. Er hatte Glück. Lola Holub war in dem Stück beschäftigt, sie gab einen der üblichen Backfische, die sich einbilden, daß der Leutnant die Kinder bringt, und hatte zwar nicht viel zu sprechen, war aber fast in jeder Szene auf der Bühne. Und unwillkürlich flog der Blick ihrer blauen Augen immer wieder zu dem großen Herrn in der Loge hin, der am Abend vorher seinem Beifall so laut Ausdruck gegeben.

O'Flanagan schwitzte vor Aufregung. Er wußte, daß er unbedingt noch heute diese Lola Holub kennen lernen mußte. Unbedingt und um jeden Preis. Und wenn John Patrick etwas wollte, so hatte er es noch immer durchgesetzt. Aber dieser Fall erschien ihm schwieriger als jeder bisherige. Wie lernt man eine Künstlerin kennen? Dieses Problem war ihm vollständig unbekannt. Plötzlich aber erinnerte er sich, einmal in einem Fünfcentroman gelesen zu haben, wie ein Graf einer Tänzerin seine Visitkarte mit einer Einladung zum Souper hinter die Bühne schickte. Also, er war kein Graf, aber dafür ein freier Amerikaner, der Geld hatte.

Sofort nach Schluß der Vorstellung begab er sich ins Foyer und erwischte einen langen, mageren Billeteur, den er ansprach. Dieser Theaterdiener war nun ein aus Wien durchgebrannter Hof- und Gerichtsadvokat namens Mansch und sofort im Bilde, als der Amerikaner ihm eine Fünfdollarnote in die Hand drückte und dabei etwas von Souper und Miß Lola Holub sprach. Er versicherte Flanagan in einem unmöglichen Englisch, daß die junge Dame höchst ehrbar sei, worüber Flanagan sehr erfreut war, er aber trotzdem sein Äußerstes tun werde.

Und Flanagan war wieder vom Glück begünstigt. Lola Holub hatte nämlich Hunger, den ausgewachsenen, gesunden Hunger eines jungen Mädchens, das um sieben Uhr in der Pension einen Schlangenfraß mit Unwillen verzehrt hatte und jetzt kein Geld besaß. Nicht einmal elende fünf Cents, für die es sich irgendwo eine Tasse Kaffee hätte kaufen können. Als ihr nun der ehrenwerte Doktor Mansch die Einladung zum Souper überbrachte, lief ihr das Wasser in ihrem kleinen Mäulchen zusammen, und vage Vorstellungen von einem Beefsteak oder gar Hummer benebelten ihre Sinne. Da zudem Frau Pietsch, die komische Alte, ihr in tiefem Baß zuredete: „Kleine, sein Sie nicht dumm, von einem Souper hat noch niemand ein Kind bekommen“, gab Lola sich einen Ruck, sagte sich: „Ach was, es ist wirklich nichts dabei, er sieht doch recht gutmütig aus“ und nahm an.

Der Abend verlief sehr merkwürdig. Die beiden saßen in einer behaglichen Ecke des deutschen Restaurants Lüchow, Lola aß Hummer und Steak und eine beinahe echte Sachertorte, und Flanagan wischte sich ununterbrochen den Schweiß von der Stirne und schüttelte ein Krügel Pschorr nach dem anderen in sich hinein. Darin bestand aber auch die ganze Unterhaltung, da sie nicht englisch und er nicht deutsch sprach. Erst gegen Mitternacht trat als belebendes Moment die Tatsache hinzu, daß O'Flanagan ein Händchen Lolas streichelte, wobei ihm seltsam rührselig zu Mute wurde und ihr ein Tränchen in die Augen trat, weil seit Mutters Tod niemand so sanft und zart ihre Hand gestreichelt hatte. Die Kollegen – na ja, die griffen anders zu, gemein, brutal und gierig, um sie, wenn sie abwehrte, eine dumme, zimperliche Gans zu nennen.

Schließlich geleitete der Riese die kleine Lola bis zu ihrem Haus und verabschiedete sich von ihr, indem er zehnmal mit gepreßter Stimme „Au revoir“ sagte.

Am nächsten Tag aber da geschah etwas, was Lola als echt amerikanisch empfand. Sie bekam in aller Herrgottsfrüh einen riesigen Korb mit roten Rosen und einen Brief, in dem ein Scheck auf 1000 Dollar lag. Der Brief lautete nach der Übersetzung durch die Pensionsinhaberin, die von Lola zu Hilfe gerufen werden mußte, folgendermaßen:

„Mein liebes Fräulein Holub! Ich bin gesund, fünfunddreißig Jahre alt, habe ein schönes Heim in St. Paul und eine Menge Geld. Sie gefallen mir sehr gut, und ich möchte Sie heiraten. Wenn Sie auch wollen, so bitte ich Sie, von der Bühne fortzugehen und Englisch zu lernen. In drei Monaten, zu Ostern, werde ich wieder in New York sein und Sie fragen. Heute muß ich zurück nach St. Paul. Also auf Wiedersehen im April.

Ihr Sie sehr verehrender John Patrick O'Flanagan.

P.S. Ich werde versuchen, auch Deutsch zu lernen. Aber ich glaube, es wird nicht gehen.“

Lola, voll Angst vor der Zukunft, im Bewußtsein, durchaus kein großes Bühnentalent zu sein, mit Schrecken an das Ende der Theatersaison denkend, überlegte nicht lange. Ging von der Bühne ab, nahm eine Lehrerin und verbrachte die ganzen Tage damit, sich mit Vokabeln und einer Aussprache vertraut zu machen, die ihr überaus unsympathisch waren.

Am Ostersonntag erschien tatsächlich John O'Flanagan in New York, machte ihr seinen Besuch im Salonrock, fand ihr Englisch drollig und entzückend, durfte sie küssen und am Dienstag im Rathaus heiraten.

So war aus einem Wiener Kind plötzlich Mrs. Lola O'Flanagan geworden.

4. Kapitel
Der reichste Mann der Welt.

Die Ehe verlief nicht so, wie es Lola gehofft, ihr Gatte erwartet hatte. Die beiden kamen einander nicht näher. Die Verschiedenartigkeit der Charaktere, der Vergangenheit, der Bildung, der Sprache und Abstammung waren zu groß, ließen sich nur solange überbrücken, als der erste Rausch der Sinne, den sie nie ganz teilen konnte, anhielt. Dann wußte Flanagan mit seiner kleinen Frau, die gerne Bücher las und Klavier spielte, nichts anzufangen. Irgendwie war er voll Mitleid mit diesem kleinen exotischen Vögelchen, irgendwie empfand er es auch mit seinen robusten Nerven, daß Lola nicht zu ihm, nicht nach Minnesota, nicht nach Amerika gehörte. Und wie es oft zu geschehen pflegte, wandelte sich das Mitleid in Groll, und wenn er grollte, wurde er laut, und wenn er dann sah, wie seine junge Frau erschrak und zu zittern begann, wurd er erst recht heftig.

Eine große Rolle spielte naturgemäß die Tatsache, daß Lola nicht Englisch genug konnte, um sich ihm gegenüber restlos verständlich zu machen, ihm zu sagen, was die Sprache nur in ganz umschriebener Weise ausdrücken kann. Als eines Tages Flanagan in einem häßlichen Wutanfall von ihr als einem „Dutch woman“ sprach und es als Schande bezeichnete, daß sie Englisch noch immer nicht perfekt konnte, da begann Lola ganz verwirrt zu werden und, so sonderbar es klingen mag, keine Fortschritte im Englischen zu machen, sondern Rückschritte.

Als nach zweijähriger Ehe der kleine Patrick Ralph geboren wurde, besserte sich vorübergehend das Verhältnis der Gatten, aber sowie das Kind groß genug war, um durch ein Ausstrecken der Ärmchen zur Mutter oder zum Vater seine größere Sympathie zu bezeugen, wurde die Entfremdung noch stärker. Lola überströmte mit ihrer ganzen Zärtlichkeit das Kind, sie sang ihm deutsche Lieder vor, lehrte ihm die ersten deutschen Worte, sprach nie englisch mit ihm, entzog ihn so bald als möglich der schwarzen Amme, ja sie brachte es dazu, daß sein kleiner Milchbruder Sam ebenfalls Deutsch erlernte.

O'Flanagan tobte und wetterte dagegen, aber vergebens, in diesem Punkt blieb die kleine ängstliche Frau stark, und wenn Flanagan schrie, daß die Wände zitterten, sah sie ihn nur groß und erstaunt an, ohne zu tun, wie ihr Gatte wollte.

Ralph hing denn auch mit viel größerer Zärtlichkeit an seiner Mutter, als es amerikanische Jungens sonst tun, und noch als er die Mittelschule besuchte, las er am liebsten gute deutsche Bücher, die ihm die Mutter heimlich kommen ließ. Als er sechzehn war, machte allerdings Flanagan dem ein Ende, indem er den Jungen zuerst nach San Franzisko, dann nach Chikago in die Lehre zu Geschäftsfreunden schickte, so daß die ewige Wienerin allein und einsam in dem kalten großen Haus zu St. Paul zurückblieb.

Sechs Jahre hindurch mußte Ralph in der Fremde bleiben, sich allein sein Brot verdienen, bis ihn der Vater zurückrief.

Er trat nun in den väterlichen Betrieb ein, ohne zu ahnen, wie groß dieser eigentlich war. Es gab da eine sehr komplizierte Korrespondenz mit einem Dutzend Aktiengesellschaften, zahllosen Sägewerken und Forsten, niemand aber bekam einen vollen Einblick in die Geschäfte, da

O'Flanagan alle Fäden in der Hand behielt und schwerwiegende Dinge nie mit seinem Sohn, sondern nur mit dem alten Prokuristen Herbert Walker beriet.

So innig das Verhältnis Ralphs zu seiner Mutter war, so wenig gut stand er mit dem Vater. Dieser sah in ihm einen durchaus unamerikanischen Schwärmer, einen halben Deutschen, einen müßigen Menschen, den die dummen deutschen Bücher viel mehr interessierten als die Geschäfte, der überhaupt keinen merkantilen Sinn hatte, ja es nicht einmal verstand, ordentlich energisch gegen die Arbeiter und Büroangestellten aufzutreten. Und einmal, zwei Jahre vor dem Beginn dieser Geschichte, kam es, als Ralph sich eines entlassenen Arbeiters annehmen wollte, zu einer heftigen Szene, die seitens des alten Flanagan mit den Worten beschlossen wurde:

„Wahrhaftig, am liebsten würde ich die Millionen, die ich erworben, in den See werfen! Du wirst es nie verstehen, ein solches Vermögen zu halten oder gar zu vermehren."

Damals erfuhr Ralph zum erstenmal, daß sein Vater Millionär sei.

Der große Weltkrieg kam, Ralph wurde rasch zum Offizier befördert, bevor er aber dazu kam, an die französische Front abzugehen, waren die Mittelmächte niedergebrochen, Deutschland gedemütigt und Österreich bei lebendigem Leib zerstückelt. Bitterlich weinte die noch immer zart und mädchenhaft aussehende Frau Lola, wenn sie von dem Elend Wiens, dem Hunger der Wiener Kinder, dem Jammer der alten Rentner las, und was sie an Geld, mit dem sie recht knapp gehalten wurde, erübrigen konnte, wanderte über den Ozean nach Wien. Lebendiger als je zuvor wurde ihr die Erinnerung an die geliebte Vaterstadt, stundenlang erzählte sie abends, wenn Ralph verdrossen und mit seinem Leben unzufrieden bei ihr saß und ihr Gatte noch bis in die Nacht hinein im Kontor arbeitete, von Wien, von der einzigartigen Schönheit dieser Stadt, ihren milden Sitten, die überall in Musik ausklängen, von Wiener Herzlichkeit und Gemütlichkeit.

Am 2. Dezember 1921 brachten die amerikanischen Zeitungen übertriebene Berichte von den Plünderungen, die in Wien vor sich gegangen seien, von Bränden, die die halbe Stadt verwüstet hätten, von tausenden Toten und offener Anarchie. Frau Lola, die sich nicht hatte abgewöhnen können, amerikanischen Zeitungen zu glauben, weinte in ihrem Bett stundenlang, am Morgen fühlte sie sich schwach und elend, der Arzt stellte ein schweres Herzleiden, Erbschaft ihrer Mutter, fest, und als der alte, weiß gewordene O'Flanagan alle Anordnungen traf, um seine Frau nach dem milden Süden der Floridanischen Küste zu schicken, war es zu spät. Die kleine Wienerin starb in den Armen des Sohnes und ihre letzten Worte waren:

„Wenn du einmal nach Wien kommst..."

Ein halbes Jahr später verlor Ralph auch den Vater. Es war die Nachricht eingelangt, daß ein mächtiges Sägewerk, fünfhundert Kilometer von St. Paul entfernt, in Brand geraten sei und O'Flanagan ließ es sich nicht nehmen, in der Nacht die Fahrt per Auto dorthin anzutreten. Ungeduldig feuerte er den Chauffeur zu immer größerer Geschwindigkeit an, bis der mächtige Wagen gegen einen Prellstein fuhr, sich überschlug und unter seinen Trümmern O'Flanagan begrub.

Unmittelbar nach dem Leichenbegängnis, an dem ganz St. Paul teilnahm, wurde das Testament eröffnet, und Ralph erfuhr zu seinem maßlosen Erstaunen, daß er Alleinherr eines Vermögens war, das alle Begriffe übertraf. Die Zeitungen übertrieben nicht wesentlich, als sie verkündeten, daß der kaum dreißigjährige Ralph O'Flanagan einer der reichsten Männer, wenn nicht gar der reichste der Welt sei, und die Erbschaftsbehörden waren wochenlang beschäftigt, bevor sie vollen Einblick in den Umfang der O'Flanaganschen Betriebe gewannen. In eingeweihten Kreisen sprach man davon, daß O'Flanagan der Herr eines Großteils der amerikanischen Wälder und der Besitzer von drei Viertel Aktien der größten Holzindustrien des Landes gewesen sei. Man munkelte von einem Totalvermögen von mehr als tausend Millionen Dollar, womit Rockefeller auf die zweite Stelle verdrängt worden sei.

Ralph stand all dem fassungslos gegenüber. Er hatte das Leben eines beliebigen Durchschnittsamerikaners geführt, als erwachsener Mensch von seinem Vater einen Gehalt bezogen, der knapp für seine kleinen Auslagen reichte, die ersehnte Europareise war ihm nicht gestattet worden, wenn eine Rechnung vom Buchhändler kam, schimpfte sein Vater über unsinnige Verschwendung, karg und hart war seine ganze Jugend gewesen und nun stand er plötzlich als moderner Krösus, als unabhängiger Herr und Gebieter, dem die ganze Welt gehörte, da.

Daß er nicht das Zeug in sich hatte, weiterhin den Industriekönig zu spielen und Millionen zu erraffen, wußte Ralph ganz genau, und er war beglückt, als wenige Wochen nach Vaters Tod der alte Walker ihm vorschlug, aus allen den vielen Unternehmungen eine einzige große Aktiengesellschaft zu bilden, an deren Spitze er nur nominell stehen würde. Einige Wochen vergingen mit den Vorbereitungen, dann konnte der junge O'Flanagan in Begleitung seines Dieners und Milchbruders Sam nach New York fahren, wo die Verhandlungen zum Abschluß kamen. Die ganz Nordamerika, Kanada und Mexiko umspannende American Wood- and Forest Trust Company war gebildet, Ralph O'Flanagan ihr nomineller Präsident, ohne eigentlichen Beruf, aber mit dem vollen Bewußtsein der Verantwortung, die ihm sein unschätzbares Vermögen auferlegte, stand er der Zukunft gegenüber.

Wie sich diese Zukunft vorläufig gestalten würde, stand für ihn vollständig fest. Die letzten Worte seiner geliebten Mutter waren schicksalsbestimmend. Er wollte in seine Urheimat, in die Stadt, aus der er durch das Herz seiner Mutter die Liebe zu allem Höheren geerbt hatte. Er wollte dieses Wien, das er liebte, ohne es zu kennen, erfassen, wollte sehen, ob sich der Niedergang eines Kulturzentrums durch werktätige Arbeit, der fast unversiegbare Mittel zur Seite standen, aufhalten ließe.

Und so kam Ralph O'Flanagan im Dezember des Jahres 1922 nach Wien und machte seinen ersten Spaziergang durch die Straßen einer Stadt, die ihm fremd war und doch mit jedem Schritt ein wärmeres und behaglicheres Empfinden gab.

5. Kapitel
Das Mädchen in der Elektrischen.

Ralph verließ den Graben, ging aufs Geratewohl durch die Bognergasse über Hof und Freyung und zollte den Bankpalästen seine Bewunderung. Diese stieg, als ihm ein Passant auf seine Frage mitteilte, daß das Neugebäude der Kreditanstalt erst vor einem Jahr fertig geworden sei. Also hatte man in Not und Verarmung, trotz Teuerung und rasender Geldentwertung doch Mittel und Wege gefunden, um einen stolzen, kostbaren Bau zu errichten, einen Bau, der jenem Kapitalismus dient, dessen Ende nach dem Umsturz bevorzustehen schien.

Am Schottentor stand der Amerikaner fast hilflos einem Durcheinander von Wagen gegenüber. Er, der eben aus New York kam, wagte kaum, den Platz zu queren. Von links und rechts, von vorne und rückwärts kamen Straßenbahnwagen, Autos und Schwerfuhrwerke, und vergebens sah sich Ralph nach dem amerikanischen Policeman um, der drüben bei tausendfach dichtem Verkehr durch einen Wink mit der Hand Ordnung zu machen versteht.

Immerhin, es scheint auch so zu gehen, dachte O'Flanagan, aber schon ging es nicht mehr. Zwischen zwei Straßenbahnzüge kam ein Pferdewagen, und die drei bildeten einen Knäuel, einen Wirrwarr, der von Tobsuchtsanfällen begleitet wurde, an denen sich vier Schaffner, zwei Motormänner, ein Kutscher und etwa dreißig Passagiere und Passanten beteiligten.

Belustigt sah Ralph dem erheiternden Schauspiel zu. Plötzlich kreuzte sich sein Blick mit dem eines Mädchens, das in einem der Straßenbahnwagen saß. Ralph zuckte zusammen, fühlte, wie ihm das Blut in die Wangen schoß. Lieblicheres hatte er noch nie gesehen. Ein schlankes Ding mit dunkelblonden Haaren, deren Fülle der kleine Lederhut kaum bergen konnte. Große, schiefergraue Augen, von fast schwarzen Wimpern umrandet, sahen ihn, der fasziniert hinstarrte, fragend an, wandten sich rauh wieder ab und ein rosiger Hauch überzog das ovale, feine Gesicht.

In diesem Augenblick löste sich der Knäuel, der Kutscher hieb fluchend auf seine Pferde ein, die Motormänner kurbelten an und fuhren weiter.

Ralph zögerte, kam zu spät zum Entschluß, den Wagen, in dem das Mädchen saß, zu besteigen. Schon hatte ein Postelektromobil ihm den Weg versperrt, und in voller Fahrt sauste die Elektrische die Währingerstraße entlang.

Ralph war es aber, als würde durch die Scheiben hindurch ihn noch ein Blick aus den traumhaft schönen Augen treffen. Rasch wandte er sich an einen Schutzmann mit der Frage, wohin der eben entschwundene Wagen fahre. Und schrieb die Antwort „Nach Währing in die Kreuzgasse“ in sein Notizbuch.

In der Zwischenzeit hatte man sich im Hotel Imperial mit der Person des neuangekommenen Amerikaners befaßt und es war ein seltsames Interview zustandegekommen.

Der kleine Doktor Züngel, Spezialreferent der „Presse“ für englische und amerikanische Angelegenheiten, hatte wieder einmal seine Runde durch die Ringhotels gemacht, um nach interessanten Persönlichkeiten zu fahnden. Erst im Hotel Imperial kam Doktor Züngel auf seine Rechnung. „Ralph O'Flanagan, mit Diener“, das klang schon nach etwas. Nun ist der irische Name O'Flanagan drüben nicht selten und der Journalist ließ sich zur genaueren Information das Original des Meldescheines geben. Als er das Wort „Präsident der American Wood and Forest Trust Company“ las, blitzten seine Äuglein und eine graue Strähne hob sich vom sonst kahlen Schädel, ein Zeichen höchster Erregung. „Himmel!“ schrie er, „das ist ja der Millionär O'Flanagan, was sag ich, der Milliardär, der neueste Dollarkrösus!“ Und er erinnerte sich, vor Monaten, nachdem der alte O'Flanagan gestorben war, seitenlange Artikel mit Bildern in den amerikanischen Zeitungen gesehen zu haben, ja, er hatte aus ihnen sogar einen kleinen Artikel für die „Presse“ unter der Überschrift „Der reichste Mann der Welt“ exzerpiert, worauf neunhundert Wohlfahrtsaktionen und zehntausend private Schnorrer von der „Presse“ die genaue Adresse des Krösus verlangt hatten.

„Wo ist er? Kann ich ihn sprechen?“ schrie Dr. Züngel dem Portier zu.

„Ist weggegangen, aber da draußen steht sein Diener, vielleicht kann der Ihnen sagen, wann Mister O'Flanagan zurückkommt.“

6. Kapitel
Sam wird interviewt.

Und nun entwickelte sich ein eigenartiger Dialog zwischen Sam und dem Wiener Journalisten. Dieser sprach englisch, Sam aber, stolz auf seine, wenn auch mangelhaften Kenntnisse der deutschen Sprache, erwiderte deutsch. Sam war auch durchaus bereit, Rede und Antwort zu stehen, erstens weil es ihm sein Herr nicht nachdrücklich untersagt hatte, anderseits, weil er auf seinen Herrn maßlos stolz war und sich nicht das Vergnügen versagen wollte, so viel Rühmliches als nur möglich über ihn zu erzählen. So erfuhr denn Doktor Züngel, daß dieser junge O'Flanagan eine Mutter gehabt hatte, die Wienerin war. (Ha! Welch Sensation!) Und daß sie mit dem Mädchennamen Holub geheißen und ihr Vater ein Brückenmacher gewesen, den ein böses Eisenstück totgeschlagen. Und er erfuhr, daß Mister Ralph ein guter Herr sei und sehr gescheit und ungeheuer viel Bücher gelesen habe, und bei jeder derartigen lobenden Erwähnung stupste der Neger den Journalisten und sagte grinsend:

„Schreib genau auf, daß kein Dummheit in dein Paper erzählst.“

Nun wollte aber Dr. Züngel noch etwas wissen, und zwar das Allerwichtigste. Zu welchem Zweck nämlich der reichste Mann der Welt nach Wien gekommen sei.

Sam kratzte sich das wollige Haupt.

„Well ich nicht wissen genau, aber meinen, weil Mutter hier geboren.“

„Aha, er will sich Wien ansehen und dann wieder wegreisen?“

„Nein, paß auf, daß kein Dummheit in dein Paper schreibst. Master will lange hier bleiben, sehr lange, Jahr vielleicht oder mehr. Paß auf, Mann von die Zeitung, ich gehört haben, wie Master auf Schiff, Dame, die ihn gefragt hat, sagte: Ich zusammengehören mit Wien und vielleicht versuchen, arme Stadt vor Niedergang zu retten. Well, paß auf, Master hat so viel Geld, daß er kann kaufen mit ein einziges Scheck ganze Stadt mit alle Häuser."

In diesem erhebenden Moment, da Dr. Züngel sich vornahm, kategorisch für seine Sensation die erste Seite der „Presse" zu verlangen, erschien Ralph O'Flanagan, sah den Mann mit Notizbuch und Bleifeder zu Sam fragend aufblicken, erfaßte sofort die Situation und bekam einen maßlosen Schrecken.

„Sie wünschen, mein Herr?" fragte er so schroff, daß Dr. Züngel noch kleiner wurde und sein grauer Haarsträhn eine Volte schlug.

„Gestatte mich vorzustellen, Dr. Züngel von der „Presse". Da Mister O'Flanagan nicht anwesend waren, habe ich mir gestattet, von Ihrem Diener einige Informationen –"

„Herr", unterbrach Ralph erbost, „ich bin durchaus keine interessante Persönlichkeit, über die es Informationen einzuholen gibt. Ich bin hier ein Privatmann, wie jeder andere, und möchte dringend bitten, sich um mich nicht zu kümmern."

Sprach's, ging und machte Sam einen solchen Krach, daß dieser von nun an Zeitlungsleute ärger als die Pest scheute.

Doktor Züngel aber kam noch gerade rechtzeitig zum Abendblatt ins Bureau und einige Stunden später wußte ganz Wien, daß der reichste Mann der Welt, Mister Patrick O'Flanagan, in Wien mit der ausgesprochenen Absicht weile, Österreich zu sanieren. Und daß dieser O'Flanagan hiezu eine Art moralische Verpflichtung fühle, da seine Mutter eine Wienerin, Tochter des Architekten Rudolf Holub, gewesen sei, und der Krösus zweifellos unverzüglich mit dem Bundeskanzler Dr. Seipel sowie dem Finanzminister Dr. Kienböck in Fühlung treten werde. Daran schloß sich ein Leitartikel, der genau dasselbe nochmals mit Leidenschaft sagte, und dann im Finanzteil eine längere Betrachtung von einem „hervorragenden Finanzmann", der der Bevölkerung die erschütternde Mitteilung machte, daß ein Dollar erheblich mehr sei als eine Krone, ja eine Million Dollar sogar mehr als siebzig Milliarden wären.

Ralph O'Flanagan bekam einen Wutanfall, Sam eine, allerdings recht gelinde, Ohrfeige und der Hoteldirektor mußte zwei kräftige Hausdiener mit der Spezialaufgabe betrauen, alle lästigen Besucher hinauszukomplimentieren.

7. Kapitel.
Man interessiert sich für Ralph.

Der Generaldirektor der „Bankgesellschaft“, Herr Klopfer-Hart, saß in seinem in gediegenster englischer Art ausgestatteten Bureau und dachte angestrengt nach, daß sich eine Falte inmitten der hohen energischen Stirne bildete. Der kleine, gedrungene Herr mit dem weißen, fast viereckigen Bart und den noch immer nicht ganz weißen, bürstenartig aufrecht stehenden Haaren, zu denen die buschigen, bis vor kurzem noch pechschwarzen, jetzt auch schon gebleichten Augenbrauen vortrefflich harmonierten, galt als der bedeutendste, willenstärkste Kopf unter den führenden Bankleuten, deren Zahl nach dem Umsturz Legion geworden war. Und trotzdem er ein hoher Sechziger war, verstand er seine Zeit, ging mit ihr, wußte genau, wie weit und wie wenig weit ein modernes Bankinstitut gehen mußte und durfte, um einerseits nicht zurückzubleiben, anderseits nicht auf eine Stufe mit schwindelhaften Konjunkturbanken zu sinken.

Direktor Klopfer-Hart, den der Umsturz um den Geldadel, nicht aber um das Geld gebracht hatte, ließ die Finger durch den Bart gleiten und las nochmals den rotumränderten Zeitungsausschnitt, den ihm mit hundert anderen der Leiter des Preßbureaus hatte vorlegen lassen.

Nun ein Druck auf den Taster, und sein Privatsekretär kam herein.

„Doktor, dieser Ralph O'Flanagan interessiert mich. Vielleicht ist ein Körnchen Wahrheit an der Sache, die da in der Presse steht. Vielleicht auch nur ein neuer Duim, jedenfalls hat der Name bisher unter den Amerikanern nicht gezählt. Bitte, kabeln Sie sofort an Seligmann nach New York um genaue Auskunft.“

Der Auftrag war kaum erteilt, das Kabelgramm noch nicht abgegangen, als einer der zahllosen Prokuristen, der, der den amerikanischen Kreditverkehr unter sich hatte, um Vortritt bitten ließ.

„Herr Generaldirektor, ich glaube, die Depesche kann unterbleiben, denn eben ist mit der amerikanischen Post ein Schreiben der New Yorker Generaldirektion der Guarantee Trust Company angekommen, das sich auf diesen Ralph O'Flanagan bezieht.“

Klopfer-Hart, der englisch so gut wie deutsch sprach, nahm dem Prokuristen das Schreiben aus der Hand und las:

„Wir ersuchen Sie, Mister Ralph O'Flanagan aus St. Paul, Minnesota, der sich soeben nach Wien zu längerem Aufenthalt begeben hat, Kredit in jeder Höhe, der von ihm beansprucht wird, einzuräumen und mit den jeweiligen Beträgen unser Konto zu belasten. Abhebungen, die eine Million Dollar übersteigen, bitten wir, uns jedesmal per Kabel bekanntzugeben. Wir bitten, Mister O'Flanagan in jeder Beziehung, falls er es wünscht, mit Rat und Tat zur Seite zu stehen.“

Generaldirektor Klopfer-Hart zog die buschigen Brauen hoch.

„Sehr angenehm! Nun haben wir auch den prächtigsten Vorwand, direkt mit ihm in Fühlung zu treten. Keinesfalls darf er uns aus den Händen kommen.“

Nach kurzem Überlegen:

„Schicken Sie mir Herrn Heinrich Lank herein.“

Der Prokurist verbeugte sich schweigend, innerlich höchst indigniert, da er selbst sehr gerne dem goldenen Vogel aus dem Dollarlande nähergekommen wäre. Und nun dieses „Schlieferl“, dieser Geck mit Monokel und den Manieren eines Ladenprinzen!

„Wird kindisch, der Alte“, murmelte er vor sich hin, aber erst als er das Zimmer mit den grünbetuchten Doppeltüren weit hinter sich hatte.

Der Generaldirektor wußte genau, warum diesen Heinrich Lank, der erst vor kurzem aus einer anderen Bank übernommen worden war. Zweifellos der Eleganteste unter allen Herren, Manieren tadellos, bildhübsch, perfekt englisch, französisch und italienisch sprechend, Bankdiplomat comme il faut, im Bureau nicht hervorragend, keine Arbeitsbiene, aber um so besser bei delikaten Affären verwendbar. Und dieser Ralph O'Flanagan, der jetzt das ganze Interesse des Gewaltigen in Anspruch nahm, war erst dreißig Jahre alt. Also wahrscheinlich bereit, Dummheiten zu machen. Und auch Dummheiten ließen sich mitunter in große Geschäfte umsetzen.

Lank trat durchaus selbstsicher, bescheiden, aber nicht unterwürfig ein.

„Herr Generaldirektor haben befohlen? – –“

„Sie haben von der Ankunft eines Amerikaners namens Ralph O'Flanagan gelesen? Gut, dieser Herr ist uns durch die Guarantee Trust als Klient empfohlen worden. Suchen Sie ihn auf, stellen Sie sich ihm namens der Bank vollständig zur Verfügung. Hm, wenn es sich ohne Aufdringlichkeit machen läßt, so laden Sie ihn für Sonntag zum Tee bei mir ein. Aber vorsichtig, bitte! Immer Gentleman sein, nicht von Business reden. Das muß sich später von selbst machen. Hauptsache: Ihn in unsere Kreise ziehen. Sie wissen, oder sollten es wissen, die Depositen spitzt auf neue Geschäfte, seitdem der Castiglioni draußen ist. Überzeugen Sie sich, ob dieser Amerikaner wirklich sozusagen Österreich sanieren will. Und wenn ja, mit welchen Summen, auf welche Art. Die Sache ist wichtig. Bedenken Sie, daß, wenn es dem Mann oder seinen Hintermännern einfallen würde, ein paar Millionen auf die ausländischen Märkte zu werfen, um Kronen zu kaufen, eine rapide Kronenhausse entstehen könnte. Natürlich möchte ich das vorher wissen. Und mit niemand im Hause über das, war wir hier besprochen haben, reden. Ich vertraue Ihnen!“

Der Generaldirektor reichte dem jungen Mann die fleischige, Energie und brutalen Willen ausströmende Hand, ein Beweis höchster Gunst.

Heinrich Lank war noch in der Türe, als er zurückgerufen wurde.

„Sie stenographieren perfekt? So, ich werde meinem Doktor Lieblich die Prokura erteilen und Sie an seiner Stelle zu meinem Privatsekretär machen. Hm, vorausgesetzt, daß Sie sich in dieser Angelegenheit bewähren."

Mit dem Direktorposten im Tornister entfernte sich Lank. Jeder Privatsekretär muß früher oder später Direktor werden. Er weiß zu viel...

Ralph, der um diese Stunde bei der neu hergerichteten Uhr am Schottentor stand und jedesmal, wenn ein F-Wagen angefahren kam, nervös an ihn herantrat und durch die Scheiben die Passagiere musterte, hatte keine Ahnung, daß sich die verschiedenartigsten Persönlichkeiten für ihn lebhaft zu interessieren begannen. Und er wäre nicht wenig erstaunt gewesen, hätte er gewußt, daß gerade jetzt auch der Bundeskanzler, Prälat Doktor Seipel, im Kanzleipalais mit dem Bleistift zerstreut ein- über das anderemal den exotischen Namen Ralph O'Flanagan auf ein Blatt Papier kritzelte. Soeben hatte er telephonisch mit dem Chef der Staatspolizei gesprochen, von ihm aber nicht mehr erfahren können, als der Meldeschein besagte. Nun beschied er seinen Präsidialisten, den Sektionsrat Winder, zu sich.

Der Bundeskanzler, durchaus nicht der höfliche Weltpriester, wie ihn seinerzeit Colleredo repräsentierte, sondern scheinbar ganz einfach, gutmütig, hie und da einem nervösen Temperament mehr die Zügel schießen lassend als liebsam war, ein gutmütiges Lächeln um die dünnen Lippen, das sich allerdings beim Sprechen leicht in Suffisance verwandelte, ging in seinem langen schwarzen Salonrock, der ihm zu eng zu sein schien, die Arme dicht an den Leib gepreßt, als würde er sich dadurch vor weitausgreifenden Bewegungen hüten wollen, in dem schönen, alten, ehrwürdigen und geschichtsreichen Zimmer auf und ab.

„Sie, Winder, dieser Amerikaner interessiert mich. Daß mir den die Juden nur nicht gleich in die Hände bekommen! Wenn das wahr ist mit der Mutter, die Wienerin war, und seiner Absicht, hier irgendwie zu helfen – das könnte uns über viele Schwierigkeiten hinweghelfen. Die Wahlen stehen vor der Türe und wir brauchen Geld, Geld und wieder Geld! Na ja, die jüdischen Banken werden uns schon tüchtig geben, aber sympathischer wäre es schon, von so einem ganz Fremden. – Aber das mit dem reichsten Mann der Welt kann auch Schwindel sein. Wir müssen uns halt erkundigen."

„Nichts leichter als das, Exzellenz. Ich brauch nur bei der Länderbank anzurufen und den Direktor Blauer zu bitten. Er wird sofort kabeln. Aber nein, ich hätte beinahe vergessen, daß wir ja jetzt in Washington eine Gesandtschaft haben! Also gleich lasse ich per Kabel dort anfragen."

„Lieber Winder", sagte der Kanzler und putzte sich die Brillengläser, während ein mokantes Lachen seine Lippen verzog, „lieber Winder, ganz gut, daß Sie den Gesandten vergessen haben, denn der weiß sicher nichts und bevor er antwortet, ist unser Amerikaner schon mitten in irgend einer Clique drin. Und mit der Länderbank brauchen Sie sich auch nicht zu bemühen. Ich habe bessere Beziehungen." Und der Kanzler ließ sich mit der päpstlichen Nunziatur verbinden, sprach dort mit einem hochwürdigen Herrn italienisch und eine halbe Stunde später ging eine Kabeldepesche an den katholischen Erzbischof Farley in Boston ab. Die Antwort kam am nächsten Tag und der Kanzler las sie mit verkniffenen Lippen, während er nervös auf den Tisch trommelte:

„Verstorbener John Patrick O'Flanagan galt in St. Paul als guter Katholik, der auf eigene Kosten eine hübsche Kirche errichten ließ. Sohn ist als Freigeist bekannt, besuchte auch Sonntags nicht den Gottesdienst, bekannte sich bei den letzten Wahlen zum Sozialismus, für den er seine Stimme abgab. Hat Entrüstungskundgebung über Gefangenhaltung des Sozialistenführers Debs mitunterschrieben. Dürfte tatsächlich an Reichtum hinter Astors und Rockefellers nicht nachstehen." Der Kanzler pfiff gedämpft vor sich hin und gab dann seinem Präsidialisten den Auftrag, O'Flanagan durch die Staatspolizei ständig beobachten zu lassen und es dazu zu bringen, daß der Amerikaner beim Bundeskanzler seine Karte abgebe.

8. Kapitel
Ein Blick hinter die Kulissen.

Ralph, ohne eine Ahnung zu haben, daß er beobachtet, kontrolliert, vivisexiert wurde, war ärgerlich und unzufrieden. Seitdem der Artikel in der „Presse“ erschienen war, verbeugten sich die Hotelbediensteten, die Chauffeure auf der Straße vor dem Hotel, die Kellner und sogar der alte Dienstmann an der Ecke bis zum Boden vor ihm und trotz aller Abwehrmaßregeln ließ es sich nicht vermeiden, daß ihn auf der Straße Damen und Herren ansprachen, seine Hilfe für sich selbst oder für Aktionen, die sie leiteten, erbaten, daß er täglich hundert und mehr Briefe bekam, kurzum plötzlich im Mittelpunkt einer ihm fremden Welt stand.

Das war ihm aber mehr als unbequem, belastete sein Gewissen. Ralph war aus tiefster Überzeugung ein Feind jeder sogenannten Wohltätigkeitsaktion. Er wäre sofort bereit gewesen, große Beträge zur Aufrichtung einer Existenz zu geben, weigerte sich aber, seine Hilfe einer Suppen- und Teeanstalt zu gewähren. Elend müsse an der Wurzel, in seinen Ursachen behoben werden, meinte er, nicht aber in seinen Erscheinungen. Arbeitslose brauchen Arbeit, aber kein Almosen. Es habe keinen Sinn, Kindern Schuhe zu schenken, sondern die Eltern dieser Kinder müssen in der Lage sein, selbst Schuhe zu kaufen.

Ralph sah, daß durch die Ungeschicklichkeit seines Dieners sein geheimster, noch nicht einmal in Gedanken ausgetragener Plan, Österreich zu helfen, verraten worden war, fühlte, daß es für ihn keinen Rückzug mehr gab, wollte er nicht das Andenken an die geliebte Mutter schmähen, aber er sah noch nicht den richtigen Weg vor sich. Und deshalb hatte er nicht ungern die Einladung des Herrn Heinrich Lank, der gestern bei ihm gewesen war, angenommen, um so mehr, als der Privatsekretär des Generaldirektors ihm versichert hatte, er würde in der Villa des Herrn Klopfer-Hart viele kluge, einflußreiche Männer kennen lernen.

Heute hatte Ralph O'Flanagan durch Zufall Gelegenheit, einen tieferen Einblick in das Wiener Leben zu bekommen, einen Blick hinter die noch immer schönen und stattlichen Kulissen zu tun.

Die Tage vorher war heftiger Schnee gefallen und an allen Straßenkreuzungen arbeiteten außer den städtischen Angestellten zahllose per Stunde und Tag aufgenommene Schneeschaufler. Für den jungen Amerikaner war der Anblick ergreifend. Er sah zarte junge Mädchen, deren blau gefrorene Hände die schwere Schaufel kaum halten konnten, Männer mit Zwicker oder Brille, denen man nur zu deutlich ansah, daß sie nicht bei körperlicher Arbeit groß geworden, Kinder, kaum der Schule entwachsen, Frauen, die im Schnee arbeitend auf den Hut und die mottenzerfressene Pelzboa nicht verzichten konnten.

Es war zwölf Uhr mittags und Ralph stand an der Ecke der Stadiongasse und des Ringes in unmittelbarer Nähe eines Häufleins Schaufler, die eben kurze Rast machten. Unter ihnen befand sich ein alter Herr mit weißem Knebelbart, der sich erschöpft an den Haltestellenpfahl lehnte. Ralph überwand sein angeborenes Taktgefühl und sagte scheinbar obenhin:

„Ungewohnte Arbeit, mein Herr, was?“

Der Alte lächelte.

„Hätte es mir im Jahre 1912, als ich mich von der Firma, bei der ich vierzig Jahre Buchhalter gewesen war, pensionieren ließ, nicht träumen lassen, daß ich – Aber was soll man machen? Eine alte Frau zu Hause und einen kranken Bruder – verhungern will man doch nicht und so nimmt man das weiße Brot, das vom Himmel fällt.“

Andere Schaufler waren hinzugetreten. Ein junges Mädchen klagte: „Ich hab die Handelsschule absolviert und war froh, verdienen zu können, und jetzt finde ich keine Stellung. Man kann sich ja auch gar nicht ordentlich umschauen, das Porto, das Briefpapier ist so teuer und eine Fahrt mit der Elektrischen kaum zu erschwingen. Und den Eltern, denen es selbst nicht gut geht, will man halt doch nicht ganz zur Last fallen.“

Eine Frau mit nicht unfeinen Gesichtszügen stimmte ein:

„Wenn man sich nur nicht so um die Kinder ängstigen müßte. Sie sind allein zu Haus, vormittags geh' ich bedienen, nachmittags wieder, und sie werden mir noch ganz verkommen. Jetzt hab' ich für den Vormittag keine Arbeit und so verdien' ich mir halt Zehntausend mit dem Schneeschaufeln.“

Der Amerikaner biß sich auf die Lippen, steckte dem alten Herrn ein Bündel österreichischer Banknoten zu, die er lose in der Hosentasche trug, und raste davon, ohne sich nochmals umzusehen.

Elend genug hatte er auch in den amerikanischen Großstädten gesehen, aber hier erschien ihm alles hoffnungsloser, peinigender zu sein als in den New Yorker und Chikagoer Slums. Dort konnten sich die Menschen immer wieder aufraffen, hier war das Elend resigniert, müde, dumpf.

Er ging dem Schottentor zu und wartete, wie gestern und vorgestern, einen F-Wagen nach dem anderen ab. Schämte sich dieses nutzlosen und knabenhaften Beginnens und konnte doch nicht die Hoffnung aufgeben, das blonde Mädchen mit den großen, klugen, grauen Augen, das er am Tage seiner Ankunft wie im Fluge gesehen, wieder zu finden.

9. Kapitel
Ein Gespräch mit dem Kanzler.

Als er dann schließlich müde, erfüllt von Unlustgefühlen, nach dem Hotel zurückkehrte, wartete Sektionsrat Winder auf ihn, überbrachte die Grüße der Regierung, die sich glücklich schätze, einen so illustren Gast zu beherbergen, und versicherte, daß sich der oberste Beamte Österreichs, der Bundeskanzler, sicher freuen würde, Mister Ralph O'Flanagan kennen zu lernen.

Ralph war auf das peinlichste überrascht. Fremde Mächte griffen nach ihm, zerrten ihn, der in aller Stille sehen, prüfen und urteilen hatte wollen, ins grelle Tageslicht, verwickelten ihn in Affären, deren Tragweite er noch nicht kannte. Aber was tun? Wäre es nicht verletzende Mißachtung gewesen, wenn er der Einladung des Oberhauptes eines kleinen, unglücklichen, aber kulturell so hoch stehenden Landes nicht folgte? Würde sich nicht jeder Fremde in Amerika glücklich schätzen, wenn ihn Präsident Harding einladen wollte? Und vielleicht, wahrscheinlich sogar war der österreichische Bundeskanzler, dessen Namen Ralph vorläufig nicht einmal kannte, dem amerikanischen Präsidenten in mehr als einer Beziehung überlegen. Er selbst aber? Was war er denn?

Nichts als ein durch den Zufall der Geburt enorm reicher Mann, der aber sonst noch nichts geleistet, keinerlei Beweise für Wert oder Unwert gegeben.

So zwang sich denn Ralph zur ausgesuchtesten Höflichkeit und erklärte, es würde ihm ein Vergnügen sein, beim Bundeskanzler vorzusprechen.

Der Präsidialist atmete auf.

„Doktor Seipel wird sich wirklich freuen. Wenn es Mister O'Flanagan vielleicht heute passen würde? Nachmittags um vier Uhr ist der Kanzler frei.“

Je rascher das vorübergeht desto besser, dachte der Amerikaner und nahm an.

Gleich nach dem Luncheon begab sich Ralph nach einer der großen Autoausstellungshallen am Ring, prüfte mit Kennerblick die prachtvollen Wagen, entschied sich für einen glanzvoll ausgestatteten 60 HP-Wagen mit geschlossener Karosserie, knüpfte aber an den Kauf einige Bedingungen:

„Ich nehme das Auto nur, wenn mir innerhalb einer Stunde eine Garage, ein erstklassiger Chauffeur zur Verfügung steht, Öl und Benzin besorgt wird und der Wagen fix und fertig vor dem Hotel Imperial steht.“

Wenn es durchaus sein muß und jemand von einem Preis von 450 Millionen nicht einen Heller herunterhandelt, kann man sich auch in Wien eilen und das Unmögliche möglich machen. Und so stand denn wirklich um drei Uhr das funkelnagelneue Auto mit einem wie ein depossedierter Fürst aussehenden Chauffeur vor dem Hotel.

Einige Minuten später hatte es den Amerikaner nach der Herrengasse 7 gebracht und ohne auch nur die üblichen fünf Minuten warten zu müssen, wurde Ralph dem Bundeskanzler vorgestellt.

Dr. Seipel war ganz Wohlwollen und Jovialität, rückte Schachteln mit Zigarren und Zigaretten herbei und begann:

„Ich danke Ihnen für Ihren Besuch, der ja nicht ausbleiben konnte, wenn die Zeitungsnachrichten wahr sind, die besagen, daß Sie, um das Andenken Ihrer seligen Mutter zu ehren, hier in diesem so klein und arm gewordenen Lande helfend eingreifen wollen."

„Wahr und nicht wahr sind diese Nachrichten, Herr Bundeskanzler! Im Tiefinneren liegt mir allerdings das Schicksal Österreichs nahe, aber noch habe ich keinerlei feste Pläne, noch bin ich mir ganz im unklaren, wie, mit welchen Mitteln und ob überhaupt für mich die Möglichkeit besteht, das zu tun, was berufsmäßigen Staatsmännern, Diplomaten, den weisen Herren des Völkerbundes bisher nicht gelungen ist."

„Nicht gelungen ist, weil man uns mit kühlen, rechnerischen Erwägungen nicht helfen kann. Dazu gehört mehr als nur Geld, dazu gehört Gefühl und Herzensteilnahme. Und eben diese beiden Momente müssen bei Ihnen, dem Sohn einer Wienerin, vorhanden sein."

Sehr geschickt, diesmal einen ein wenig salbungsvollen Ton anschlagend, brachte der Kanzler das Gespräch immer wieder auf Ralphs Mutter, ließ sich von dem jungen Amerikaner alles das erzählen, was er wußte, und Ralph wurde unwillkürlich warm, ging mehr aus sich heraus als er beabsichtigt hatte.

Dr. Seipel benutzte das und begann von dem Elend Wiens zu erzählen, von den moralischen Verwüstungen als Folge der Geldentwertung, von dem unaufhaltsamen Niedergang der großen Bildungsinstitute, die nicht in der Lage seien, ihre Bibliotheken und Laboratorien zu ergänzen, genug Kohle anzuschaffen, um die Hörsäle zu heizen.

„Schauen Sie nur unsere Universität, diese weltberühmte Alma mater Vindobonensis an. Einer der großen Gelehrten nach dem anderen verläßt

Wien, weil er seine Existenz verbessern will, wir sind nicht mehr in der Lage, bedeutende Kräfte zu gewinnen, die Universitätsbibliothek beginnt ein Torso zu werden. Vielleicht wäre hier für jemanden, der die Mittel dazu hat, die erste Gelegenheit gegeben, sich großherzig und segenspendend zu betätigen."

Diesmal erschien das mokante Lächeln auf den Lippen des Amerikaners, der glücklicherweise von seinem irischen Vater ein wenig Skepsis geerbt hatte.

„Es scheint aber, als wenn an dieser tatsächlich weltberühmten Wiener Universität reichlich viel Politik betrieben werden würde. Ich las eben erst gestern in den Zeitungen einen Aufsatz des Rektors, in dem er sich mit den Bestrebungen chauvinistischer Elemente einverstanden erklärt und sich für eine gewaltsame Beschränkung von Hörern und Lehrern, die anderen Glaubens sind, ausspricht. Ich muß gestehen, daß ich davon den peinlichsten Eindruck empfangen habe. Wir Amerikaner sehen in unseren Universitäten freie Bildungsstätten für jedermann und würden es als geradezu ungeheuerlich empfinden, wenn von Harvard oder Yale junge Leute ausgeschlossen würden, weil sie Mohammedaner, Juden oder Atheisten sind."

Der Kanzler nickte scheinbar beifällig.

„Ganz richtig, Lehr- und Lernfreiheit müssen herrschen. Aber wenn Sie den Aufsatz des Herrn Rektors, mit dem ich ja nicht in allen Punkten übereinstimme, aufmerksam lasen, so werden Sie gesehen haben, daß es sich ihm hauptsächlich um die unerwünschten Elemente aus dem Osten handelt, die Wien zu überfluten drohen. Übrigens darf ich wohl fragen, ob die Toleranz Ihrer Landsleute nicht doch gewisse Grenzen hat? Dürfen zum Beispiel Neger Ihre amerikanischen Universitäten besuchen?"

Ralph zog die Augenbrauen hoch.

„Allerdings nicht, die Neger haben ihre eigenen Universitäten. Aber ich kann Ihnen mit ruhigem Gewissen versichern, daß wir die Neger als vollkommen gleichberechtigte Mitbürger begrüßen werden, wenn sich erst unter ihnen Männer wie Artur Schnitzler, Hofmannsthal, Meyerbeer,

Mendelssohn, Mahler, Einstein, wie der große Ophthalmologe Fuchs, wie die Forscher Ehrlich und Wassermann, wie ein Spinoza und ein Heine befinden werden. Der Vergleich hinkt, Herr Bundeskanzler, denn die Neger sind ein Volk in ihrer ersten Kindheit, die Juden aber ein uraltes Kulturvolk, das, wenn ich nicht sehr irre, Jesus von Nazareth der Welt geschenkt hat. Und das mit den Ostjuden verstehe ich nicht ganz, weil mir Ihre Verhältnisse zu fremd sind. Aber auch wir haben genug Ostjuden in Amerika, die sehr bald sich zu Amerikanern entwickeln. Und es dünkt mir, daß junge Leute, die nach Wien kommen, um zu lernen, willkommen sein sollten, von wo auch sie stammen."

Ralph erhob sich, um seinen Besuch zu beenden. Der Bundeskanzler aber gab das Spiel nicht verloren, obwohl er die Niederlage, die er erlitten, deutlich empfand. Mit gewinnender Herzlichkeit versicherte er:

„Ihr Besuch war mir Gewinn, Ihre Worte geben mir Stoff zum Nachdenken. Ich hoffe zuversichtlich, mit Ihnen recht, recht oft in Berührung zu kommen."

Ralph O'Flanagan verließ das Kanzlerpalais mit gemischten Empfindungen. Sah sich voll Verpflichtungen und fühlte Gewissensbisse. Hätte er nicht einfach sein Scheckbuch aus der Tasche ziehen und mit einer neunstelligen Ziffer ausfüllen sollen? Was ging es ihn schließlich an, ob ein beschränkter, engstirniger Rektor alberne Politik betrieb? Hauptsache war doch, daß der Universität geholfen wurde. Und das konnte er mit einem Betrag tun, der für ihn kaum ins Gewicht fiel. Im Kopf überschlug der Amerikaner die Höhe seines Jahreseinkommens, multiplizierte es mit siebzigtausend und kam zu einer phantastischen Ziffer. Wenn er das ganze Hotel Imperial mieten, zehn Automobile halten, das Geld mit vollen Händen streuen wollte, so würde er doch nur einen Bruchteil dessen ausgeben können, was ihm sein Vermögen an Zinsen trug. Und auch gegen seinen Willen würden sich die Hunderte von Millionen Dollar, die er besaß, vermehren. Er empfand es aber als ungeheuerliches Unrecht, solche Schätze zu besitzen, wollte sie in Taten umsetzen, in Taten, die vielleicht nicht die ganze Menschheit, wohl aber dieses ruinierte Land beglücken können.

10. Kapitel
Eine sentimentale Melodie.

Der Frost war längst gewichen, die Schneemassen zerflossen, die Straßen der Inneren Stadt waren mit fausthohen Schmutzlachen bedeckt, nervös beobachtete Ralph, wie von den Rädern seines Autos die Passanten in den engen Gassen über und über bespritzt und besudelt wurden.

Er krampfte die Hände in Qual zusammen.

Muß es denn immer sein, daß die einen gar nichts und die anderen alles haben? Und der, der im Wagen fährt, die anderen, die zu Fuß gehen müssen, bedroht, insultiert, befleckt? Oh, daß ich doch ganz Mensch, nur Mensch wäre und den Mut hätte, zu den Armseligen und Bedrückten hinunterzusteigen!

Im Unterbewußtsein empfand Ralph es aber, daß er diesen Opfermut nie haben, immer nur würde von hoher Warte das Leben betrachten können. Er erinnerte sich an den herrlichen Roman „Christian Wahnschaffe" von Jakob Wassermann, den er in St. Paul mit fiebernden Pulsen gelesen. Damals war es ihm als höchste Glückseligkeit erschienen, zu sein, wie dieser Christian. Jetzt kam es ihm undenkbar vor, sich alles dessen zu entäußern, was ihm Herrenbewußtsein, Unabhängigkeit und – Beglückungsmöglichkeit bot. Aber er würde auch nicht erstarren, sondern Mensch bleiben. Und eine Mission erfüllen. Ob diese, die ihm die letzten Worte seiner Mutter eingegeben, das würde die Zukunft erweisen.

Sehnsucht stieg in ihm auf, Sehnsucht nach einem guten, treuen Menschen, der in ihm nicht den klotzigen Geldsack, sondern den Bruder, Freund, Geliebten sehen würde. Und vor seinen Augen stieg das Bild eines blonden, süßen Mädchenkopfes mit großen Märchenaugen auf.

Kribbelnde Unruhe ließ ihn nicht länger im Auto sitzen. Mitten in der Kärntnerstraße stieg er aus, ging zu Fuß weiter. Es war fünf Uhr, kurz vor Weihnachten, großstädtisches Gedränge füllte die Straße. Aber drinnen in den schönen Geschäften gähnte die Leere, hockte der Pleitegeier auf den Verkaufstischen. Ein schlechteres Weihnachtsgeschäft hatte Wien seit Jahrzehnten nicht erlebt, Juweliere erzählten, daß ihre Tageslosung nicht einmal die Beleuchtungskosten decke, in den Galanteriewarenhandlungen wurde der jeweilige Käufer von zehn Kommis umringt und sogar die Buchhandlungen waren leer.

Ralph erinnerte sich, daß er in diesem Jahr niemand zu beschenken hatte, wie auch ihm niemand eine Freude bereiten würde. Allein und einsam fühlte er sich wie noch nie im Leben, überflüssig, ein Popanz für die Menschen, die an ihm nichts schätzten, als sein Geld.

Versonnen blieb er vor der hellerleuchteten Auslage eines Juweliers stehen. Ein Zigarettenetui, der eine Deckel aus mattem Gold, der andere in Email, in das kleine Diamanten eingestreut waren, fiel ihm in die Augen. Er betrat den Laden, in dem sich nur die Verkäufer aufhielten, ließ sich das Etui vorlegen, fand den Preis von zwanzig Millionen in Dollar umgerechnet niedrig, stellte einen Scheck aus und wollte die Kostbarkeit einstecken. Als er aber das maßlos bestürzte Gesicht des Juweliers sah, lachte er hell auf.

„Richtig, in Wien reimt sich, wie man mir gesagt hat, auf Scheck Schreck! Also lösen Sie ihn erst bei der Bankgesellschaft ein und schicken Sie mir dann das Etui nach dem Hotel Imperial, Zimmer 10 bis 12."

Der Juwelier entschuldigte sich verlegen, erzählte von mehreren Fällen, in denen Geschäftsleute durch unwertige Schecks um große Summen betrogen worden waren, und kam dann auf den schlechten Geschäftsgang zu sprechen.

„Die Weltparität, die wir erreicht haben, die Unbeweglichkeit der Krone, der Tiefstand an der Börse vereinigen sich, um uns Geschäftsleute zugrunde zu richten. An jedem Monatsersten haben wir die Luxussteuer abzuführen, enorme Gehälter auszuzahlen, Millionen für Strom zu entrichten. Wenn es so weiter geht, werden wir unsere Lager mit Verlust verkaufen müssen oder aber zusperren und unsere Kapitalien aufzehren."

Ralph zuckte die Achseln. „Es scheint mir, als wenn sich Wien, verlockt durch die gute Konjunktur der letzten Jahre, übernommen hätte. Wie kann die Hauptstadt eines niedergerungenen kleinen Landes solchen Warenluxus vertragen, wie man ihn allenthalben hier sieht?"

„Ja wir haben eben alle mit den Fremden gerechnet, die in hellen Scharen nach Wien zu kommen pflegten, und nun, wo sie nicht mehr kommen, stehen wir mit unserem Luxus da und können ihn nicht los werden. Wenn nur die Fremden wiederkämen!"

„Warum sollten sie?" fragte Ralph lächelnd. „In Amerika, England, sogar Südamerika sind die Zeiten schlecht, man spart dort und geht nur ins Ausland, wenn man dabei Geld profitieren kann. Das scheint mir in Wien kaum noch möglich zu sein. Späterhin aber, wenn es im Westen wieder besser geht, wird Wien sich bemühen müssen, durch erlesene Attraktionen, Festspiele, Sportturniere, Kongresse, Ausstellungen, die Fremden anzulocken."

Ralph stand nun am Ring, querte die Straße und überlegte, ob er nicht endlich die urwienerischeste Spezialität, das Kaffeehaus, kennenlernen sollte, als ein an sich kleiner Zwischenfall eintrat, der für ihn von Bedeutung wurde. Eine alte Frau wollte einen Straßenbahnwagen, der sich eben in Bewegung gesetzt hatte, besteigen, stürzte dabei, wurde mitgezerrt, bis sie im Straßenkot, aus mehreren Wunden blutend, ohnmächtig liegen blieb.

Bevor noch Ralph hilfsbereit zur Stelle war, kniete eine weibliche Person im Schmutz neben der Alten und versuchte sie aufzurichten. Aber schon hatte sich Ralph über die Verunglückte gebeugt, nahm sie in die Arme und trug sie, nun von einer ganzen Menschenmenge begleitet, über die Reitallee in das nächstgelegene Haustor. Das Mädchen, das zuerst geholfen hatte, ging mit und trug die Handtasche der alten Frau. Jetzt war auch ein Polizist zur Stelle, einer der Umstehenden lief ins Café Bristol, um die Rettungsgesellschaft zu avisieren, Ralph flüsterte dem Polizeimann seinen Namen und die Adresse zu, mit der Bitte, ihn von dem Befinden der Frau verständigen zu lassen, da er bereit sei, für die Herstellungskosten aufzukommen.

Nun erst hatte er Gelegenheit, sich dem weiblichen Wesen zuzuwenden, das erste Hilfe geboten hatte. Das Blut schoß ihm ins Gesicht, sein Herzschlag setzte aus, fassungslos, erschreckt und beglückt stand er dem blonden Mädchen mit den grauen Augen gegenüber, das er seit Tagen vergeblich gesucht hatte.

Auch das Mädchen erkannte ihn wohl auf den ersten Blick, es errötete, ein anmutiges Lächeln blitzte auf, aber mit einem „Ich danke, mein Herr" wandte es sich rasch ab.

Ralph, der noch nie ein Mädchen auf der Straße angesprochen, nahm seinen ganzen Mut zusammen und sagte mit heiserer, gepreßter Stimme:

„Nein, mein Fräulein, so können Sie nicht gehen! Sie sind über und über mit Straßenschmutz bedeckt, ihre Handschuhe sind blutig. Wenn Sie gestatten, werde ich einen Wagen nehmen. Schließlich – wir kennen uns ja schon!"

Das junge Mädchen blickte ihn voll an. Und aus seinem Gesicht strömte so viel Güte und Zärtlichkeit zu ihr über, daß ihre Augen dunkel wurden und sie leise, mit zitternden Lippen, erwiderte:

„Jawohl, wir haben uns wie im Fluge begegnet. Wenn Sie wirklich so gütig sein wollen und einen Wagen, besorgen – ich kann tatsächlich so nicht mit der Elektrischen weiter fahren."

Plötzlich bemerkten beide, wie Leben in die Menschenmenge kam, die sich vor dem Haustor, unter dem die Verunglückte lag, angesammelt hatte. Rufe wurden laut, der Polizeimann erschien verstört auf der Straße, sah Ralph und rief ihm zu:

„Der Frau ist nicht mehr zu helfen, sie ist tot! Schädelbruch!"

Ralph konnte nicht einmal seinem Entsetzen Ausdruck geben, denn das Mädchen an seiner Seite wurde totenbleich und fing zu schwanken an. Willenlos ließ sie es geschehen, daß Ralph den Arm um ihre Schulter legte und sie rasch mit sich nach dem Café Bristol führte, um sie dort im Hintergrund auf einen Stuhl gleiten zu lassen. Schon war sie zu sich gekommen und als sie das Gläschen Kognak, das Ralph ihr an die Lippen führte, ausgetrunken hatte, kam wieder rosige Farbe in ihre Wangen.

„Dummes Mädel", schalt sie sich selbst, „gleich schwach zu werden und noch dazu auf der Straße! Aber ich habe noch nie einen Toten gesehen und es berührte mich so seltsam – – Sie werden sich aber für dieses Abenteuer bedanken, mein Herr!“

„Jawohl, das werde ich“, sagte Ralph ernst, „von ganzem Herzen danke ich dem Schicksal, das Sie zu mir geführt hat. Wenn auch der Weg weniger schauerlich hätte sein dürfen. Sie müssen wissen, mein Fräulein, daß ich seit damals, da Sie in der Straßenbahn an mir vorbeifuhren, Sie jeden Tag stundenlang gesucht habe.“

Das Mädchen senkte den Kopf.

„Seltsam, auch ich habe immer am Schottentor mich umgesehen und geahnt, daß ich Sie nochmals sehen würde.“

Und beide schwiegen, weil sie so sehr von dem Augenblick erfaßt waren, daß sie keine Worte finden konnten.

Bis der Amerikaner es an der Zeit fand, sich vorzustellen. Aber schon schoß ihm der Gedanke durch den Kopf: Um Himmels willen, sie soll nicht erfahren, wer ich bin, noch nicht, sie darf nicht verwirrt werden dadurch, daß sie ein goldstrotzendes Monstrum vor sich hat, nicht einen Menschen aus Fleisch und Blut, sondern eine lebende Schatzkammer, die man mit Hohn und Wut, mit geifernder Ehrfurcht und mit ätzendem Haß den „reichsten Mann der Welt“ nennt.

„Patrick Ralph“, murmelte er leise, worauf ihm eine weiße, schmale Hand mit spitzen Fingern und rosigen Nägeln entgegengestreckt wurde:

„Ich heiße Hilde Wehningen.“

11. Kapitel
Lazio Bartos.

Als Ralph später mit dem jungen Mädchen ein Autotaxi bestieg und dem Chauffeur als Adresse die Kreuzgasse Nummer 73 nannte, beachtete er den hageren Herrn mit rötlichem Haar und scharfer Nase durchaus nicht, der jetzt dicht neben dem Wagen stand und tat, als wäre er intensiv beschäftigt, seinen Zigarettenstummel in Brand zu setzen. Wie er auch nicht wußte, daß dieser Mann ihm schon von der Herrengasse aus in einem Autotaxi gefolgt, dann hinter ihm her durch die Kärntnerstraße gegangen war und im Café Bristol am Nebentisch gesessen hatte.

Dieser Mann war nun Lazio Bartos, seinem Beruf nach Privatdetektiv, der sich in eingeweihten Kreisen seiner besonderen Geschicklichkeit halber großer Beliebtheit erfreute. Nachdem Generaldirektor Klopfer-Hart vor einigen Tagen seinen Beamten Heinrich Lank beauftragt hatte, mit dem Amerikaner in Fühlung zu treten, kam ihm der Einfall, daß es eigentlich ganz ratsam wäre, Ralph O'Flanagan unter Beobachtung zu stellen. Er rief das Detektivbureau „Luna“ an und erteilte dem Inhaber, Herrn Lazio Bartos, den Auftrag, bis auf Widerruf O'Flanagan zu beobachten und ihm täglich schriftlichen Bericht zu erstatten. „Aber bitte, diese sehr heikle und diskrete Aufgabe selbst zu besorgen und nicht etwa einem Ihrer Leute zu übergeben.“

Der Zufall fügte es, daß am Vormittag des Tages, an dem Ralph dem Bundeskanzler seinen Besuch machte, dieser vom Polizeipräsidium die Verständigung erhielt, daß für die Staatspolizei keinerlei Ursache bestehe, den zugereisten Ralph O'Flanagan, dessen amerikanischer Reisepaß nicht nur in voller Ordnung sei, sondern auch einen empfehlenden Vermerk für alle amerikanischen Legationen enthalte, weiterhin zu beobachten.

„Falls also Exzellenz nicht besondere Gründe für eine weitere Observanz haben, wird eine solche unterbleiben, um so mehr, als der auch bei uns eingesetzte Beamtenabbau das Polizeipräsidium zur äußersten Ökonomie zwingt!“

Der Bundeskanzler ärgerte sich, wußte aber, daß er gegen die außerordentliche Korrektheit und Pflichttreue des Polizeipräsidenten nichts ausrichten konnte und verzichtete auf staatspolizeiliche Observanz. Hingegen erteilte er einen solchen Auftrag dem Lazio Bartos, der ihm schon, als er nur Parteiführer gewesen, wiederholt gute Dienste durch Beobachtung politischer Gegner geleistet hatte.

So erhielt denn Lazio Bartos einen gleichlautenden Auftrag von zwei hervorragenden Seiten, hütete sich aber, dies seinen Mandataren mitzuteilen, da er ja sonst nicht von beiden Seiten die sehr erheblichen Honorare und Spesen hätte einziehen können. Um was es sich eigentlich handelte, bekam er rasch heraus. Lazio Bartos hatte eine reichlich bewegte Vergangenheit hinter sich. Er war ungarischer Honved-Offizier gewesen, hatte Schulden und schmutziger Weiberaffären halber quittieren müssen, trieb sich jahrelang in Nord- und Südamerika herum, kam vor dem Weltkrieg zurück, erhielt, als er einrückte, die Offizierscharge gnadenhalber wieder verliehen, wurde seiner reichen Sprachkenntnisse wegen dem Nachrichtendienst zugeteilt und verstand es, so wichtig zu tun und durch fleißige Angeberei so oft arme Teufel von Popen und ruthenischen Intellektuellen an den Galgen zu bringen, daß er rasch zum Hauptmann avancierte.

Als der Umsturz kam, stellte Bartos sich dem Grafen Karolyi zur Verfügung, trat dann in den Dienst der Räteregierung, schlug sich aber nach dem neuerlichen Umsturz mit bewunderungswürdiger Geschicklichkeit auf die Seite des weißen Terrors, denunzierte Hunderte von Kommunisten, schloß sich den „Erwachenden Ungarn" an und wäre wahrscheinlich noch Minister geworden, wenn nicht eine kühne Interpellation im ungarischen Abgeordnetenhaus seine Vergangenheit und sein Treiben so rücksichtslos enthüllt hätte, daß er rettungslos kompromittiert war. Er verstand den Wink von oben, ließ sich eine entsprechende Abfertigung geben und übersiedelte nach Wien, wo er sich als Privatdetektiv etablierte. Jetzt arbeitete er erst recht, wenn auch inoffiziell, im Dienste der ungarischen Regierung und ihrer Wiener Gesandtschaft, bespitzelte die Emigranten, zerstörte mehr als eine Existenz, benahm sich aber dabei so vorsichtig und geschickt, daß sein Name nicht an die Öffentlichkeit drang. Außerdem erhielt er durch vorsichtige und diskrete Vermittlung der ungarischen Gesandtschaft eine reiche Klientel unter den Wiener Finanzgrößen, die oft genug alles Interesse hatte, die Verbindungen dieses oder jenes Spekulanten, Haussiers oder Kontermineurs zu erfahren. In der letzten Zeit hatte er auch mühelos Zutritt zu christlichsozialen Parteigrößen gefunden, und so kam es, daß sich nun seiner der Bundeskanzler bediente. Bartos ließ das Autotaxi mit Ralph und dem jungen Mädchen ruhig nach Währing fahren, vergrub seine Hände in die Taschen des eleganten Stadtsportpelzes und überlegte. Dieser junge Schwärmer, sagte er sich, namens Ralph O'Flanagan, der sich soeben dem blonden Mädel unter dem unvollkommenen Namen Patrick Ralph vorgestellt hat, will hier in Wien so eine Art Harun al Raschid spielen. Sanieren, helfen, retten, was weiß ich, jedenfalls aber mit vielen Millionen herausrücken. Sein Diener, das schwarze Biest, hat ihm den Spaß zum Teil verdorben, aber immerhin – man wird ihn nicht verhindern können, diesem verfluchten deutschen Bettlerpack, diesem verkommenen und verschlafenen Wien, diesem elenden Judenstaat, in dem es von roten Emigrantenhunden wimmelt, die mir nur zu gerne das Genick umdrehen würden, mit so viel Millionen Dollars beizuspringen, daß sie schließlich wieder arrogant und frech werden. Na, was ich tun kann, um das zu verhüten, soll geschehen. Bartos schlenderte gemächlich nach der Herrengasse, bog in die Bankgasse ein und verschwand in dem Palais der ungarischen Gesandtschaft. Dort hatte er mit einem hohen Herrn eine mehr als einstündige Unterredung, deren Verlauf ihn vollständig befriedigte. Nun hatte er drei höchst zahlungsfähige Klienten, in deren Auftrag er die Wege und Absichten Ralphs verfolgen sollte. Und er wahr fest entschlossen, in den Dienst der ersten beiden nur seine Beine, in den Dienst des Dritten aber seinen Kopf und sein ganzes, mit Haß gegen alles, was deutsch ist, erfülltes Gehirn zu stellen.

12. Kapitel
Ein Nachmittags-Tee.

Tee bei Generaldirektor Klopfer-Hart. Ralph O'Flanagan, der ein wenig befangen die Villa in Döbling betrat, wurde von dem Hausherrn schon erwartet, etwas überlaut begrüßt, und er empfand es deutlich, daß alle

Damen und Herren ihn gespannt und neugierig musterten. Die Gattin des Generaldirektors, eine nette alte Dame, führte ihn von einem der kleinen Tischchen, von einem Zimmer in das andere und stellte vor. Ralph wäre am liebsten mit einem hellen Lachen herausgeplatzt. Jeder zweite, dem er vorgestellt wurde, war ein Direktor, Generaldirektor, Präsident oder Konsul. Und die Namen Schellfisch, Feiner, Gottlieb Gnaus, Richard Ola, Horatius Sandau schwirrten ihm um die Ohren, betäubten ihn beinahe. Die meisten begnügten sich mit stummem, aber betont kräftigem Händedruck, manche waren taktlos, sagten „Ah, der berühmte Amerikaner“ oder „Ich habe ja von Ihnen schon gelesen.“

Die unwahrscheinlichsten Physiognomien tauchten vor Ralph auf. Männer mit wasserblauen, verschlafenen Augen und abstehenden Ohren, Herren mit Umlegebart, Beaus mit Spitzbart, Glattrasierte mit Monokel, die gerne urenglisch ausgesehen hätten, und ein gewaltiger, dicker Koloß, bei dem das Monokel wie ein Fettauge auf einer Suppe aussah, ein Herr Berger, mimte den jovialen Lebemann.

Dicke, tief dekolletierte Damen von orientalischem Typ wechselten mit hektischen Blondinen, alle Farbennuancen, alle Arten von Schminke waren vertreten und Ralph dachte unwillkürlich, daß mit einem Teil der Perlenkolliers, die in zwei und drei Reihen die Hälse und Busen schmückten, zumindestens der Wiener Universität auf einige Jahre geholfen wäre.

Brennende Blicke folgten ihm, er fühlte, wie diese Rotblondine und dort eine Schlanke mit tief schwarzem Haar ihn mit ermunternden, fast dreisten Augen musterten, er empfand das alles fremd, unamerikanisch, aus einer anderen Welt, begann sich unbehaglich zu fühlen und wäre gerne in irgend einen Winkel geflüchtet. Aber das ging nicht, denn immer wieder stand der alte Generaldirektor mit dem assyrischen Bart neben ihm, immer wieder tauchte ein neuer Kommerzialrat, Direktor oder Präsident auf, den es „riesig freute“, seine Bekanntschaft zu machen.

Bis plötzlich ein schlanker, noch junger Mann mit Künstlermähne, das Monokel wie eingewachsen, auf ihn und den Hausherrn zutrat und mit der Stimme eines norddeutschen Schauspielers, die aber urplötzlich in jüdischen Jargon umschlug, ausrief:

„Lieber Herr Generaldirektor, überlassen Sie jetzt den geehrten Epigonen sämtlicher Rockefellers, Vanderbilts und Astors mir. Ich sehe genau, wie er, je mehr Kommerzialräte sie ihm vorführen, desto verzweifelter wird. Ich werde den Menageriewärter machen, der ihm den ganzen zoologischen Garten erklärt."

Verblüfft, aber auch belustigt, wandte sich Ralph dem entschieden nervösen Herrn zu, der von Zeit zu Zeit mit der Stimme gluckste und einen „Hupp"-artigen Ton von sich gab, während der Hausherr, seinen Ärger verbergend, lachend sagte:

„Das ist Herr Felix Korn, hochbegabter Schriftsteller, aber etwas exzentrisch. Herr Korn ist ein glänzender Rezitator und wird sicher später die Freundlichkeit haben – „

Korn unterbrach:

„Womit nämlich der Herr Generaldirektor andeuten will, daß ich nix so vollwertig bin wie die übrigen Gäste, sondern so gewissermaßen ein Spaßmacher, den man einlädt, erstens, um den Gästen die Langweile zu vertreiben, zweitens, weil er einem ohnedies Geld schuldig ist, das man nie zurückbekommen wird."

Und schon hatte er den Arm des Amerikaners ergriffen und ihn fortgezogen.

„Ich seh' Ihnen an, daß Ihnen mies ist. Wenn Sie nicht wissen, was mies ist, so gehören Sie schon gar nicht in die Gesellschaft. Überhaupt, wenn Sie sich hier festsetzen, wird Sie das viel Geld kosten, halten Sie sich lieber an mich, ich bin bescheiden, nehm' auch fünf Dollar und laß mich zum bescheidensten Nachtessen bei Sacher einladen. Jetzt werde ich Ihnen die Leute erklären, verehrter Herr Krösus. Also die Hälfte von den Leuten hat vor dem Krieg noch nicht Brot auf Hosen gehabt, jetzt haben alle eine Milliarde, was sag' ich, fünf, zehn, zwanzig Milliarden. Da ist ein Kommerzialrat, der früher mit Olmützer Quargel en gros gehandelt und eine Wurst aus Löschpapier, mit Streusand gefüllt, erfunden hat. Jetzt besitzt er ein Auto. Da ist einer, der ist so blöd, daß man glauben sollt', er kann sich mit dem Verstand allein nicht ein Paar Schuh' verdienen. Er hat auch ein Auto. Da ist der Ola, Bankier, hervorragender Alpinist, das heißt, er hat heftig an Alpine verdient, außerdem schreibt er, wozu weiß niemand, schlechte Burgtheaterkritiken, das heißt, jetzt hat er das Blattl verkauft, also wird er sie inserieren müssen. Daß der Conrad von Hötzendorf und der Kaiser Wilhelm Memoiren geschrieben haben, ließ ihn nicht ruhen, er hat jetzt seine Denkwürdigkeiten als Buch im eigenen Verlag herausgegeben. Das Buch ist aber weniger expressionistisch als exhibitionistisch, alles kommt drin vor, wer ihm Geld schuldig ist und welche Mehlspeis' er am liebsten ißt und wann er mit der Erotik begonnen hat.

Da, der Dicke mit der weißen Weste, ist der Holz von Holzingen, ein begeisterter Monarchist, weil er jetzt sich nur mehr Holz nennen darf. Im Hauptberuf Inseratenagent, aber er macht auch alle anderen Geschäfte.

Hier diese schöne Frau, die Christine von Audorf, das heißt, eigentlich heißt sie Pollak, aber sie nennt sich gerne mit dem adeligen Scheidungsnamen. Also, die ist großartig! Neulich hat sie gesagt: „Mein Mann darf mir nicht nach Hause kommen, wenn er nicht in der Woche eine Milliarde verdient hat."

Korn hatte seiner Rede Fluß zu wiederholten Malen mit einem „Hupp" unterbrochen, aber nun machte Ralph „Uff!" und sagte:

„Halt, geben Sie mir eine Atempause, damit ich alle diese Bosheiten verdauen kann."

Korn ließ sich nicht stören. Er stopfte ein Sandwich nach dem anderen in sich hinein und fuhr fort, die Gäste in grausam-boshafter Weise zu karikieren.

Inzwischen hatte der Generaldirektor Klopfer-Hart eine kurze Unterredung mit seinem neuen Privatsekretär, Herrn Heinrich Lank, gehabt, und dieser eine längere Unterredung mit einer bildschönen, ganz in schwarze Seide gekleideten jungen Frau, deren mahagonibraune Haare in prachtvollem Kontrast zu den schneeweißen Schultern, den nackten Armen und der fast unverhüllten Büste standen. Lank beugte sich nochmals über Frau Hedi Günzel, die Gattin eines Wiener Rechtsanwaltes, und flüsterte ihr zu:

„Also, Frau Hedi, klug sein! Sie schwärmen, wie man weiß, für Perlen. Dieser Amerikaner wird Ihnen, wenn Sie wollen, alle Perlen von Wien zusammenkaufen. Und außerdem lassen auch wir uns nicht lumpen. Sie attachieren sich ihn und animieren ihn von Zeit zu Zeit zur Beteiligung an einem Unternehmen der Bankgesellschaft. Zu welchem, werden Sie schon jedesmal rechtzeitig erfahren."

Frau Hedi blähte die feinen Nasenflügel auf und sagte mit halbgeschlossenen Augen:

„Er könnte mir auch gefallen, wenn er nicht so reich wäre. Um so besser also – bringen Sie ihn her."

Schon eiste Herr Lank den Amerikaner von dem Schriftsteller los, um ihn der schönen Frau vorzustellen.

„Erzählen Sie mir von Ihrer Heimat, Mister O'Flanagan, ist es wahr, daß es in Amerika so viele schöne Frauen gibt?"

Ralph nahm den sinnlichen Zauber dieser Frau in sich auf und sagte lächelnd:

„Ja, man sieht in den amerikanischen Städten wohl mehr schöne Frauen als hier in Wien. Aber die meisten sind Bilder ohne Gnade oder tun wenigstens so. Ich sehe hier mehr Sinnesfreude, glaube, daß die Wienerinnen sich und ihre Gefühle nicht so ängstlich verbergen, mehr des Wertes der reinen Weiblichkeit bewußt sind."

Frau Hedi lachte girrend auf.

„Sie beobachten gut. Und bald werden Sie reiche Erfahrungen sammeln können. Die Wienerinnen werden Ihnen nicht allzu spröde entgegenkommen, man weiß hier sehr wohl echte unverbrauchte Männlichkeit zu schätzen. Sehen Sie, wenn ich noch Mädchen wäre, würde ich mich wahrscheinlich in Sie verschießen. So wie Sie war mein Backfischideal."

Verlegen, über diese unvermittelte Attacke fast erschrocken, erwiderte Ralph:

„Nun, Sie werden doch bei der Wahl des Gatten von Ihrem Ideal nicht allzu weit abgewichen sein."

Frau Hedi lachte hart auf und machte eine wegwerfende Bewegung.

„Was hat der Gatte mit dem Ideal zu tun? Dort steht mein Mann, sieht so ein Mädchenideal aus?"

Und sie wies auf ein dürres Männchen mit Glatze und gewölbtem Rücken.

„Warum ich ihn geheiratet habe? Mein Gott, Mama und Papa haben gemeint, er sei eine gute Partie und schließlich – ich war aufgeklärt genug, um zu wissen, daß heutzutage die Ehe nur eine gesellschaftliche Form ist, um der Frau mehr Freiheit zu geben. Aber das ist kein Jourgespräch! Bitte, besuchen Sie mich doch an einem Nachmittag. Oder noch besser, wir treffen uns zunächst ganz zwanglos nachmittags im Tabarin oder beim Five-o'clock im Bristol. Rufen Sie mich vorher an. Ich bin überzeugt davon, daß wir gute Freunde werden können."

Vor Ralph tauchte ein feines, süßes Mädelgesicht mit lustigen, guten Kinderaugen auf, aber er war jung, lebenshungrig, die Frau reizte seine Sinne und er nahm gut gelaunt die Einladung an.

Man sammelte sich im Salon. Anton Korn wurde dringend aufgefordert, etwas vorzutragen, und er tat dies mit meisterhafter Charakterisierung. Ralph verstand nur wenig davon, weil er die persiflierten Personen nicht kannte, aber er fühlte, wie hier ein großes, geistvolles Talent sich in kleiner Münze verausgabte. Und schon wurde er von dem Hausherrn in einen Kreis von Herren gezogen, die die Wiener Bank- und Finanzwelt repräsentierten. Das Gespräch drehte sich sofort um die mitteleuropäischen Probleme, die neue Notenbank, die Frage, ob Amerika ernstlich zugunsten des von den Franzosen schikanierten

Deutschlands Schritte tun werde, immer wieder aber flog das Wort „Sanierung Österreichs“ auf und Generaldirektor Klopfer-Hart richtete direkt die Frage an Ralph, ob und wie er sich eine gründliche Regenerierung Österreichs vorstelle, worauf tiefe Stille eintrat und alles gespannt auf die Antwort wartete.

Ralph hatte das Empfinden, äußerst vorsichtig sein zu müssen, fühlte, wie ihm Fußangeln gelegt waren, und sagte bedächtig:

„Meine Herren, ich kenne dieses Land nur vom Gesichtswinkel einer gütigen Frau, die Wien über alles liebte. Aber die ökonomischen Bedingungen sind mir fremd, wie mir auch die äußersten Entwicklungsmöglichkeiten und alles das unbekannt ist, was eigentlich Österreich in den vergangenen vier Jahren verhindert hat, auch nur einen bescheidenen Versuch zum Aufstieg zu machen.

Immerhin – prinzipiell stehe ich auf dem Standpunkt, daß es sich bei Österreich nicht um sogenannte Aktionen handelt, nicht um die gewaltsame Unterbrechung eines naturgemäßen Prozesses, sondern um tiefschürfenden Wiederaufbau.“

„Wie soll der aber möglich sein?“ rief ein nationalökonomischer Schriftsteller mit schwarzem Hängebart, „wenn dieses Land fast all seiner natürlichen Schätze beraubt ist, alle Rohstoffe einführen soll und nicht genug Werte erzeugen kann, um mit Ware zu bezahlen.“

„Hat Dänemark Holz, Eisen, Erze, öl? Ist die Schweiz nicht ganz und gar auf den Import aller Rohprodukte angewiesen? Und gehen etwa diese Länder zugrunde? Ich bin kein Nationalökonom, aber ich denke, daß jeder eingeführte Rohstoff sich an Wert verzehnfacht, wenn er als Fertigfabrikat wieder ausgeführt wird. Man muß in Österreich neue Industrien schaffen, muß Uhrenfabriken, Schreibmaschinenfabriken, Glashütten errichten. Die Errichtung solcher Fabriken modernster und größter Art würde die Arbeitslosigkeit beheben, späterhin der Export die Handelsbilanz regulieren. Vielleicht, ich weiß es noch nicht, daß ich mich entschließen würde, für solche Zwecke Kredit einzuräumen.“

Die anwesenden Bankleute sahen einander verständnisvoll an. Nun eröffneten sich allerlei Möglichkeiten. Neue mächtige Aktiengesellschaften, Konsortien, Truste schwebten ihnen vor, fundiert mit amerikanischem Geld. Und neue Verwaltungsrats-, Generaldirektoren-, Direktoren- und Präsidentenstellen.

Ein deutschnationaler Abgeordneter warf skeptisch ein:

„Sie übersehen, daß man bei uns nicht arbeiten will; Achtstundentag, Betriebsräte, Feiertage, Überstunden, Lohnforderungen – das ja, aber arbeiten? Keine Spur!"

Ralph sah den Herrn, dessen weinrotes Näslein und feistes Fettbäuchlein durchaus nicht den Hang zu übermäßiger Arbeit verrieten, groß an.

„Ich muß Ihre Landsleute vor Ihnen in Schutz nehmen. Sie sind ganz sicher nicht fauler als alle anderen Menschen. Wenn ihre Arbeitslust heute nicht groß ist, so muß das tiefinnere, mit dem Krieg und seinen Folgen verknüpfte Ursachen haben. Arbeit muß sich in Zufriedenheit umsetzen. Wer schwer arbeitet, hat das Recht auf ein behagliches Heim, auf kräftige Nahrung, auf ein bescheidenes Maß an Lebensfreude und Zerstreuung. Wer aber sieht, daß sein Schweiß ihm höchstens das nackte, kümmerliche Leben ermöglicht, der vergießt eben so wenig Schweiß wie möglich. Übrigens möchte ich einen oft geäußerten Ausspruch meiner Mutter anführen. Sie, die ihr Hausgesinde jahrzehntelang zu behalten pflegte, sagte: ›Wenn eine Frau immer klagt, daß die Dienstboten nichts taugen, so habe ich die Gewißheit, daß sie selbst nichts taugt.‹ An dem Achtstundentag sollte aber nicht gerüttelt werden. Er ist einer der schönsten Errungenschaften unserer Zeit."

Ralph hatte sich warm geredet und war froh, als durch das Hinzutreten einiger Damen das Gespräch unterbrochen wurde. Eine junge Frau mit Zwicker und zwei Doktoraten sagte:

„Mister O'Flanagan, Sie müssen einen schönen Begriff von Österreich bekommen haben, als Sie von dem Krematoriumskandal erfuhren. Wir nennen uns Republik und hören dabei nicht auf, das

Selbstbestimmungsrecht der Menschen zu drosseln und klerikaler zu sein als je zuvor.“

Zustimmende Rufe wurden laut. „Blödheit sondergleichen!“ „Was geht es die Regierung an, ob sich jemand begraben oder verbrennen lassen will?“ „Übergriffe dieses Schmitz.“

Ralph lächelte.

„Meine Meinung von Österreich kann durch solche Dinge nicht beeinflußt werden. Aber ich muß schon sagen, daß ich selten von einem infameren, boshafteren Streich gehört habe, als ihn da dieser Minister verüben will. Bei uns drüben würde ihn die öffentliche Entrüstung wegfegen. Ich hoffe, daß die Wiener Gemeindevertretung nackensteif bleibt und über die Dummheit eines Menschen, der vergißt, daß er Minister und nicht Wirtshauspolitiker ist, zur Tagesordnung übergeht. Allerdings als Symptom erscheint mir die Sache recht bedenklich. Wie soll ein Land in die Höhe kommen, wenn bei allen Entschließungen nur gewissenlose Parteidemagogik, Berufspolitik, Angst vor den Wählern entscheidend sind? Parteipolitik dürfte es in Österreich überhaupt nicht geben, sondern nur gemeinsam betriebene Realpolitik.“

Die schöne Frau mit den mahagonibraunen Haaren und dem nebensächlichen Gatten rückte einen Stuhl ganz dicht an Ralph, berührte scheinbar unabsichtlich sein Knie und sagte schmollend:

„Immer diese ekle Politik? Erzählen Sie uns lieber, ob es drüben mit dem Flirt wirklich so arg ist?“

„Genau wie hier“, rief Korn und warf eine Haarsträhne aus der Stirne zurück. „Nur habe ich mir sagen lassen, daß man in Amerika lieber unter vier Augen flirtet, und der Flirt dort Selbstzweck ist, während in Wien der Flirt öffentlich betrieben wird und man von ihm leichter zu greifbareren Taten übergeht.“

Eine üppige Brünette kreischte auf.

„Ach Sie! Für Sie gibt es doch längst kein harmloses Flirten mehr. Sachen erzählt man sich von Ihnen, Sachen!“

Ralph, dem dieser Ton ungewohnt war, fürchtete, daß die brünette Dame die „Sachen“ im Detail preisgeben würde, und stand auf, um sich zu empfehlen. Einladungen prasselten auf ihn nieder, er sah sich mit einem Ruck in den Strudel des Wiener Lebens gezogen und hatte sich schon so weit akklimatisiert, daß er der Frau Günzel die Hand küßte. Worauf sie ihm zuflüsterte:

„Wenn es Ihnen paßt, so übermorgen nachmittags bei Tommasoni. Dort ist man ziemlich ungestört. Rufen Sie mich aber vorher an!“

Generaldirektor Klopfer-Hart begleitete ihn bis zur Garderobe.

„Darf ich Sie bitten, mich nächstens in der Bankgesellschaft aufzusuchen? Ich werde Ihnen Pläne vorlegen, aus denen Sie ersehen können, daß wir gemeinsame Ideen haben. Mir schwebt längst –“

Schon hatte sich Direktor Beiner von der Harmoniebank herangedrängt:

„Bitte, darf ich Sie in Ihrem Hotel besuchen? Ich habe weitausgreifende Industrialisierungspläne, die Ihnen sicher –“

Herr Gottlieb Gnaus schüttelte dem Amerikaner kräftig die Hand.

„Würde mich freuen, wenn wir morgen bei Sacher das Dejeuner zusammen nehmen könnten. Zwischen Suppe und Braten würde ich Ihnen eine Idee vorlegen, die – –“

Felix Korn erschien als rettender Engel.

„Kommen Sie, Herr Vandergold, sonst haben Sie bis übermorgen dreitausend Fabriken und nicht einen Heller Geld. Das paßt mir aber nicht. Ich setze große Hoffnungen auf Sie!“

Lachend zog Ralph mit ihm ab, der Hausherr flüsterte aber seinem Sohn, der auch schon Bankdirektor war, ärgerlich zu:

„Dieser Bajazzo, der Korn, betritt mein Haus nicht mehr.“

Und Frau Günzel sagte ihrer besten Freundin, Lili Smeral, einem Mädchen mit blassen Farben, hysterischen Augen und gierigem Mund:

„Du, der Amerikaner ist das leibhaftige Ideal eines Mannes: Muskeln, Geist und Geld.“

Lili seufzte und preßte den Arm der schönen Frau mild an sich:

„Jetzt wirst du mich wieder vernachlässigen! Aber du mußt mir wenigstens immer alles erzählen!“

13. Kapitel
Hilde.

„Grüß Gott, Herr Ralph!“

Mit diesen Worten wurde O'Flanagan an der Ecke der Mariahilferstraße und Neubaugasse, wo er schon etliche Minuten gewartet hatte, begrüßt, und er wollte über die Intimität dieser Ansprache sich sehr freuen, als er sich erinnerte, daß das Mädchen den Namen Ralph für seinen Familiennamen halten mußte.

Es war das erste Rendezvous, das ihm Hilde Wehningen gewährt hatte. Als er sie darum gebeten, hatte sie ruhig und selbstsicher gesagt:

„Gerne will ich mit Ihnen eine Plauderstunde verbringen. Mache Sie aber gleich darauf aufmerksam, daß ich, so frei und konventionslos ich mich fühle, doch weder auf einen sogenannten Freund noch auf einen Bräutigam reflektiere. Aufrichtig gesagt: Ich freue mich auf ein Wiedersehen, und es wird nur an Ihnen liegen, mir diese Freude nicht dadurch zu vergällen, daß Sie den Versuch machen, erotische Beziehungen anzubahnen.“

Und nun stand sie schlank, sehr einfach, aber geschmackvoll gekleidet vor ihm, schüttelte ihm kräftig die Hand und wäre dabei niedergefallen, weil ein seltsames Gemisch von Schnee, Regen, Tauwetter und leichtem Frost die Straßen in holperige Eisbahnen verwandelt hatte.

Sie nahm den angebotenen Arm, als aber Ralph einem Auto winken wollte – sein eigenes hatte er wohlweislich zu Hause gelassen – wehrte sie entschieden ab: „Was fällt Ihnen ein? Neulich schon war es ein arger Leichtsinn von mir, das geduldet zu haben. Bitte, bei diesen unerhörten Preisen! Und dann, wir gehen einfach in irgend ein Kaffeehaus in nächster Nähe."

Im Café Siller sah Ralph erst recht, wie schön Hilde Wehningen war. Von jener unregelmäßigen Schönheit, die sich schwer photographisch wiedergeben läßt, um so intensiver aber im Leben wirkt. Der Mund vielleicht um eine Nuance zu voll, die Nase aber von klassischer Form und in wohltätigem Gegensatz zu den typischen Wiener Naserln, die Stirn hoch und frei, die kleinen, tadellos geformten Ohren Zeugnis unverdorbener guter Rasse, und Augen von seltener Schönheit und Ausdrucksfähigkeit.

„So, nachdem Sie mich genügend gemustert haben, werde ich Sie ein wenig inquirieren. Wenn man mit jemand gut Freund werden soll, muß man doch wissen, was und wie, weil solche Äußerlichkeiten die unerläßliche Brücke zum gegenseitigen Verständnis bilden. Also sagen Sie mir, welchen Beruf Sie haben, was Sie hier in Wien tun und überhaupt erzählen Sie von sich."

Ralph errötete und seine Augen flackerten unruhig. Er mußte weiter lügen, wollte um jeden Preis die menschlichen Beziehungen, die sich hier entspannen, nicht stören, indem er die ungeheuere Kluft, die ihn materiell von allen anderen schied, enthüllte.

„Wie ich heiße, wissen Sie ja, Fräulein Wehningen. Beruf? Momentan habe ich eigentlich keinen. Bin Kaufmann, Businessman, wie man bei uns sagt, und will mich ein wenig umsehen, bevor ich mich zu Taten entschließe."

Dann erzählte er von seiner Mutter, von seinem Elternhaus und seiner halbwienerischen Abstammung.

„Und nun ist die Reihe an mir, mein Fräulein. Wollen Sie mich auch einen Blick in Ihr Leben tun lassen?"

Ein Schatten flog über Hildes Gesicht.

„Da ist nicht viel zu erzählen. Bin zwanzig Jahre alt, ein armes Mädel, das nach einer recht heiteren, sorglosen Kindheit plötzlich in die Zwangslage versetzt wurde, sich selbst und eine dem Leben hilflos gegenüberstehende Mutter zu erhalten. Was gar nicht so leicht ist, wie sich der Herr Amerikaner das vorstellen mag."

Hildes Vater, Freiherr von Wehningen, war ein wohlhabender steirischer Gutsbesitzer gewesen, der die Torheit begangen, in den ersten Kriegsjahren sein Gut zu verkaufen, um in Wien von seiner ansehnlichen Rente mit Frau und Kind zu leben. Hauptsächlich, um damit einen Lieblingswunsch seiner Gattin, einer geborenen Gräfin Boos, zu erfüllen, die Sehnsucht nach dem großstädtischen und höfischen Leben hatte. Der Umsturz kam, mit ihm die fortschreitende Geldentwertung, das Vermögen wurde zuerst zaghaft, dann immer stürmischer angegriffen. Herr von Wehningen verstand es nicht, rechtzeitig die Flucht vor der Krone zu ergreifen, und vor anderthalb Jahren, gerade als Hilde mit Auszeichnung maturiert hatte, trug Herr Wehningen das letzte Schmuckstück seiner Gattin zum Händler. Kaufte für den Erlös mit ungenügender Deckung Aktien, zu denen ihm geraten worden war, wurde von dem Bankier, als eine unvermutet starke Baisse einsetzte, exekutiert und stand nun sozusagen als Bettler da. Am nächsten Tage wurde er im Badezimmer infolge einer Leuchtgasvergiftung tot aufgefunden. Ob Unfall oder Selbstmord blieb unentschieden.

Frau Wehningen brach unter diesem Schlag vollständig zusammen. Hilde aber ließ sich nicht unterkriegen, gab den Gedanken, Naturwissenschaft zu studieren auf, lernte rasch Buchhaltung und Schreibmaschine und nahm eine Stellung an.

„Heute bin ich die rechte Hand meiner Chefs, der Brüder Krause, und habe eine ganze Million Monatsgehalt. Klingt nach wer weiß was und ist furchtbar wenig."

Ralph überlief ein gelinder Schauer.

„Ungefähr vierzehn Dollar", murmelte er. „Merkwürdiges Land, das beim Ausgeben die Weltparität beinahe einhält und beim Bezahlen seiner werktätigen Kräfte sich mit dem sechsten Teil begnügt. Aber um Himmels willen, wie können Sie damit leben? Und sich so nett kleiden?"

„Garderobe habe ich noch von früher genug, und Mama lernt auf ihre alten Tage wenden, ausbessern und modernisieren. Und sonst – na ja, es geht auch schwer. Wir haben beide glücklicherweise keinen Bärenappetit und sonst muß eben auf alles verzichtet werden. Leider ganz besonders auf die Oper, was mir am meisten leid tut. Übrigens – das Schlimmste kommt wohl noch für mich. Meine Chefs betreiben eine Fabrik elektrotechnischer Artikel. Das Geschäft geht nicht, so tüchtig die beiden Herren auch sind. Zuerst waren wir zwanzig im Bureau, jetzt nur mehr zehn und ich fürchte, daß, wenn Weihnachten vorüber ist, die ganze Herrlichkeit ein Ende nehmen wird."

„Und dann?" fragte Ralph erschreckt.

„Dann? Na, drei Monate Gehalt werde ich ja wohl bekommen und was weiter wird, weiß ich nicht. Schließlich, ich bin jung, kann was und im Notfall kriech ich irgendwo als Erzieherin unter."

Ralph fühlte ein Würgen in der Kehle. Da saß er, der Nabob, war bezaubert von einem klugen, bildhaft schönen Mädchen, das sicher nicht immer satt zu essen hatte, bitterer Not gegenüberstand. Heiser und verlegen sagte er:

„Gnädiges Fräulein, bitte meine Worte nicht mißzuverstehen – aber ich verfüge gerade jetzt über Summen, die ich nicht brauche – wenn ich Ihnen irgendwie dienen –"

Hildes Gesicht versteinte. Jähe Röte wich Marmorblässe.

„Herr Ralph, wenn Sie nicht wollen, daß dieses unser Beisammensein auch das letzte gewesen ist, so dürfen Sie nicht einmal in Gedanken derartiges erwägen. Es hat sich zufällig so gemacht, daß ich mehr aus mir herausging als eigentlich statthaft ist. Lassen Sie mich das nicht bereuen!"

Verschämt stammelte Ralph eine Entschuldigung. Dachte innerlich aber: Wie dumm das ist, daß dieses schmutzige Geld, sein Besitz und Nichtbesitz, das Entscheidende, Peinlichste, Trennendste sein muß. Griff aber den Faden des Gesprächs wieder auf, ließ sich von der Fabrik der Brüder Krause erzählen, die vor einem Jahr noch ein junges zukunftsreiches Unternehmen gewesen und nun vor dem Zusammenbruch stand. Hilde gab in erster Linie dem Mangel an Betriebskapital ihrer Chefs Schuld, erzählte von den drückenden, wucherischen Bedingungen, die die Banken bei jedem Kreditansuchen stellten, und gab ihrer Überzeugung Ausdruck, daß das Unternehmen bei großzügiger Finanzierung nicht nur bestehen bleiben, sondern sich sehr erfolgreich entwickeln könnte. Ralph verabredete mit Hilde eine neuerliche Zusammenkunft nach Bureauschluß, ließ es sich nicht nehmen, sie mit der Straßenbahn bis zu ihrem Hause in der Kreuzgasse zu begleiten, und beide wußten nicht, daß neben ihnen im Kaffeehaus hinter dem „Martin" versteckt und dann auch in der Straßenbahn ein Herr gesessen, der mit großer Aufmerksamkeit jedes Wort ihrer Unterhaltung angehört hatte.

Dieser Mann war Lazlo Bartos.

14. Kapitel
Zwei Seelen und ein Gedanke.

Im Bureau des Generaldirektors Klopfer-Hart spielte sich eine erregte Szene ab. Der kleine, feiste Direktor Pfeffer von der Depotbank hatte seinen Kollegen besucht und nach wenigen einleitenden Worten ihm heftige Vorwürfe darüber gemacht, daß er auf den Amerikaner Beschlag legen wolle.

„Ich habe mich erkundigt", schrie Pfeffer, „der Mann ist so reich, daß er, wenn er will, sämtliche Aktien auf dem Wiener Platz zusammenkaufen kann. Er hat gesagt, daß er Industrien gründen will, und nun haben Sie die Absicht, das Geschäft mit ihm allein zu machen. Ich weiß alles genau, man ist orientiert, man hat beobachtet, wie dieser Herr Lank hinter ihm her ist – das gibt es aber nicht, das darf nicht sein, ein solches Riesengeschäft darf der Bankgesellschaft nicht allein zufallen! Haben Sie eine Ahnung, was dabei herausschaut? Der Flanagan ist ein Narr, dem wird man doch die Dollars aus dem Hintern ziehen können – und das wollen Sie allein machen? Gibt's nicht! Ich werde intrigieren, ich werde ihn aufklären, lieber soll er wieder zurück nach Amerika fahren, als daß die Depotbank dabei leer ausgeht."

„Erstens spucken Sie mich nicht so an, sonst muß ich einen Regenschirm aufspannen", erwiderte gelassen Herr Klopfer-Hart, „zweitens schreien Sie nicht mit mir und drittens kann ich nichts dafür, wenn die Depotbank schläft und sich nicht rechtzeitig die überseeischen Verbindungen gesichert hat. Mister O'Flanagan ist an unsere Bank gewiesen worden, er ist unser Klient, und wenn das Geschäft zustande kommt, werde ich es machen."

Herr Pfeffer wollte erregt aufspringen, aber Klopfer-Hart drückte ihn sanft auf den Stuhl zurück. „Ich werde es machen, aber nicht allein. Ich werde ein Bankenkonsortium gründen, in dem Sie einen hervorragenden Platz haben werden. Die anderen werden wir mitnehmen müssen, damit kein Geschrei entsteht, aber in der Hauptsache werden wir uns teilen. Nicht daß ich vor Ihnen und Ihren Drohungen Angst hätte, aber aus Politik nehme ich Sie mit, damit es nicht so aussieht, als ob die Bankgesellschaft profitgierig wäre. Und dem Amerikaner wird es imponieren, wenn ich ihm sagen werde, daß eine solche große Industrieaktion unter Teilnahme aller österreichischen Finanzinstitute geschaffen werden muß. Übrigens ist der Mann gar nicht dumm, im Gegenteil, er ist sogar sehr gescheit. Aber ein Idealist ist er und das hebt den Verstand wieder auf."

Es wurde nun verabredet, sofort mit Ralph O'Flanagan in Verbindung zu treten. Klopfer-Hart ließ sich mit dem Hotel Imperial verbinden, aber Ralph befand sich eben in der Badewanne, und so mußte Sam vermitteln. Ralph ließ die Herren bitten, ihn um ein Uhr in seinem Appartement zu besuchen und mit ihm dort zu luncheon.

15. Kapitel
Der Spion unter dem Diwan.

Während dieses telephonische Gespräch stattfand, bummelte Lazlo Bartos, sehr vornehm aussehend und in einen übermodernen hellbraunen Sportpelz gehüllt, in der Halle des Hotels auf und ab und tat, als würde er auf jemand warten. Blieb aber immer in der Nähe der Kammer stehen, von der aus die telephonische Verbindung mit den Gästen hergestellt wurde. Hörte, wie Ralph O'Flanagan verlangt wurde und der Beamte mit „Sofort Herr Generaldirektor“ erwiderte. Und dann: „Mister Flanagan ist bei der Toilette im Badezimmer und läßt bitten, seinem Diener zu sagen, um was es sich handelt.“

Das genügte dem Detektiv für weitere Kombinationen und er wartete eine ganze Stunde, bis Sam erschien, folgte ihm unauffällig und hörte, wie der Neger im Hotelbureau ein Diner für drei Personen auf ein Uhr bestellte.

Blitzschnell hatte Bartos seinen Plan gefaßt. Während der Neger noch unten war, schlüpfte er rasch in den Lift, der eben aufwärts fuhr, verließ ihn im zweiten Stockwerk, sagte dem ihm begegnenden Stubenmädchen seelenruhig: „Zu Mister Flanagan“ und blieb dann vor der Türe, die in das Appartement führte, stehen. Einen Augenblick zögerte er, dann klopfte er ganz leise, erhielt keine Antwort und öffnete die Türe, durchschritt den Vorraum, öffnete die nächste Türe, die nach dem Salon führte, und fand diesen leer. O'Flanagan hielt sich also noch im Bade- oder Schlafzimmer auf.

Ein Blick, und Bartos hatte das Bild des Salons in sich aufgenommen. Im Erker stand eine breite Chaiselongue, von einem Teppich ganz bedeckt.

Lautlos sprang er heran, hob den Teppich und kroch unter den Diwan. Nicht gerade bequem, dachte er, aber immerhin zum Aushalten. Der Diwan stand mit der anderen Längsseite gegen die Erkerfenster, so daß Bartos dort den Teppich emporschlagen konnte und Luft bekam.

Lange mußte er nicht warten. Zuerst kam Ralph aus dem Schlafzimmer, setzte sich an den Schreibtisch und las aufmerksam sämtliche Wiener Morgenblätter durch, wobei er hie und da eine Stelle anstrich oder eine Bemerkung in sein Notizbuch machte.

Pünktlich um ein Uhr wurde der große Tisch in der Mitte des Zimmers gedeckt und wenige Minuten später erschienen die beiden Generaldirektoren, von Ralph herzlich, aber doch reserviert begrüßt.

Ralph eröffnete das Gespräch:

„Es ist mir sehr lieb, daß die Herren gekommen sind, weil ich ohnedies vorhatte, Sie, Herr Generaldirektor Klopfer-Hart, zu besuchen. Aus Gründen, die mit der Sache nichts zu tun haben, interessiere ich mich für ein elektrotechnisches Unternehmen der Brüder Krause. Die Fabrik befindet sich im zehnten Wiener Bezirk, das Bureau in der Mariahilferstraße. Die Leute sollen sehr tüchtige, seriöse Menschen sein, ihr Unternehmen gut angelegt und entwicklungsfähig. Sie befinden sich infolge der allgemeinen schlechten Lage und vor allem wegen Mangels an Betriebskapital in mißlichen Umständen, haben den Großteil ihrer Arbeiter schon entlassen und werden, wenn man sie nicht unterstützt, ganz schließen und liquidieren müssen. Ich möchte das verhüten, ohne persönlich dabei hervorzutreten, im Gegenteil, mein Name muß unter allen Umständen geheim bleiben."

Herr Pfeffer warf ein:

„Kenne die Firma. Hat vor einigen Wochen versucht, von uns Geld zu bekommen. Sehr tüchtige Leute."

„Darf ich fragen, warum ihnen kein Kredit eingeräumt wurde?"

Klopfer-Hart versuchte vergeblich seinem Kollegen einen gelinden Fußtritt zu geben, er traf nur den Amerikaner, und Herr Pfeffer platzte heraus:

„Ausgeschlossen! Ich werde doch nicht hundert Millionen zu zehn Prozent hergeben, wenn ich auf leichtere Weise das Zwanzigfache verdienen kann!" Ralph hatte das Empfinden, auf weichen, sumpfigen Boden getreten zu sein, und schroff erwiderte er:

„Nun, ich glaube, daß Banken eigentlich in erster Linie dazu da sind, mit den Kapitalien, die bei ihnen zusammenfließen, produktive Tätigkeit zu unterstützen."

„Geschieht, geschieht!" rief Klopfer-Hart, der endlich den Fuß des anderen erwischt hatte. „Geschieht, nur dürfen Sie nicht übersehen, daß wir unsere eigenen großen Industrien alimentieren müssen und Geld knapper ist."

„Gut, ich will darauf nicht näher eingehen, sondern Sie, Herr Klopfer-Hart, bitten, dem Unternehmen in weitherzigster Weise beizuspringen, das heißt, ihm so viel Kredit zur Verfügung zu stellen, als es brauchte, und zwar mit einer Verzinsung, die der derzeit geltenden entspricht. Ich stelle Ihnen den entsprechenden Betrag zur Verfügung, möchte aber, wie gesagt, daß es so aussieht, als ob die Bank Kreditgeber sei."

Der Generaldirektor war selbstverständlich bereit. Die Speisen wurden nun aufgetragen, und in den Pausen entwickelten die beiden Bankmänner ein großzügiges Projekt zur Schaffung neuer Industrien, Kreditgewährung zur Anschaffung von Rohmaterialien, Errichtung von neuen Fabriken und so weiter.

„Wir stellen uns das so vor", sagte Klopfer-Hart, „daß Sie die Kapitalien zur Verfügung stellen, die Wiener Großbanken aber in ihrer Gesamtheit eine Interessengemeinschaft konstituieren, das Kapital verwalten und das ganze Unternehmen leiten."

„Wie denken Sie über die Höhe des erforderlichen Kapitals?"

Einen Augenblick Totenstille, dann kam von beiden Herren gleichzeitig die Antwort:

„Dreißig Millionen Dollar – das wird genügen, um Gewaltiges zu schaffen."

Ralph hatte schon umgerechnet.

„Das wären rund zweitausendeinhundert Milliarden in österreichischen Kronen?"

„Jawohl, aber es wird weniger sein, weil, sowie das Projekt bekannt wird, die Krone steigen dürfte. Daher haben wir die Summe in Dollars genannt."

Ralph schloß die Augen und überlegte. Sollte er ohneweiters seine Bereitwilligkeit erklären? Er konnte es tun, ohne sein Vermögen zu gefährden. Aber eine innere Stimme warnte ihn vor Übereilung. Plötzlich, wie im Traum, schienen sich die Gesichter vor ihm zu verändern, in grinsende Fratzen, in Schakals- und Hyänenhäupter zu verwandeln. Er atmete tief auf:

„Meine Herren, das muß überlegt werden."

Die Wangen Pfeffers hatten rote Flecken bekommen, er schlug mit der Stimme fast über, als er fragte:

„Und wie lange wird diese Überlegung dauern?"

„Ich hoffe, daß ich unmittelbar nach Neujahr mit meinem Entschluß ins reine gekommen bin."

Schweigend wurde der Mokka eingenommen, eine Viertelstunde noch über Politik, Amerikas Haltung Deutschland gegenüber, die widerspruchsvollen Äußerungen Morgans gesprochen, dann empfahlen sich die beiden Bankmagnaten und Ralph blieb mit seinen Gedanken allein.

Für den Geschmack des Lazlo Bartos, der unter dem Diwan das ganze Gespräch im Wortlaut mitstenographiert hatte, zu lange. Und er atmete auf, als sich Ralph endlich erhob, von Sam den Pelz umgeben ließ und fortging.

Eine Minute noch, dann schlich Bartos schwitzend und halb betäubt davon und ohne Zwischenfall konnte er das Hotel verlassen.

16. Kapitel
Flirt.

Ralph ging nachmittags zu Tommasoni, wo er mit der schönen Frau Günzel zusammentreffen sollte. Als er sah, daß die Weinstube in der Wollzeile mit ihren Nischen und diskreten Vorhängen einen ausgesprochenen Aufenthaltsort für Liebespaare bildete, war er mehr als erstaunt und er fühlte, daß er die Rolle eines Dummkopfes spielen würde, wollte er dieser Frau auch fernerhin nur als Gentleman gegenübertreten. Immerhin – die Frau war schön und reizvoll, es lockte das Abenteuer. Er mußte nicht lange warten, bald kam Frau Günzel, sah sich forschend um, war mit der Wahl der Nische nicht einverstanden, suchte eine andere, noch versteckter liegende aus und bestellte dann allerlei Delikatessen und eine Flasche Champagner. Ralph war innerlich belustigt. Eine gut erzogene Kokette würde wenigstens einige Zurückhaltung vortäuschen, dachte er, und ging im Gefühl der Unsicherheit solchem, ihm bisher unbekannten Frauentypus gegenüber, zu weit, indem er ohne weitere Vorrede den Arm um den Hals Frau Hedis schlang und sie auf die üppigen Lippen küßte. Frau Günzel entwand sich ihm lachend:

„Pfui! Habe ich Ihnen das erlaubt? Wir kennen uns ja kaum und solche Gunst muß verdient werden."

Ralph empfand innerlich einen Ruck. Verdient – dachte er, nun ja, ich habe vergessen, daß ein amerikanischer Millionär auch Frauengunst bezahlen muß. Er entschuldigte sich leichthin, und das Gespräch wurde zum Geplänkel, bis Frau Günzel unvermittelt fragte:

„Was machen Sie am Weihnachtsabend?"

Ralph zuckte die Achseln.

„Ich werde allein in meinem Hotel sein, meinen Diener beschenken und recht frühzeitig zu Bett gehen, um nicht daran denken zu müssen, daß dies die Bußnacht der Junggesellen ist."

„Lächerlich! Sie kommen einfach zu uns! Bitt' Sie, sonst bin ich mit meinem Mann allein, und das ist ärger als ganz allein."

Ralph fühlte sich durch diese frivole Bemerkung verletzt und lehnte entschieden ab, worauf Frau Hedi schmollte, um plötzlich zu klagen:

„Überhaupt! Dieser Weihnachtsabend kann mir gestohlen werden! Ich habe meinen Mann gebeten, mir den Schmetterling zu kaufen, der bei Zirner in der Auslage ist, und er tut es nicht, weil er ein paar Millionen kostet. Jetzt wird er mir irgend einen Schund kaufen und mir dreht sich jedesmal das Herz im Leibe um, wenn ich den Schmetterling im Fenster sehe."

„Frau Hedi, wenn Sie nicht verheiratet wären, würde ich ihn Ihnen gerne schenken."

Frau Günzel ließ die Maske fallen und sagte hastig:

„Wirklich? Aber was hat das mit meinem Verheiratetsein zu tun?"

„Nun, Sie können doch ein solches Schmuckstück vor Ihrem Gatten nicht auf die Dauer verbergen."

„Haha! Sind Sie naiv! Glauben Sie vielleicht gar, daß ich meinen Mann um Erlaubnis fragen muß, ob ich mir was schenken lassen darf? Ne, das hab ich mir nicht eingerichtet!"

„Dann soll der Schmetterling Ihnen gehören", sagte Ralph höflich, aber ein Gefühl des Ekels konnte er nicht unterdrücken. Frau Hedi ließ sich nun ganz gehen, schmiegte sich an ihn, küßte ihn und nannte ihn ihren „lieben Bären". Und Ralph erstickte seine besseren Empfindungen und erwiderte die Liebkosungen und unterlag dem Zauber dieser schönen Frau. Erst als er wieder allein auf der Straße war, kam es ihm zum Bewußtsein, daß er diesen Erfolg in erster Linie nur seinem Gelde zu verdanken hatte. Und plötzlich fiel es ihm peinlich auf, daß Frau Hedi immer wieder das Gespräch auf seine Pläne geschäftlicher Natur hatte bringen wollen und ihm eindringlich geraten hatte, sich ganz und gar den Herren von der Bankgesellschaft anzuvertrauen.

Er lächelte dünn und sein Mißtrauen gegen alle Menschen, die ihn umdrängten, wuchs.

17. Kapitel
Weihnachtsabend.

Ein nasser, von Nebeln erfüllter Weihnachtstag brach an. Nochmals drängten die Menschenmassen durch die kotigen Straßen, um einzukaufen, aber es waren zum größten Teil kleine Mittelständler, Arbeiter, Leute, die den Tausendkronenschein bis zum letzten Augenblick in der Tasche behalten wollen, weil sie sich von ihrem bißchen Geld nur schwer trennen können.

Es war schon dunkel, die Rollbalken polterten hier und dort abwärts, als Ralph seine Einkäufe für Sam und den Chauffeur beendet hatte. Sam hatte sich eine goldene Armbanduhr gewünscht, der Chauffeur einen neuen Sportpelz, beides wurde in fürstlicher Qualität gekauft. Der Schmetterling mit Diamanten und Smaragden war schon am Tag vorher gekauft worden und würde um diese Zeit Frau Günzel nebst einem fabelhaften Blumenstock zugestellt werden. Der Schmetterling hatte übrigens nicht „ein paar" Millionen, sondern deren fünfzig gekostet. Die Auswahl des Blumenstückes hatte Ralph dem Blumenhändler überlassen, hingegen einen Strauß roter Rosen für Hilde selbst ausgesucht. Lange überlegte er, ob er es nicht wagen dürfte, dem Mädchen, an das er mit inniger Freundschaft dachte, ein hübsches Geschenk zu machen, er tat es schließlich nicht, wollte ihre Empfindlichkeit nicht wieder verletzen.

Es war sieben Uhr, Ralph hatte Sam und den Chauffeur beschenkt, beide für heute entlassen, worüber sich Sam besonders freute. Und er gestand seinem Herrn, daß er den Abend mit einem, wie er sagte, schneeweißen Mädchen mit gelben Haaren verbringen werde, einem knusperigen Hühnchen, das sich auf einen Stuhl stellen müsse, wenn es ihm um den Hals fallen wolle.

„Wo hast du sie kennen gelernt?" fragte Ralph teilnahmsvoll.

„Auf der Straße, Master. Mädel hat mich angeguckt, ich sie, und als ich ganz dicht neben ihr ging und großes Herzklopfen vor Aufregung hatte, sagte sie, ich soll nicht zu nahe kommen, weil mein Haut abfärben könnte.

Dann haben wir beide gelacht und sind in ein Konditorei gegangen, wo Lintschi verlangt hat Schokolade von mein Farbe."

Ralph lachte. „Nun, und wo werdet Ihr heute sein?"

„Bei Mutter von Lintschi. Sie hat mir einladen lassen und ich bringen Flasche Whiskey als Geschenk für Mutter und Bonbons für Lintschi."

Sam zog ab und Ralph stand am Fenster und starrte auf die nachtschwarze Straße hinunter, die jetzt wie ausgestorben dalag. Ein wehes, sehnsuchtsvolles Gefühl überkam ihn und heiß stieg in ihm der Wunsch auf, diesen Abend, an dem auch der Ärmste nicht allein und freudlos sein wollte, mit Hilde zu verbringen. Rein, keusch, anmutsvoll stand ihr Bild vor ihm, in grellem Kontrast zu den Wiener Gesellschaftsfrauen, die er kennen gelernt.

Mit riesigen Schritten stürmte er durch das Zimmer, dann war sein Entschluß gefaßt. Rasch schrieb er ein paar Zeilen:

„Fräulein Wehningen, ich bin heute einsam und allein und habe Sehnsucht nach Ihnen und einem grünen Tannenzweig. Darf ich als schlichter, bescheidener Gast nach dem Abendessen zu Ihnen und Ihrer Mutter kommen? Ich werde in meinem Zimmer auf- und abrasen, bis Ihr Bescheid kommt."

Ralph gab den Befehl, den Brief mit einem Autotaxi nach der Kreuzgasse zu schicken und dort auf Antwort zu warten. Und er rannte wirklich auf und ab, bis nach wenig mehr als einer halben Stunde die Antwort kam:

„Sie sind herzlich willkommen und machen Mutter und mir mit Ihrem Besuch eine große Freude. Aber nicht nach dem Abendessen erwarten wir Sie, sondern jetzt gleich. Unser Weihnachtskarpfen langt für drei."

Im Nu hatte Ralph den Anzug gewechselt und wollte fortstürmen, blieb aber an der Türschwelle stehen, überlegte einen Augenblick und ging dann zu seinem Schreibtisch, dessen einer versperrten Schublade er ein kleines Etui entnahm. Es enthielt ein einfaches Medaillon aus Gold mit seiner Photographie als Knabe. Mutter hatte das Medaillon noch auf dem Totenbett getragen. Und Ralph atmete tief auf und empfand es mit allen

Nerven, daß er das Andenken keiner Würdigeren schenken konnte als Hilde Wehningen.

Die trauliche Behaglichkeit eines kultivierten Heimes umfing Ralph. Uralte Möbel aus Urgroßvaters Besitz, ein paar schöne, sogar kostbare Bilder an den Wänden, ein Bösendorferflügel und im Maria-Theresien-Salon ein winziges Tannenbäumchen im Kerzenlicht.

Hilde, die Ralph herzlich und unbefangen begrüßt und für die Blumen gedankt hatte, sagte leichthin:

„Wir konnten uns einen großen Baum nicht leisten, aber schließlich hängt die Weihnachtsstimmung nicht von der Größe des Baumes, sondern von der Fröhlichkeit der Herzen ab."

Frau Wehningen, geborene Gräfin Boos, hatte, als Hilde von „sich nicht leisten können" gesprochen, abwehrend „Aber Hilde!" ausgerufen und die blasse Frau mit den noch immer schönen, wenn auch ein wenig harten und kalten Gesichtszügen richtete sich hoch auf und legte Würde um sich.

Hilde lachte hellauf.

„Aber Mama, Herr Ralph weiß ganz genau, daß wir arme Leute sind, und ich denke, heutzutage kein Geld haben ist mitunter ehrenvoller als Milliardenbesitz."

Zaghaft, schüchtern wie ein Schuljunge zog Ralph unter dem Baum das kleine Etui aus der Tasche.

„Fräulein Wehningen, als ich mich entschloß, mich bei Ihnen einzuladen, waren schon alle Geschäfte geschlossen – ich konnte keinerlei kleine Aufmerksamkeit für Sie besorgen, nehmen Sie es mir also nicht übel, wenn ich Ihnen etwas, was altmodisch und vielleicht sogar unschön ist, aus meinem Besitz mitgebracht habe. Aber es stammt von meiner Mutter – und ich würde es schwerlich einer anderen gegeben haben."

Die letzten Worte flüsterte Ralph so, daß Frau Wehningen, eben im Nebenzimmer beschäftigt, nichts hören konnte. Blutübergossen hielt Hilde das Medaillon in den schlanken feinen Händen, ihre Augen waren feucht, ihre Stimme belegt, als sie ihm ein leises „Ich danke Ihnen sehr“ sagte.

Die bescheidene Mahlzeit verlief in guter Stimmung und Hilde wurde ausgelassen wie ein Schulmädel, als Ralph wie etwas ganz Nebensächliches ihr die Mitteilung machte, er habe zufällig mit einem leitenden Direktor der Bankgesellschaft gesprochen und ganz zufällig sei das Gespräch auf die Firma der Brüder Krause gekommen und dabei habe der Direktor gesagt, daß die Bank das Haus durch ausgiebige Kredite stützen und fördern wolle.

Hilde sprang auf, klatschte in die Hände, tanzte im Zimmer umher und rief:

„Nun, Herr Ralph, sind Sie mit dieser Botschaft der richtige Weihnachtsmann geworden! Mama, stell dir nur vor, ich werde nicht abgebaut, brauch nicht um eine andere Stelle zu betteln, wir werden keine neuen Sorgen haben.“

Frau Wehningen, die die Gemütsexplosion als durchaus unaristokratisch empfand, sagte kühl:

„Traurig genug, daß eine Hilde von Wehningen, Enkelin eines Grafen Waldemar Boos, eine Stelle bekleiden muß, wie die erstbeste Hausmeisterstochter! Aber natürlich, wir leben ja in einer Republik, in der gemein fein und fein gemein wurde.“

Hilde runzelte die Stirne.

„Mama, laß das! Das einzige Gute, was uns der Krieg gebracht hat, ist eben, daß wir eine Republik geworden sind, in der eine Boos oder Wehningen nicht mehr Vorrechte hat als jede andere. Aber in dieser Beziehung werden wir uns ja doch nie verständigen! Mama ist nämlich durch und durch Monarchistin und betrachtet heute noch den 18. und den 17. August und was weiß ich für Tage als Feiertage, während ich schon als kleines Mädel mich mit revolutionären Gedanken trug.“

Ralph war von Hilde entzückt, mit einem warmen Blick umfing er die schlanke, schöne, weiche Gestalt, und einen Augenblick war es ihm, als sollte er gleich jetzt Hilde in seine Arme nehmen, ihr sagen, wer er sei und um sie werben.

Aber die väterliche Skepsis gewann Oberhand. Ich kenne mich noch nicht, sprach eine andere Stimme, weiß zu wenig von der Welt und den Frauen, um klar zu erkennen, ob diese es ist, die für immer zu mir gehört! Kalt Blut, Junge, warten, dich prüfen, sie prüfen – die nahe Zukunft muß Klarheit bringen.

Und als ob Hilde etwas von seinen Gedanken erraten hätte, fragte sie fast unvermittelt:

„Wo wohnen Sie eigentlich Herr Ralph? Übrigens: Welch seltsamen Namen Sie haben! Patrick, gut, das kenn ich, das ist ein irischer Vorname, aber Ralph? Eigentlich doch auch ein Vorname sollte man denken!"

Es war gut, daß Ralph im Schatten der Lampe saß, so daß man nicht sehen konnte, wie das Blut ihm in die Wangen schoß. Verwirrt und stotternd kam es heraus:

„In Amerika gibt es allerhand komische Familiennamen. Wo ich wohne? Gleich hinter dem Hotel Imperial in der Lothringerstraße."

Und er pries den Himmel, daß er zufälligerweise bei einem Besuch des Konzerthauses gesehen, die Straße hinter dem Hotel heiße Lothringerstraße.

„Hm, nobel!" sagte Hilde. „Aber jetzt fällt mir ein: in den Zeitungen stand doch vor einiger Zeit von einem solchen amerikanischen Goldonkel, der im Hotel Imperial abgestiegen ist. Soll der reichste Mann der Welt sein. Heißt der mit dem Vornamen nicht auch Ralph?"

Dem Amerikaner blieb eine Rosine des Weihnachtskuchens im Halse stecken und er mußte heftig husten, bevor er antworten konnte.

„Glaube, daß er Ralph heißt, aber mit dem Vornamen. Sie meinen ja wohl diesen O'Flanagan? Weiß nichts von ihm. Möglich, daß er ein Schwindler ist."

Als O'Flanagan gegen Mitternacht das Haus verließ und mit vollem Herzen und gedankenschwerem Kopf durch die naßkalten, von Schmutz starrenden Straßen ging, bis er ein Autotaxi fand, sagte er sich: „Damned! So viel auf einmal habe ich, seit ich der Schule entwachsen bin, nicht mehr gelogen! Aber es muß so sein. Darf das liebe, feine Mädel mit meinen Millionen nicht verblenden, muß Zeit gewinnen, bis es weiß, wie es zu mir steht, und bis ich weiß, wie ich selbst stehe!"

Ein zweites Autotaxi bestieg hinter ihm Herr Laszlo Bartos, der unmutig und ungeduldig vor dem Hause in der Kreuzgasse gewartet hatte.

Ist also nicht bei ihr geblieben, murmelte er in sich hinein. Um so schlimmer, dann ist sie ein sogenanntes anständiges Mädel, das geheiratet werden will! Jetzt heißt es handeln.

Hilde, die, bevor sie zu Bette ging, nochmals das Medaillon in die Hand nahm und einen heißen Kuß auf das Knabenbild Ralphs drückte, ahnte nicht, daß finstere Mächte zu unheilvollen Taten schritten.

18. Kapitel
Menschen.

Der Schriftsteller Felix Korn begann Ralph ins Schlepptau zu nehmen und unter die Oberfläche zu ziehen. Nicht nur, weil ihm die Soupers im Imperial und bei Sacher behagten, nicht nur weil ihn der Amerikaner reich beschenkte und seinen steten Geldnöten ein Ende bereitete, sondern in erster Linie weil ihn O'Flanagan als neuartiger Menschentypus interessierte. Korn spielte oft den Schmarotzer, aber er war keiner. Pumpte nur Leute an, die er liebte oder die er verachtete. War der Ansicht, daß der Philister seine amüsante Gesellschaft zu bezahlen hatte, der Reiche verpflichtet war, ihm von seinem Überfluß abzugeben. Weil er sich hoch genug einschätzte, um durch seine Gesellschaft Werte zu geben. Und Ralph fand an ihm Gefallen, sah in ihm den Bohemien, den es in Amerika nicht gibt und der auch in Europa abstirbt, freute sich der Bosheit, des sprudelnden und übersprudelnden Temperaments, der

Verachtung alles Ungeistigen und des offenen, betonten Bekenntnisses zur Rasse.

Voll Behagen lauschte er dem Vortrag Korns über die „reichen Juden", ergötzte sich an den Keckheiten und an den geistigen Jongleurstückchen dieses Psychoakrobaten. Und als nach Schluß der Vorlesung sich vor dem Konzerthaus eine Schar bierbenebelter Jünglinge mit dem Hakenkreuz als Symbol ihrer Inferiorität ansammelte, um den verhaßten Korn zu attackieren, da bedauerte der junge Amerikaner von ganzem Herzen, daß die Polizei so rasch einschritt. Er hätte die Ritter der Geistesarmut zu gerne mit der Kunst des Boxens vertraut gemacht.

Die letzten Tage des Jahres verbrachte Ralph mit Korn, der ganz Wien kannte, im Wirbel gesellschaftlichen Lebens. Nachmittags im Café Herrenhof unter echten und falschen Literaten, abends mit Schauspielern und Sängern, spät nachts noch mit Leuten, die irgendwie anders waren als die guten Bürger.

Jour bei Sektionschef Harz. Eigentlich bei seiner Gattin, der nimmermüden Anregerin, Veranstalterin, Pädagogin Frau Dr. Eugenia Harz. Der Frau, in deren rundem knabenhaftem Kopf mit den kurzen Haaren immerwährend neue Ideen brodelten, menschheitsbeglückende, erzieherische, geniale und mitunter auch abstruse. Aus dem Nichts heraus schuf sie Mittelstandsheime, Freiluftanstalten, Speisehallen. Launenhaft wie sie war, konnte sie liebenswürdig wie keine andere sein, aber auch abstoßend und kalt, das Äußere des Menschen war ihr mehr als nur Zufall und Hülle, war ihr das Wesentliche. Schöne schlanke Menschen vergötterte sie, Kinder mit viel Geist, aber großen Ohren und blutleeren Lippen konnte sie nicht leiden.

Ihr Gatte das Gegenteil in allem. Ganz Geist, Härte, Logik und Kälte. Jetzt stand er in schwerem politischem Kampf, hervorgerufen durch seine rücksichtslose Art, die vor keinem Faustschlag zurückschreckte.

Ein kurioseres gesellschaftliches Kunterbunt hatte Ralph nie erlebt, nie erträumt. Da war eine dänische Schriftstellerin von Rang und Geist, zerfließend im eigenen Fett, die Beine ohne Strümpfe, weil sie Strümpfe für unhygienisch hielt. Ein schwerhöriger Architekt verkörperte Wiens beste und erlesenste Kultur. Stilist von gigantischer Bizarrerie, Schöpfer der extravagantesten Bauten und Interieurs, und als erbitterter Feind jedes Kitsches oft weit über das Ziel schießend. Ein Gelehrter aus Grönland mit wallendem Bart lebte nur von Nüssen, eine hektische junge Frau agitierte für freie Ehe und staatliche Kinderhäuser, in die alle Paare ihre Kinder abgeben müßten, ein Maler war da, der behauptete, daß man als wirklicher Künstler nur mit geschlossenen Augen malen dürfe, ein Jüngling las eben aus seinem ersten Gedichtenbuch vor, das den Dadaismus übertrumpfte. Die Gedichte bestanden nur aus Vokalen.

Für Ralph waren diese Stunden von unschätzbarem Wert. Neue Menschen, neue Ideen, Loslösung von uralten ererbten Vorurteilen, tiefe Anregung, oft genug aber auch Einblick in geistiges Hochstaplertum, Borniertheit, die sich hinter Bizarrerie versteckte, Modespekulation und Konjunkturpolitik erwuchsen ihm. Er lernte Menschen kennen, die sich Schriftsteller nannten, ohne deutsch schreiben zu können, Frauen – Wohltätigkeitsfurien nannte sie Korn –, die ein üppiges Leben auf Kosten jener Armen führten, für die sie Bälle und Konzerte veranstalteten, machte die Bekanntschaft der Operettenlieblinge, der Kabarettgrößen und Theaterdirektoren, zechte mit ihnen, zahlte Soupers für sie, ließ sich aber nur selten anpumpen, von der ewigen Angst gepeinigt, den Leuten nur das zu sein, was man in Wien mit dem unübersetzbaren Wort „Würzen“ bezeichnet. Erfuhr er aber von Not und Elend, von der Möglichkeit, eine Existenz aufzurichten, dann gab er rasch, viel und diskret.

Eine Karl Kraus-Vorlesung wurde für O'Flanagan zum großen Erlebnis. Hier und da hatte er schon in Amerika die „Fackel“ zu Gesicht bekommen, nicht alles verstanden, aber die Gewalt der Sprache, die Hingebung an die Idee dennoch empfunden. Er war mehr als gespannt, diesen Mann, der gegen den Willen und Einfluß aller Mächtigen sich durchgesetzt, die geistige Jugend erobert, der Größte und Stärkste geworden war, kennen zu lernen. In Wien hatte sich Ralph über die „Tragödie der Menschheit“ gestürzt und war erschüttert wie nie vorher.

Ihm war dieses Werk nicht Herabsetzung, Schmähung, boshafte Glossierung, ihm erschien es das große Dokument einer furchtbaren Zeit zu sein, eines der wenigen Werke, das nach Jahrhunderten noch bestehen würde. Im Gespräch mit Korn, der anderer Meinung war, sagte Ralph:

„Kleinlichkeitskrämer, Buchstabensucher, Druckfehlerentdecker? Boshaft und hämisch? Ich glaube von allem das Gegenteil. Einer, der aus kleinen Symptomen den faulen Kern erkennt, im Druckfehler den wahren Willen, in der Kleinigkeit den kleinen Menschen. Und einer, der von brennender Menschenliebe so erfüllt ist, daß er nicht anders kann als hassen. Glauben Sie nicht auch, daß einer, der schöne Bilder, wertvolle Musik liebt, ein fanatischer Hasser allen Kitsches sein muß? Und weil Karl Kraus eben den echten Menschen liebt, muß er den unechten hassen. Es gibt aber für je einen echten eine Million unechter, also sieht man leicht wie ein Menschenhasser aus."

„Ein Neider und Geiferer ist er", grollte Korn. „Sehen Sie, dieser Karl Kraus hatte einen Schulkollegen, ihm einst durch Kinderfreundschaft verbunden. Kaum hat dieser Schulkollege mit einem Buch „Die Stadt ohne Juden" einen Erfolg, als er ihm auch schon Schmählichstes antut, ihn auf eine Stufe mit Idioten stellt. Ist das nicht gemein?"

„Nein, nicht gemein ist es, sondern nur konsequent. Das Buch, das mir ein hingeworfener guter Einfall zu sein scheint, hat eben den großen Erfolg nicht verdient, ihn auf Kosten anderer, wertvoller Bücher, die hinter dem Ladentisch liegen blieben, errungen, also konnte Kraus, der alle Zeichen und Symptome beachtet und verarbeitet, nicht kritiklos daran vorübergehen. Rücksicht ist Korruption, Augenzudrücken der erste Schritt zur Gemeinheit. Und Karl Kraus ist eben kein Augenzudrücker, sondern einer, der mit schweren Schritten seinen Weg geht ohne Rücksicht, ohne Schwächeanfall, ohne Konzession! Wer „Die letzten Tage der Menschheit" geschrieben hat, muß hart sein gegen sich und gegen die Anderen. Gäbe es mehr Menschen wie er, so würde die Welt anders aussehen. Weniger bequem vielleicht, aber voll Zuversicht und Hoffnung."

Ralph kam in Gesellschaft großer Musiker, Heroen der Tonkunst, die er verehrt und angebetet hatte. Und sah nun das Kleine, das Niedrige an ihnen, beobachtete, wie der eine Dirigent einer Oper gegen den anderen intigrierte, sie alle nach äußeren Erfolgen, nach Geld und wieder Geld strebten, wahre Augenzudrücker, wenn es die Wahl zwischen den letzten Möglichkeiten echter Kunst und einer neuen Million galt. Und sein Respekt sank ins Uferlose, wenn er sah, wie dieser das Werk jenes nicht aufführen ließ, weil jener über diesen einmal eine verletzende Bemerkung gemacht, und ein anderer sein mit tausend Nöten kämpfendes Institut im Stich ließ, weil in China Taels und in Kanada Pfunde winkten.

So wurde Ralph zum Menschenkenner und lernte in Tagen das Leben besser ergründen, als er es in der Heimat in Jahrzehnten hätte tun können.

19. Kapitel
Lalotte Valon

Lolotte Valon war die Sensation von Wien. Von jenem snobistisch-mondänen Wien wenigstens, das für die schlechten Sitten und den noch schlechteren Geschmack tonangebend ist. Lolotte Valon war plötzlich – niemand wußte woher – in Wien aufgetaucht, und die Habitués des Grabenbummels standen Kopf ob dieser neuen Erscheinung. Lolotte Valon war – das ließ sich nicht bestreiten – von sieghafter Schönheit. Goldrote Haare standen in apartem Gegensatz zu den meergrünen großen Augen, die wieder von fast unnatürlich langen schwarzen Wimpern umrandet wurden. Ein Mund mit grellroten Lippen verriet hemmungslose Gier und ungezügelten Lebenshunger. Die Gestalt war knabenhaft schlank und strömte mit ihren weichen, schlangenhaften Bewegungen jene Sinnlichkeit aus, die aus Männern Sklaven macht.

Schon ihre Schönheit hätte genügt, Aufsehen zu erregen, aber Lolotte tat noch ein Übriges, um zum Tagesgespräch Wiens zu werden. Sie trug auf der Straße hauchdünne Seidenkleider, die die Schultern und einen

Teil der marmorweißen Büste entblößten, dazu keinen Pelzmantel, sondern ein Marderfell lose um den Leib geschlungen. Und stets befand sich in ihrer Begleitung, entweder auf ihrem Arm oder gemütlich hinter ihr her trottend, ein kleiner schwarzer Grizzly-Bär. Wenn man nun noch mitteilt, daß Lolotte Valon nie ohne Monokel zu sehen war und auf der Straße aus einer kleinen goldenen Pfeife rauchte, und zwar, wie der Geruch verriet, irgend etwas rauchte, was mit Opium gemischt war, so wird man begreifen, daß die Herren und Damen Spalier bildeten, wenn die exotische Schönheit einherkam.

Eines Tages erschien Lolotte Valon im Tabarin in Begleitung eines ungarischen Herrn und tanzte. Tanzte mit so schwüler Hingabe, so wild und rasend, daß alle Gäste aufstanden und sogar die Kellner vergaßen, die Gäste zum Weitertrinken zu animieren. Natürlich forderte sie, als der Tanz beendet war, der eine und der andere der Gäste zu einem weiteren Tanz auf, und nun endlich erfuhr die Lebewelt, daß das schöne junge Weib Lolotte Valon heiße und von irgendwo aus dem Osten kam. Von wo sagte sie nicht, so daß man auf Vermutungen angewiesen war. Und bald hieß es, daß sie ein indischer Mischling, die illegitime Tochter eines Maharadschas und einer deutschen Prinzessin sei, während wieder andere wissen wollten, sie wäre aus dem Harem des entthronten Sultans direkt nach Wien gekommen. Sie sprach deutsch und französisch und englisch, aber jede Sprache mit seltsamen fremdem Akzent. In den Bars und Tanzlokalen erschien sie stets mit demselben ungarischen Herrn, von dem nur wenige wußten, daß dies der Inhaber des Privatdetektivinstituts „Luna“, Herr Lazlo Bartos, sei. Die vielen, die es hätten wissen können, die ungarischen Emigranten, sind fast ausnahmslos arme Teufel, die kein Geld haben, um in der Nacht Champagner zu trinken.

Als nun eines Tages ein öffentlicher Tanzabend Lolotte Valons angekündigt wurde, galt dies für jene, die keine anderen Sorgen kennen, als große Sensation, und der große Konzerthaussaal war gefüllt. Lolotte Valon tanzte nackt oder wenigstens fast nackt. Zwei Rosetten aus Diamanten auf den Brüsten, ein Schleier um die Hüfte, das war ihre ganze

Kleidung. Und die gewiegtesten Lebemänner erklärten, noch niemals einen harmonischeren Körper, schönere und vollkommenere Linien gesehen zu haben.

Ein riesiger Kreis von Anbetern sammelte sich bald um Lolotte Valon, aber soviel man erfuhr, konnte sich niemand ihrer besonderen Gunst erfreuen. Sie nahm von allen Schmuck, Blumen und Bonbons, wenn sie Schulden hatte – und sie hatte trotz ihrer großen Einkünfte immer welche – mußten sich ihre Kavaliere in die Bezahlung teilen, aber niemand durfte allein bei ihr in dem Appartement der Pension bleiben, wenn die anderen um drei oder vier Uhr morgens gegangen waren. Herr Lazlo Bartos war es dann, der die, die am längsten ausharrten, höflich zum Fortgehen aufforderte, um sich mit ihnen zu entfernen.

Zwei Tage vor Neujahr besuchte Bartos Lolotte am frühen Vormittag. Lolotte lag im überheizten Schlafzimmer nackt auf dem Bett und spielte mit ihrem kleinen Bären, der vorsichtig die spitzen weißen Zähne in das köstlich duftende Fleisch vergrub, ohne ihr weh zu tun. Der Eintritt Lazlos störte sie nicht, sie zog die auf den Fußboden geworfene Decke durchaus nicht hoch, sondern hielt dem Ungarn lachend den einen Fuß entgegen, an dessen kleiner, tadellos geformter Zehe ein Ring mit Smaragd steckte. Und Lazlo küßte die Zehe, küßte den gierigen Mund seiner Geliebten, setzte sich dann aber ruhig neben sie auf das Bett und begann:

„Lolotte, nun heißt es, zur Tat überzugehen. Ich habe mit denen in der Bankgasse alles geordnet, sie sind mit meinen Plänen einverstanden, natürlich ohne von ihnen offiziell Kenntnis haben zu wollen. Immerhin sind sie vorläufig mit zehn Millionen ungarischer Kronen als Spesenvorschuß herausgerückt. Die Narren denken, daß ich mich damit zufrieden geben werde.

Die Sache steht also so: Dieser Amerikaner Ralph O'Flanagan hat sein Verhältnis mit der Advokatensfrau wieder abgebrochen und ist vollständig in ein hübsches Gänschen, das blutarm ist, aber vornehm tut, verliebt. So verliebt, daß man mit der Möglichkeit einer Verlobung rechnen muß. Damit wäre uns der Kerl verloren, denn dann wäre er hier verankert, würde in trauter Familiensimpelei aufgehen. Anderseits sind die Wiener Großbanken im Begriff sich seiner zu bemächtigen. Halb und halb haben sie ihn schon mit dreißig Millionen Dollar festgelegt, jetzt wird in allen Banken von den Direktoren bis in die Nacht hinein an der Ausarbeitung eines großen Industrialisierungsprojektes gearbeitet, noch zehn, zwölf Tage und O'Flanagan wird sich entscheiden müssen. Beides muß verhütet werden: Die Entscheidung und die Verlobung. O'Flanagan muß für unsere Pläne gewonnen werden, muß seine Millionen hergeben, damit wir gleichzeitig hier und in Bayern gegen die roten Hunde losschlagen können. Sind diese Bestien überwältigt, dann ist das sozialistische Wien die größte Stadt eines faschistischen Reiches, das von Palermo hinauf nach München reicht, im Westen von Bregenz und im Osten von den neuen Grenzen Ungarns umklammert wird. Den neuen Grenzen sage ich, denn dann ist es nur eine Frage von Tagen, wann Ungarn gegen das jugoslawische und slowakische Gesindel losgehen wird.

Du weißt aber, daß mein patriotischer Fanatismus seine Grenzen hat, und ich denke gar nicht daran, alle die schönen amerikanischen Millionen den Herrschaften zur Erreichung ihrer Pläne zuzuschanzen. Ein großer Teil muß in unsere Taschen fließen, Lolottchen, und dieser Teil der Aufgabe wird dir zufallen. Du mußt diesen Amerikaner an dich fesseln, und wenn der Kerl nicht aus Knochen und Wasser besteht, so wird dir das gelingen. Glaubst nicht auch, Schatzerl?“

Lolotte dehnte und streckte ihren nackten Leib, packte den Bären bei der Schnauze und sagte in tadellosem Ungarisch:

„Glaub' schon, daß ich auch mit dem Mannsbild fertig werden kann.“

„Gut, ich gönne dich zwar wahrhaftig diesem Fatzke nicht, aber höhere Interessen stehen auf dem Spiel. Sobald der große Coup gelungen ist, gehen wir dann nach Paris und leben dort herrlich und in Freuden. Also hör'zu: Du wirst heute noch im Hotel Imperial speisen und irgend etwas tun, um den Amerikaner kennen zu lernen. Abends muß er dich tanzen sehen und das weitere wird sich schon machen. Aber schön aufpassen, züchtig sein, kein Geld von ihm nehmen, bis er ganz reif ist.“

„Hm“, meinte Lolotte nachdenklich, „ganz schön, aber immerhin – er ist, wie du sagst, in ein Mädel verliebt! Wer verliebt ist, ist oft blind für alle anderen –“

„Weiß ich, weiß ich! Vorläufig sollst du ihn auch nur mit allen Sinnen fesseln, dann geschieht etwas, was diesem amerikanischen Fischblut sein Mädel gründlich verleiden wird. Verlaß dich nur auf mich! Also, es ist die höchste Zeit, er speist gewöhnlich mit dem verrückten Huhn, dem Korn, um ein Uhr, zieh dich so schön als möglich an und laß heut den Bären zu Hause. Vielleicht kann er solche Biester nicht leiden.“

Lolotte klingelte dem Stubenmädchen, ließ in die Badewanne zehn Liter Eau de Cologne gießen, sprang in das kalte Wasser, dem dann heißes und immer heißeres zufloß, bis ihr Körper sich rötete und dampfte. Dann zog sie ein schneeweißes Seidenkleid mit blaßblauer Stickerei an, schlang das Marderfell um die entblößten Schultern und ging, die unvermeidliche goldene Pfeife im Mund, allein die wenigen Schritte durch die Kärntnerstraße zum Hotel Imperial.

20. Kapitel
Spiel mit dem Feuer.

Lolotte Valon hieß in Wirklichkeit Julischka Füred und war weder indischer noch sonst geheimnisvoller Abstammung, sondern ein mehr oder weniger braves Mädchen aus Keckemet. Auf nicht ganz ungewöhnlichen Wegen war sie als Achtzehnjährige nach Konstantinopel in eine jener Singspielhallen geraten, in denen das Singen und Spielen weniger wichtig ist als die kleinen Zimmer oberhalb des Restaurants, in denen neben Tisch und Sektkübel ganz unzweideutig ein Bett steht. Bartos hatte sich auf einer Spitzelreise in Konstantinopel befunden und bei dieser Gelegenheit in der Singspielhalle Julischka entdeckt, die ihm durch ihre ganz außergewöhnliche Schönheit und die eigenartige Geschmeidigkeit ihres Körpers auffiel. Er trank mit ihr Champagner, er zog sich nachher in eines jener kleinen Zimmerchen zurück, verbrachte die Nacht, einen Tag und noch eine Nacht mit ihr und erkannte in dem schönen, aber vernachlässigten jungen Mädchen mit dem Körper einer Venus ein wahrhaft dämonisches Weib, das nur in ein anderes Milieu versetzt werden mußte, um Königin zu sein. Bezahlte dem Kupplerwirt ihre Schulden, nahm sie mit sich, ließ sie, die spielend auffaßte, in Budapest zur Dame erziehen und brachte sie schließlich nach Wien, wo sie ihm zum Sieg verhelfen sollte. Lolotte Valon, wie sie nun hieß, liebte ihn und haßte ihn, gemeinsame verbrecherische Instinkte verbanden die beiden unlösbar, ihren Sinnen war er nichts, ihrem Verstand alles, denn dieser Verstand sagte ihr, daß der zähe, rücksichtlose, vor nichts zurückschreckende Lazlo Bartos ihre Leiter zum Aufstieg in ungeahnte Höhen werden konnte.

Als Lolotte den Speisesaal des Hotel Imperial betrat, saßen Ralph und Korn schon in einer Ecke an einem kleinen Tisch und sie konnte unauffällig einen freien Tisch nebenan wählen.

Korn erkannte sie vom Sehen und flüsterte seinem Begleiter zu:

„Das schönste Weib, das je in Wien zu sehen war. Sie müssen einmal mit mir ins Tabarin kommen, dort pflegt sie zu tanzen. Fast nackt, göttlich anzuschauen! Neulich saß neben mir ein Ehepaar aus Norddeutschland. Sie mit Zwicker, er mit wasserhellen Kalbsaugen, Schmissen und Hakenkreuz. Sie sagte empört:

„Männchen, so schamlos könnte doch nie eine deutsche Frau sein, das ist nur eine welsche Dirne imstande!"

„Ihm quollen die Kalbsaugen vor Gier aus den Höhlen, er schleckte den aufgezwirbelten Schnurrbart und bestätigte gröhlend:

„Jawoll, Annaluise, gottlob, ein deutsches Weib würde sich zu solcher Schamlosigkeit nicht hergeben!"

Übrigens, sie schaut fortwährend her, aber leider nicht auf mich, sondern auf Sie."

Ralph hatte längst gefühlt, daß Lolotte Valon ihn musterte. Die Art, wie sie das tat, war durchaus diskret, ja, sie errötete sogar, als er den Blick voll erwiderte. Ralph mußte sich gestehen, noch nie vollkommenere weibliche Schönheit gesehen zu haben. Und wie sie ihn nun wieder hinter den langen seidenweichen Wimpern ansah, mit halbgeöffneten Lippen tiefatmend, daß sich der Busen, der unter der weißen Seide wie nackt vor seinen Blicken lag, hob und senkte, wurde es ihm heiß und schwül zumute.

Er besann sich rasch. „Gilt ja doch nur meinem Geld! Eine Kokette von fast unwahrscheinlicher Schönheit, aber doch eine Kokette, die Gold wittert", sagte er zu Korn, der darauf erklärte, daß dies ganz egal sei und es in der Macht des Mannes, des wirklichen Mannes, liege, in seinen Armen auch die Hetäre zu einem nur liebenden Weib zu machen.

Korn hatte noch einen Weg zu seinem Verleger Peter Berg vor, und Ralph, der sonst seinen Mokka auf seinem Zimmer zu nehmen pflegte, blieb sitzen, weil er sich von dem Anblick dieser Frau nicht trennen konnte.

Lolotte atmete erleichtert auf, da ihr nun eine Annäherung möglich erschien. Vor ihr stand eine Kaffeemaschine und unter der Einwirkung der blauen Spiritusflammen begann eben im Glasbehälter das Brodeln und Zischen. In diesem Augenblick machte Lolotte eine rasche Handbewegung nach ihrem Täschchen hin, um ihm die kleine Pfeife zu entnehmen, wie zufällig warf sie dabei die Maschine um, so daß sich das siedende Wasser, der brennende Spiritus über das Tischtuch ergossen und jähe Flammen aufloderten. Mit einem gut gespielten Schreckensschrei sprang die Tänzerin auf, Ralph stürzte hin zu ihr, riß von einem anderen Tisch das Tuch weg, warf es auf die Flammen und erstickte diese, bevor noch ein Kellner zu Hilfe gekommen war.

In gebrochenem Deutsch bedankte sich Lolotte und sagte klagend:

„Oh, nun muß ich an andere Tisch sitzen, hier sein alles naß und schmutzig."

Selbstverständlich forderte Ralph sie auf, bei ihm Platz zu nehmen, stellte sich vor und sie nahm an.

„Ralph O'Flanagan", sagte Lolotte sinnend. „Oh, ich habe diesen Namen schon gehört, man hat mir erzählt – halt! – sind Sie vielleicht gar dieser reiche Amerikaner, der nach Wien gekommen ist, um hier zu helfen?"

Ralph freute und ärgerte sich gleichzeitig. Freute sich, weil also dieses herrliche Weib mit ihm kokettiert hatte, ohne zu wissen, wer er sei, ärgerte sich, weil er immer peinlich berührt war, wenn man von ihm als den „reichen Amerikaner" sprach. Und Lolotte schien das zu fühlen, denn sie sah ihn groß, ängstlich, bittend an, und sagte:

„Es muß schrecklich sein, wenn jeder weiß, daß man so reich ist! Wird man da nicht argwöhnisch, mißtrauisch, wittert man nicht hinter jedem freundlichen Wort eine Absicht? Mir wäre es lieber, Sie wären ein beliebiger Mister Smith oder Jones, dann wäre ich Ihnen gegenüber nicht so befangen, wie ich es jetzt bin."

Ralph war entzückt, versöhnt, wurde warm unter den, wie es ihm schien, naiven und seelenvollen Blicken Lolottes, und als sie aufstand, um zu gehen, hatte er ihr versprochen, die Silvesternacht in ihrer Gesellschaft im Tabarin zu verbringen. Im Unterbewußtsein empfand er das später als kleine Treulosigkeit gegenüber Hilde, aber er schüttelte den unbequemen Gedanken leicht ab.

„Pah! Ich bin ein Mann, Hilde ist lieb und süß wie keine zweite auf der Welt, aber sie ist nicht meine Geliebte und – wir Männer sind eben doch anders beschaffen, als die Frauen, dürfen tun, was ihnen verwehrt ist!"

21. Kapitel
Silvesternacht.

Ralph glaubte zu träumen. War das die verelendete Stadt, die das Mitleid der ganzen Welt beanspruchte, war das die Stadt der Arbeitslosen, Abgebauten, der hungernden Pensionisten und verzweifelten Rentner, die Stadt, die ihre Bildungsstätten verkümmern lassen, Spitäler schließen, Wohlfahrtseinrichtungen aufgeben mußte? Ein wüsteres Bacchanal, tollere Geldvergeudung, ausgelassenere Laune konnte sich keine andere Stadt auf der Welt leisten, als dieses Wien in der Übergangsnacht von einem Jahr des Zusammenbruches zu einem Jahr der dumpfen Ungewißheit.

Ralph O'Flanagan schlenderte, bevor er sich nach dem „Tabarin“ begab, durch die Innere Stadt, betrat ein Vergnügungslokal nach dem anderen. Alles überfüllt bei fünfstelligen Eintrittspreisen, überall Batterien von Weinflaschen auf den Tischen, Betrunkene schon lange vor Mitternacht.

In einer kleinen Nebengasse der Rotenturmstraße staute sich eine große Menschenmenge. Ein Unfall, eine Prügelei, Aufstand, Revolution? Keineswegs, es gab nur einige hundert Menschen, die verzweifelt waren, weil sie in das Etablissement da unten keinen Einlaß mehr fanden. Ralph brach sich, neugierig und interessiert, mit kräftigen Schultern und Fäusten Bahn, eine Banknote machte den Portier nachgiebig und nun stand er am Eingang zum maßlos überfüllten Saal. Der wohlbeleibte, rosig-blonde Wiesenthal betätigte sich eben als Conférencier, warf mit unnachahmlich trockenem Humor seine Bemerkungen in das Publikum, kündigte den Liebling des Wiener Publikums, Hermann Leopoldi, an. Wie eine Primadonna bejubelt, setzte sich der an das Klavier, und sang, sich selbst begleitend, mit weicher, sympathischer Stimme ein neues Lied mit dem Refrain:

„Wien, Wien, sterbende Märchenstadt – –“

Und die Stimmung schlug um, die Menschen, die eben noch wiehernd gelacht, hatten Tränen in den Augen, tiefe Stille senkte sich über den Saal.

Sterbende Märchenstadt – schön noch im Bettlerkleid – –

Ralph summte die Melodie mit, konnte sich einer gewissen Ergriffenheit nicht erwehren. Verlogene Sentimentalität, Selbstbeweihräucherung, echtes Empfinden verwoben sich miteinander, und seufzend sagte sich der Amerikaner, daß er dieser Stadt wie einem Rätsel gegenüberstand. Bettlerkleid und Duliähstimmung, sterbende Schönheit und leichtsinnige Lebenslust – die Dinge sind nicht so einfach, sind kompliziert, immer wenn ich glaubte, das wahre Bild der Stadt erfaßt zu haben, entstand vor meinen Augen ein anderes, flossen die Linien durcheinander.

Und schon schmetterte Hermann Leopoldi ein lustiges Liedchen, die boshafte Verherrlichung eines Fußballmatadors, in den Saal, und schon waren die Tränen getrocknet, brüllte johlendes Lachen auf.

Um halb zwölf Uhr betrat Ralph die von ihm bestellte Loge im „Tabarin", bald darauf kam Lolotte Valon. Diesmals ganz in Schwarz. Aber unter der schleierdünnen schwarzen Seide leuchtete das rosige Fleisch, aus dem schwarzen Kelch hob sich der bis zu den Spitzen der Brüste entblößte Busen und das herrliche rotgoldene Haar leuchtete sinnverwirrend über dem blaß geschminkten Gesicht, aus dem sich die grünen Augen und die grellroten Lippen mit unnatürlicher Schärfe hoben.

Mit Herzklopfen und Beklommenheit fühlte Ralph, wie dieses Weib ihn behexte, sich seiner Sinne bemächtigte. Sein reines Empfinden wollte sich gegen die Schminke, das Monokel, das Lolotte nicht vom Auge tat, gegen die schamlos unter der Seide betonte Nacktheit empören, aber sein Wille unterlag dem schwülen Parfüm, der heißen Erotik, die von Lolotte ausgingen. Und als er sah, wie aus allen Logen neidische Blicke zu ihm herüberflogen, war er vom Stolz des sieghaften Männchens erfüllt.

Jauchzende Geigen, jubelnde Menschen, knallende Champagnerpropfen. Plötzlich ein Stimmengebraus von außen, daß die Wände zitterten, Mitternacht, ein neues Jahr. Die tausend elektrischen Lichter erloschen für eine kurze Minute. Und Ralph riß den schlanken Leib, der sich ihm in bebender Nacktheit bot, an sich, die Lippen fanden sich, Lolottes weiße kleine Zähne bohrten sich in seinen Mund, daß er fast aufschrie.

Die Lichter flammten auf, Ralph saß keuchend da, Lolotte, als wäre nichts geschehen, sah ihn nur groß an und setzte ihr kleines goldenes Pfeifchen in Brand.

„Rauchen Sie auch", sagte sie leise und entnahm ihrem Täschchen eine zweite Pfeife, die sie aus einem kleinen Lederbeutel zu stopfen begann. „Es ist eine herrliche indische Mischung."

„Opium! Sie sollten das nicht tun."

„Opium, Kokain, Ambre und ein Tabak, wie ihn ein einziger Fürst in Indien besitzt. Rauchen Sie!"

Ralph erfüllte ihren Wunsch, fühlte, wie sich seine Sinne beruhigten, ein seltsames Behagen durch seine Glieder floß. Er begann die Musik, die Stimmen ringsumher, die Worte Lolottes wie aus weiter Ferne zu hören, sein Wesen spaltete sich, er sah sich, hörte sich, fühlte sich wie einen zweiten.

Lolotte rückte ganz nahe an ihn heran. Sprach:

„Und doch neide ich Sie um Ihren Reichtum. Wie würde ich die Welt beherrschen, wenn ich ein Mann mit solchen Mitteln wäre. Welch große, hohe Mission würde meiner harren!"

Inmitten rauschender Geigenklänge, während die Paare zu tanzen begannen, von Tisch zu Tisch, von Loge zu Loge die Rosenbündel, die Papierschlangen flogen, entwickelte Lolotte Ideen, an die Ralph noch nie gedacht. Sprach von dem brennenden Leid des edlen Ungarlandes, von der Verelendung Österreichs, von dem heißen Wunsch der Bayern, sich von dem harten, nüchternen Norden zu lösen, um sich mit Österreich zu vereinigen.

Sie schloß die Augen, beugte den Kopf nach rückwärts und flüsterte:

„Ich sehe ein großes, neues Reich, Bayern, Österreich, Ungarn, eng angegliedert an das große Italien, ein unbesiegbarer Block, eine Republik voll Kraft und Macht. Und Sie sehe ich als Diktator dieser neuen Macht, als gütiger, gerechter Herrscher, der mit der Macht seines Willens alle die Korruption, die Gier, die Niedertracht wegfegt, unter der heute die Völker zu leiden haben."

Ralph richtete sich auf, schüttelte sich, sagte gezwungen lachend:

„Lolotte, Sie träumen! Wie käme ich, ein Fremder, zu all diesen Dingen?"

„Nur Sie, nur ein Fremder! Der Wille bei den führenden Geistern dieser Länder geht längst nach solcher Vereinigung! Fragen Sie den Prälaten, der an der Spitze der österreichischen Regierung steht, fragen Sie Horthy, den ungarischen Reichsverweser, fragen Sie Mussolini und in München die Männer an der Spitze. Es fehlt nur eines, um zur Tat zu schreiten: Geld, viel Geld, daß man uns nicht mit Hunger drohen kann, so viel Geld, daß wir, wenn es sein muß, die Armeen aus dem Boden stampfen können."

„Wir – wir" wiederholte Ralph wie im Traum. „Wer sind Sie, was liegt Ihnen am Schicksal dieser Länder."

„Fragen Sie nicht, Ralph! Ich stamme aus dem fernsten Osten vom Vater her, aber das Blut meiner Mutter bindet mich an Ungarn wie an Österreich. Fragen Sie nicht, dereinst werde ich Ihnen erzählen, was kein Mensch noch weiß. Ralph, nehmen Sie einen Kampf auf, wie ihn noch nie ein Mensch gekämpft hat. *Den Kampf um Wien*! Wenn Sie Wien erobert haben, gehört Mitteleuropa Ihnen. Und Ihnen wird die Bürgerkrone über Millionen Menschen gebühren! Nun aber wollen wir jung und froh sein! Kommen Sie, tanzen Sie mit mir!"

Lolotte rief dem Kapellmeister ein Wort zu, er brach das Lied ab, spielte zu einem Foxtrott auf und Ralph hielt das schöne Weib in seinen Armen und tanzte so wild, so hingebungsvoll, wie er nie geglaubt hatte, tanzen zu können.

Es war vier Uhr morgens, als Ralph Lolotte in seinem Auto nach Hause brachte. Sie nahm ihn mit bis zur Tür ihrer Zimmer in der Pension. Hing an seinem Hals, saugte sich an seinen Lippen fest und blieb unerbittlich.

„Einst werde ich dir alles geben! Aber erst, wenn ich sehe, daß du der Mann bist, für den ich dich halte."

Ralph schlich in die feuchtwarme Nacht hinaus, seine Schläfen hämmerten, er fühlte den heißen Atem Lolottes um sich, sah in nebelhafter Ferne das Bild Hildes, kam sich genarrt vor, schämte sich wie ein Schulknabe, der auf einer Dummheit ertappt wird, nahm sich vor, dieses Weib zu meiden, streckte die Glieder und wußte, daß er den Augenblick ersehnte, da er wieder mit ihr beisammen sein würde.

22. Kapitel

Die große Idee.

Heinrich Lank, der Privatsekretär des Generaldirektors Klopfer-Hart, hatte auf vierzig Seiten umfassende Dokument vorgelesen und die versammelten Herren blickten gespannt auf Kalph O'Flanagan. Diesmals war der Konferenz der österreichische Finanzminister, Dr. Kienböck, im bürgerlichen Leben Rechtsanwalt, zugezogen worden, und mit seinem ewig verbindlichen Lächeln sagte er:

„Nun, Herr O'Flanagan, würden wir gerne Ihre Meinung über das Exposé der Banken hören, das ja in lichtvoller Weise die Industrialisierungspläne, die sich auf Grund eines Dreißigmillionen-Dollarkredits verwirklichen ließen, darlegt."

Dr. Kienböck, eine bewährte Stütze der christlich-sozialen Partei, hatte sich rasch und willig auf den Verkehr mit jüdischen Bankdirektoren eingestellt, als er zum Finanzminister erwählt worden war. Wie er überhaupt zu ihren klügsten und konziliantesten Köpfen zählte. Seine große Karriere hatte niemand besser vorausgesehen, als seine Mutter, die aus frommem jüdischem Hause stammte und jedesmal, wenn der Sohn ein Vorzugszeugnis brachte, sagte: "Ein jüdisches Köpferl und eine katholische Erziehung – damit muß man es zu etwas bringen."

Da Ralph noch immer stumm blieb, fuhr der Minister fort:

„Die Regierung wird natürlich alles tun, um das große Werk zu fördern. Ich glaube versichern zu können, daß die Regierung alle Unternehmungen, die mit Ihrem Kapital inauguriert werden, auf eine Anzahl von Jahren steuerfrei machen wird, auch werden wir die größten Transporterleichterungen konzedieren und von der Einhebung von Zöllen für die einzuführenden Rohmaterialen absehen. Aber die Zeit drängt. Die Arbeitslosigkeit nimmt zu, die Flüssigmachung der uns zugesagten Kredite erleidet eine Verzögerung nach der anderen, die durch nichts begründete Verstimmung, die jetzt in tschecho-slowakischen Regierungskreisen gegen uns gehegt wird, droht neue Komplikationen hervorzurufen. Wenn wir bald die Bevölkerung mit

Ihrem Sanierungswerk überraschen könnten, so müßte das die Position der Regierung nicht nur im Inneren, sondern auch vor dem Ausland gewaltig kräftigen."

Zögernd erwiderte Ralph:

„Um jedes Mißverständnis zu beseitigen: Wenn ich noch immer zögere, so liegt die Ursache nicht darin, daß mir um das Geld bange ist. Ich kann es entbehren. Aber ich will dreißig Millionen Dollar nicht auf eine falsche Karte setzen. Mir sind Zweifel aufgestiegen, ob sich durch Geld allein eine Regenerierung Österreichs ermöglichen läßt. Wäre es nicht ratsam, zuerst oder gleichzeitig, politische Umwandlungen zu schaffen? Ein Bündnis mit Nachbarstaaten herzustellen? Der Anschluß an das Deutsche Reich ist ja heute kaum diskutabel, um so leichter wäre eine Verknüpfung mit Bayern, zu dem ja, wie ich orientiert werde, Tirol und Salzburg ohnedies gravitieren. Und dann Ungarn! Wäre es nicht naturgemäß, wenn sich ein Österreich, das sich gewaltig industrialisieren will, mit dem industriearmen, aber an Bodenfrüchten und Viehzucht reichen Ungarn in irgend einer Form vereinigen würde?"

Die Herren waren durch die Worte O'Flanagans ersichtlich überrascht, die Augen des Finanzministers aber leuchteten auf. Blitzschnell witterte er hier die Möglichkeit eines christlich-reaktionären Bundes, der mit einem Schlag die sozialdemokratische Herrschaft, die de facto noch immer vorhanden war, beseitigen würde.

Klopfer-Hart ergriff das Wort:

„Das sind Zukunftsträume, die sich vielleicht einmal verwirklichen ließen. Aber warum sollen wir nicht, ganz unabhängig davon, sofort an die Errichtung neuer Industrien schreiten – – –"

Dr. Kienböck sprang erregt auf.

„Ich möchte die Anregung Herrn O'Flanagans nicht in den Hintergrund drängen. Herr O'Flanagan, mein Kompliment! Sie scheinen in diesen wenigen Wochen, die Sie in Wien weilen, einen tiefen Einblick in unsere Verhältnisse gewonnen zu haben. Ein festes, reales Bündnis mit Ungarn und mit dem uns stammverwandten Bayern, dazu ein starker, an keine demütigenden Bedingungen geknüpfter Kredit – das wäre die große erlösende Tat!“

Klopfer-Hart, Direktor Pfeffer, Direktor Beiner und die anderen Herrn sahen einander konsterniert an. Sie hatten sich auf einen reichen Fischzug eingerichtet, im geheimen mit großen Kronenankäufen begonnen, im Geiste schon gesehen, wie das amerikanische Gold in die Tresors ihrer Banken und, hm, na ja, auch in die eigenen Tresors strömte, und nun schien sich dieser landfremde Amerikaner, der sich noch vor vierzehn Tagen sozialistisch gebärdet hatte, auf ein ultra-reaktionäres Programm festgelegt zu haben. Die nächsten Worte Ralphs bewiesen allerdings, daß er seine Gesinnung nicht geändert.

„Herr Finanzminister, um jeden Irrtum zu beseitigen: Nie würde ich mit meinem Geld politische Reaktion, Unterdrückung des Proletariats, Gewaltherrschaft und Monarchismus unterstützen. Nur für eine freie Republik wäre ich zu haben, und der ungarische Reichsverweser müßte viel Wasser in seinen Wein schütten, bevor ich die Mittel geben würde, um eine Konföderation mit Ungarn und Bayern zu fördern.“

Das Gesicht des Ministers wurde ganz milde Freundlichkeit.

„Wo denken Sie hin, Herr O'Flanagan! Wir alle sind Republikaner, die österreichische Regierung ist durchaus nicht reaktionär an sich, wenn sie auch davon durchdrungen ist, daß der Wiederaufbau nur unter Ausschaltung der Straße und jedes demagogischen Terrors möglich ist. Ich glaube aber, daß wir die heutige Sitzung beenden sollten, zu viel des Neuen ist auf uns eingestürmt, wir müssen mit uns zu Rate gehen und selbstverständlich muß ich von der Anregung unseres amerikanischen Freundes den Bundeskanzler unterrichten. Vor allem aber darf selbstverständlich von dem, was hier gesprochen wurde, nicht ein Wort in die Öffentlichkeit dringen.“

Die Herren Bankdirektoren blieben reichlich verschnupft zurück, Dr. Kienböck raste nach dem Kanzlerpalais, Ralph aber ging, unschlüssig mit sich selbst, unzufrieden nach der Kärntnerstraße, um Lolotte zu besuchen. Eine innere Stimme sagte ihm, daß er sich auf ein falsches Geleise begeben. Eine innere Stimme warnte ihn vor Lolotte, die tagtäglich im schweren Duft des opiatischen Rauches seinen Ehrgeiz anstachelte und von dem „neuen Reich“ schwärmte. Eine innere Stimme sagte ihm: Geh zu Hilde, die du seit Tagen nicht gesehen, hol dir dort Reinheit, Ruhe und Klarheit. Aber eine wilde, unbezähmbare Gier nach Lolotte ließ ihn die innere Stimme zum Schweigen bringen, riß ihn tiefer und tiefer in das Netz, das Lazlo Bartos gesponnen und Lolotte Valon ausgelegt hatte.

23. Kapitel
Die Wahrsagerin.

Hilde Wehningen war betrübt und enttäuscht. Ralph hatte ihr am letzten Tag des alten Jahres ein herrliches Blumenstück und eine mächtige Bonbonniere geschickt, seither aber nichts mehr von sich hören lassen. Täglich, wenn sie um sechs Uhr das Bureau der Brüder Krause verließ, sah sie nach rechts und links die Straße entlang, aber vergeblich, Ralph, der sie bis zum Silvestertag täglich erwartet hatte, ließ sich nicht mehr blicken. Und trotzdem Hilde auch immer wieder ihren ganzen Stolz zusammennahm und sich selbst vortäuschen wollte, daß dieser Amerikaner ihr höchst gleichgültig sei – wenn sie dann wieder allein die Straßenbahn besteigen mußte, empfand sie den Schmerz tiefster Enttäuschung. Ihre Laune blieb trüb, obwohl tatsächlich, so wie Ralph es ihr gesagt hatte, die Bankgesellschaft ihren Chefs bedeutende Kredite zur Verfügung stellte und sie als unmittelbare Folge hievon eine Aufbesserung ihres Gehaltes erfuhr.

Gestern hatte der Zufall sie wieder mit Ralph zusammengebracht. Aber in sehr merkwürdiger Weise. Hilde war schon um fünf Uhr aus dem Bureau fortgegangen, um Besorgungen in der Inneren Stadt zu machen, und an der Ecke der Babenbergerstraße und des Ringes fuhr Ralph in einem mächtigen offenen Tourenauto – er hatte ein zweites Automobil gekauft – an ihr vorbei. Neben ihm aber saß ein bildhaft schönes, junges Weib mit brennend roten Haaren, Monokel in dem bleichen Gesicht, zu Füßen ein seltsames Tier, das man nicht so ohneweiters als Bären erkannte.

Im letzten Augenblick sah Ralph auch Hilde, die starr vor Überraschung stehen geblieben war, und er riß den Hut vom Kopf. Hilde aber glaubte mit ihren feinen, empfindsamen Nerven, in seiner Bewegung, in den Zügen seines Gesichtes tiefste Verlegenheit erkannt zu haben.

Sie biß sich auf die Lippen, atmete schwer und tief, sah mit einem müden Lächeln an sich herunter und dachte:

Wie sollte ich armes Mädel mit meinen schäbigen Fähnchen diesen eleganten, wahrscheinlich sehr reichen Amerikaner fesseln können? Die Laune eines Augenblickes und vorüber! Nun hält ihn dieses schöne, exzentrische Weib, neben dem ich ganz und gar verschwinde, und ich habe ihn verloren!

Abends war Hilde sehr blaß und müde und als ihre Mutter wieder einmal zu jammern begann und ihr vorrechnete, daß sie beide zusammen mit dem Einkommen Hildes demnächst würden verhungern müssen, brach das junge Mädchen in krampfhaftes Schluchzen aus. Plötzlich erschien ihr das Leben so leer und öde, so hoffnungslos und freudlos zu sein, wie noch nie vorher.

Der nächste Tag brachte ihr um so größere Überraschung. Als sie abends das Bureau verließ, stand Ralph unten und begrüßte sie mit übersprudelnder Herzlichkeit, die Hilde als übertrieben, unecht, Verlegenheitsreaktion empfand. Immerhin – sie freute sich so sehr, daß sie jedes bittere Empfinden gewaltsam unterdrückte und gerne mit ihm die Mariahilferstraße abwärts bis zum Café Casa Piccola ging, um dort in einer stillen ruhigen Ecke mit ihm zu plaudern.

Nervös, überreizt, innerlich voll Unruhe, erzählte ihr Ralph von allerlei gesellschaftlichen Verpflichtungen, die ihn fern gehalten und sagte dann leichthin:

„Die Dame, mit der Sie mich gestern im Auto sahen, ist die Tänzerin Lolotte Valon, mit der ich seit einiger Zeit bekannt bin.“

Hilde nickte. „Eine wunderschöne Frau! Ist sie in ihrem Wesen ebenso extravagant, wie in ihrer äußeren Aufmachung?“

„Keine Spur“, erwiderte Ralph lebhaft. „Das Einfachste und Natürlichste, was man sich nur denken kann. Aber sie hat da so irgend einen Manager, ich kenne ihn nicht, der ihr einredet, sie müsse durch sensationelles Benehmen und durch bizarre Kleidung Aufsehen erregen, um das Publikum zu fesseln. Übrigens, sprechen wir nicht von ihr, sondern lieber von Ihnen. Erzählen Sie, was sich in den Tagen, die ich Sie nicht gesehen, zugetragen hat.“

Hilde berichtete von dem Erfolg der Brüder Krause und erzählte stolz, daß ihr Gehalt von einer Million auf anderthalb Millionen erhöht worden sei.

„Viel ist es ja nicht, aber es wird schon gehen, wenn Mama auch fortwährend klagt und den Hungertod vor Augen hat.“

Ralph biß sich die Lippen fast blutig und würgte die aufsteigende Beklemmung hinunter.

Anderthalb Millionen im Monat zum Leben, Kleiden, Wohnen, zur Beleuchtung und Beheizung! Gestern erst hatte ihm Lolotte lachend erzählt, daß sie für kölnisch Wasser, Parfüm und ihren köstlichen, aus Indien herbeigeschafften Tabak allein eine halbe Million im Tag verbrauche. Worauf er ihr heute eine Kiste mit fünfzig Flaschen Eau de Cologne im Werte von einigen Millionen geschickt hatte.

Er sah Hilde in die reinen, klaren Kinderaugen und empfand im Unterbewußtsein Widerstand und Widerwillen gegen Lolotte. Raffte sich zusammen, sagte sich, er würde nun Schluß mit ihr machen, seine Zeit und seine ganze Liebe wieder diesem taufrischen, lieben klugen Mädchen widmen.

In diesem Augenblick kam ein altes, verhunzeltes Weib mit weißen Haarsträhnen unter dem grellroten Kopftuch, beim Gehen sich mühsam auf einen Stock stützend, auf sie zu.

Ralph, gewöhnt, daß man in Wien auf Schritt und Tritt angebettelt werde, griff in die Westentasche und warf ihr einen Tausender hin. Sie aber schüttelte den Kopf, ging dicht an den Tisch heran und sagte leise in einem deutschen Kauderwelsch:

„Ich nicht betteln, ich Zukunft sehen, Handlinien lesen. Zweites Gesicht sagt mir, daß es wichtig ist, Ihnen zu wahrsagen! Geben Sie mir die linke Hand, mein Herr!“

Ralph wollte ärgerlich abwinken, aber Hilde bat belustigt, er möge sich und ihr wahrsagen lassen. Er erfüllte natürlich ihren Wunsch und streckte der Alten die linke Hand entgegen.

Einige Minuten starrte sie die Handfläche wortlos an, dann schlug sie ein Kreuz, machte einen tiefen Knicks vor Ralph und begann:

„Der Herr ist über das Wasser gekommen. Viele Tage gereist. Hat Vater nicht und Mutter. Aber Mutter lebt weiter in ihm, beeinflußt seinen Willen, zwingt seine Gedanken. Ich sehe Gold, Gold, Gold. Einen Berg von Gold. Ich sehe, wie Sie das Gold beiseite schieben und durch ein dunkles Tor gehen. Und nun jubeln Ihnen Hunderttausende von Menschen entgegen, heben Sie auf die Schultern, schreien: ›Es lebe der Befreier!‹ Ich sehe Sie ganz hoch oben, zu Ihren Füßen Völker sich beugend. Ich sehe ein schönes Weib an Ihrer Seite mit goldigem Haar. Sie schreiten mit ihr einher, die Menschen werfen Blumen, schreien: ›Er lebe hoch!‹ Glück blüht um sie beide und Freude. Sie werden König, nein kein König. Ich sehe nicht Krone und Zepter. Aber ich sehe Sie doch als Herrscher – Kinder sehe ich, schöne Kinder und Sie beide, frohe Menschen, eine goldene Kette tragen Sie um den Hals.“

Die letzten Worte waren kaum noch zu vernehmen, das alte Weib gab Zeichen tiefster Erschöpfung von sich. Ralph, der totenbleich geworden war, wollte seine Hand fortziehen, aber sie umklammerte sie, richtete sich wieder auf und röchelte:

„Hüten Sie sich vor den Juden! Sie werden von falschen Freunden umdrängt, von Juden, die Ihr Geld haben wollen. Geben Sie ihnen nichts, nichts! Tun Sie, was die mit den goldenen Haaren Ihnen sagt. Folgen Sie ihr blind, dann wird alles gut werden!“

Wieder sank sie in sich zusammen, ließ nun die Hand Ralphs los und wankte wortlos davon.

Ralph fuhr sich mit beiden Händen über die Stirne. Wachte oder träumte er? Wie kam die Alte zu solchen Prophezeiungen? Wie konnte sie wissen – – Gab es nicht doch Dinge zwischen Himmel und Erde, die sich mit realer Vernunft nicht ergründen ließen?

Das fröhliche Lachen Hildes weckte ihn. Hilde sagte lustig:

„Nun ist die Alte davon ohne mir wahrzusagen! Und ohne Geld zu nehmen. Aber komisch war es doch, nicht? Woher konnte sie nur ahnen, daß Sie von jenseits des Meeres kommen? Und das mit der rothaarigen Frau, das kann doch nur Ihre Tänzerin sein? Komisch, nicht?“

Ralph war einsilbig und verstört. Was hatte dieser Spuk zu bedeuten? Und seine Gedanken rückten von Hilde ab, flogen zu Lolotte mit den goldschimmernden Haaren – –

Hilde fühlte, wie er ihr entglitt, und drängte zum Aufbruch.

Gerade als sie verstimmt voneinander Abschied nahmen, saß die Alte im Zimmer des Privatdetektivs Bartos und sagte auf ungarisch:

„Ich habe meine Rolle gut gespielt. Er war ganz verstört. Leicht war es aber nicht, ich wartete drei Tage in der Mariahilferstraße, bevor ich die beiden endlich zusammen traf. Das ist mehr als dreihunderttausend Kronen wert, sage ich Ihnen!“

24. Kapitel
Ein neuer Plan.

Ralph hatte sich entschlossen, einen Privatsekretär zu engagieren. Er bekam täglich Hunderte von Briefen, zum überwiegenden Teil Bettelbriefe von mehr unverschämten als verschämten Armen, die es vortrefflich verstehen, alle Möglichkeiten aufzuspüren, bei allen Hilfsaktionen Liebesgaben zu ergattern, im psychologisch günstigen Augenblick an die Reichen heranzutreten. Dem Amerikaner bereitete es Pein, alle diese Briefe lesen zu müssen, aber er war zu gewissenhaft, um sie ungelesen in den Papierkorb zu werfen. Denn es konnte ja doch auch sein – und mitunter war es auch der Fall –, daß sich ein wirklich Verzweifelter, jemand, dessen Existenz sich aufrichten ließ, an ihn hilfesuchend wandte. So ließ sich denn Ralph durch Korn den Dichter, Dramatiker, Bohemien und grundgütigsten Menschen der Welt, Egon Kriegel, empfehlen, der die Vormittagsstunden bei ihm mit der Sichtung des Posteinlaufes und Erledigung der Ansuchen verbrachte.

Egon Kriegel war eines der seltsamsten Menschenexemplare. In einem ungeheuren Körper von mächtigem Volumen steckte die feinste, anmutigste Künstlerseele, boshafter Witz vereinigte sich mit unendlicher Herzensgüte, scharfer, den Dingen bis auf den Grund blickender Verstand wurde durch umfassende, fast polyhistorische Bildung unterstützt. Und derselbe Mann, der, um sein Brot zu verdienen, in Tageszeitungen den Clown spielen und seinen originellen Geist in Aperçus vor die Meute werfen mußte, schrieb eine Judastragödie, die wohl erst nach seinem Tode als klassisches Werk bewundert werden würde, arbeitete an philosophischen Büchern, in denen die letzten und tiefsten Dinge erfaßt wurden.

„Ralph liebte den bartlosen Mann, der wie ein Knabe von übernatürlichen Dimensionen aussah, vom ersten Augenblick an, fühlte, daß er sich ihm in allen Dingen anvertrauen durfte. Und so zögerte er auch nicht, ihn in seine Beziehungen zu Lolotte und Hilde einzuweihen, ihm von dem Zwiespalt, der ihn zerriß, zu erzählen und zu berichten, welch seltsame Prophezeiung, die eine Bestätigung dessen war, was Lolotte von ihm forderte, ihm heute gemacht worden.

Egon Kriegel füllte sich zum sechstenmal ein Wasserglas mit dem herrlichen Whisky, den das Hotel für seinen amerikanischen Gast besorgt hatte, und wurde nachdenklich.

„Prophezeiungen halte ich für durchaus möglich. Warum soll es nicht Menschen geben, die auf Schwingungen, Ausstrahlungen ganz anders und viel intensiver reagieren als andere Menschen? Wer an Ahnungen, an telepathisches Vorausfühlen einer Person, an scheinbar unbegründete Sympathien und Antipathien, an Liebe auf den ersten Blick und ähnliche Dinge glaubt, die sich nicht rein mechanisch erklären lassen, der wird es nicht von der Hand weisen können, daß es Menschen geben mag, die einen Blick in das tun, was wir fälschlich Zukunft nennen. Nur denke ich, daß solche begnadete Menschen nicht ins Café Casa Piccola gehen, um wahrzusagen, wie mir überhaupt die ganze Geschichte reichlich plump vorkommt.

Auch gegen diese Lolotte Valon, von der ganz Wien spricht, habe ich meine Bedenken. Und zwar aus einem sehr einfachen Grund: Weil sie, wie Sie mir andeuteten, kein Verhältnis mit Ihnen haben will. Wenn eine Frau, die einen Mann gern hat, sich ihm nicht hingibt, so beweist das spekulative Absichten, insbesondere wenn diese Frau in der Hingabe schon einige Praxis hat."

Ralph wollte auffahren, Egon drückte ihn auf den Stuhl nieder.

„Verehrtester Mann aus einer anderen Welt! Sie glauben doch hoffentlich nicht, daß Fräulein Lolotte von den wohlschmeckenden Liebesfrüchten noch nicht gekostet hat? Wäre auch jämmerlich und dumm! Abgesehen davon, daß Unberührtheit nicht immer ein Zeichen von Keuschheit ist, wird es doch wohl einer Tänzerin erlaubt sein, zu tun, wie sie will. Lolotte für eine reine Jungfrau zu halten, käme einer Beschimpfung gleich. Aber, um auf das zu kommen, was ich sagen wollte: Warum will Lolotte Valon mit Ihnen kein Verhältnis haben? Weil sie weiß, daß man den begehrenden, hungerigen Mann ganz anders am

Gängelband führt, als den, der seinen Appetit schon befriedigt hat. Sklave ist nur der Nichtbesitzende, nie der Saturierte. Und sie braucht Sie eben zu irgend einem Zweck als Sklaven.

Sollte dieser Zweck nicht in dem politischen Schmus liegen, den sie Ihnen vormacht? Glauben Sie, daß derartige Ideen von solcher Tragweite im Gehirn eines Weibes entstehen? Ne, mein Lieber, da steckt etwas oder besser gesagt jemand dahinter! Haben Sie eigentlich schon den Manager des Fräulein Valon gesehen?

Ralph verneinte.

„Ich auch nicht, niemand kennt ihn. Aber der Kerl scheint nicht dumm zu sein! Die Idee mit dem Monokel und den durchsichtigen Kleidern und dem Bären ist sogar sehr klug. Hm! Ich werde mich, wenn Sie gestatten, aber auch wenn Sie es nicht gestatten, ein wenig um diesen Mann bekümmern! Raten tue ich prinzipiell nie jemand, weil noch niemand einen Rat befolgt hat. Sonst würde ich Ihnen dringend raten, sich mehr um dieses Fräulein Hilde, das von Ihnen nichts weiß, als daß Sie ein netter hübscher Kerl sind, zu kümmern und weniger um Lolotte. Oder noch besser: Stellen Sie ein Ultimatum: Liebes Fräulein Lolotte, entweder Sie schenken mir heute nachts gegen einen Scheck auf zehntausend Dollar das Vergnügen Ihrer Gesellschaft oder Pfirt di Gott!“

Ralph lachte gequält.

„So einfach ist das doch nicht, lieber Doktor Kriegel ... Sie kennen eben Lolotte nicht! Sie ist nicht das Weib, das sich kaufen läßt.“

Egon Kriegel schmunzelte skeptisch und begann die eben von Sam hereingebrachten Briefe zu öffnen.

„Edler Gönner! Ich bin vierundzwanzig Jahre alt, hübsch, habe meinen Mann durch den Hungertod verloren und stehe nun mit meinen elf unmündigen Kindern, deren ältestes sieben Jahre zählt –“

„Die Frau ist Massenproduzentin! Papierkorb.“

„Ein Invalider, dem beide Arme fehlen, schreibt Ihnen hiemit –“

„Darf ich Sie, hochverehrter Mister O'Flanagan bitten, mir für den von mir begründeten und verwalteten Verein „Das butterweiche Herz“, der in aller Stille Wohltätigkeit übt, den für Sie sicher nichts bedeutenden Betrag von tausend Doller zur Verfügung –“

„Typus Wohltätigkeitsfurie, die von den Sammlungen für andere behaglich lebt. Das ist eine Sache, in die man einmal gründlich hineinleuchten müßte. Nur würde man den Gestank kaum aushalten, der sich bei solcher Reinigungsarbeit entwickeln könnte.“

Plötzlich verstummte Kriegel auf einige Zeit, so daß Ralph, der eben an einem Brief nach Amerika schrieb, fragte:

„Nun, was haben Sie jetzt gefunden?“

„Den Brief eines wirklichen Menschen. Hören Sie:

Auf die Gefahr hin, daß dieser Brief mit tausend anderen ungelesen in Ihrem Papierkorb, der Wolkenkratzerdimensionen haben muß, fliegt, wende ich mich doch an Sie. Nicht für mich allein, sondern für einige tausend Kameraden, denen übel mitgespielt wird. Ich bin Arbeiter, Eisendreher, in den großen Wöllersdorfer Werken, die früher während des verfluchten Krieges eine rege, menschenmordende Tätigkeit entfalteten, nach dem Umsturz aufbauender, segenbringender Produktion zugeführt werden sollten, durch Schlamperei, Unfähigkeit und unfruchtbare abstruse Ideen eines mißverstandenen Kommunismus mit phantastischem Defizit arbeiteten, dann in die Hände einer profitgierigen reichsdeutschen Gesellschaft übergingen und nun, da sich der erhoffte Riesenprofit nicht einstellen will, stillgelegt werden sollen. Was für uns, die wir arbeiten können und wollen, für unsere Frauen und Kinder Elend, Not, Kummer und Hunger bedeutet.

Wenn ich nun auch nur ein einfacher Arbeiter bin – ich mußte ja, als der Krieg ausbrach, die Realschule verlassen, um als jugendlicher Arbeiter Brot für die Mutter und Geschwister zu verdienen –, sehe ich doch mit meinen klaren Augen, daß bei vernünftiger Leitung und Investierung von neuen Geldern sich aus den Wöllersdorfer Werken Gewaltiges schaffen ließe. Man hört, daß Sie irgendwie diesem Land beispringen wollen.

Wenn dem wirklich so ist, wenn es sich nicht auch Ihnen nur darum handelt, Ihre überschüssigen Dollar nutzbringend anzulegen und aus dem österreichischen Kadaver noch ein paar brauchbare Knochen zu holen, so würde ich Ihnen raten, sich Wöllersdorf anzusehen. Wöllersdorf wäre der Punkt, an dem man die Harke ansetzen müßte, um aufzubauen.

Nehmen Sie mir meinen Brief, den Sie ja doch wahrscheinlich nie zu Gesicht bekommen werden, nicht übel. Ihr ergebener

Rudolf Demmer, Wöllersdorf, Baracke 118."

Ralph hatte voll Interesse zugehört.

„Dr. Kriegel, den Mann möchte ich kennen lernen. Bestellen Sie ihn für Sonntag her!"

25. Kapitel
Wenn die Maske fällt.

Egon Kriegel ging die Geschichte mit der Wahrsagerin nicht aus dem Kopf. Er witterte eine Intrige, ein weitverzweigtes Komplott, und ahnte instinktiv, daß sich der Impresario der Tänzerin als Drahtzieher dabei betätigte. Unter dem Vorwand, ein Zimmer mieten zu wollen, begab er sich in die Pension in der Lolotte Valon wohnte, und erfuhr dort von der Pensionsinhaberin unschwer den Namen des ungarischen Herrn, der bei der Tänzerin die Rolle eines Begleiters, Beschützers und Beraters spielte.

Also ein Ungar und mit Namen Lazlo Bartos. Wo erfährt man über Ungarn, die in Wien leben, alles? Am leichtesten bei den Emigranten der Räteregierung, dachte Kriegel und begab sich nach dem Café Central, wo, wie er wußte, viele von ihnen verkehren.

Tatsächlich bilden diese Emigranten eine ganz stattliche Kolonie in Wien. Ein beträchtlicher Teil der geistig hervorragendsten Ungarn befindet sich unter ihnen, Schriftsteller, Maler, Journalisten von Bedeutung, hochtalentierte Menschen, die sich damals, als der

Kommunismus ihnen eine heilige Sache, die große Menschenerlösung zu sein schien, der Räteregierung zur Verfügung stellten. Und nun müssen sie in der Fremde das harte Brot der Verbannung essen, da die finsteren Geister, die in Ungarn herrschen, ihnen die Rückkehr nicht möglich machen, statt geistige Kulturträger, die Ungarn so notwendig brauchen würde, liebevoll an die Heimat zu fesseln. Und die eigenartige und einzigartige Begabung dieser Menschen bringt es zuwege, daß sie langsam aber sicher im fremden Lande aufgehen, ohne es zu wissen germanisiert werden. Ungarische Schriftsteller wurden im Laufe weniger Jahre zu deutschen, aber sie behalten ihre Eigenart, bringen einen exotischen Ton in die deutsche Literatur. Kriegel begab sich im Café Central an den Stammtisch einer solchen literarischen Emigrantengruppe und fragte geradeheraus, ob jemand einen gewissen Laszlo Bartos kenne. Bela Balton, der vor drei Jahren noch der deutschen Sprache kaum mächtig war und heute zu den ersten Wiener Feuilletonisten gehörte lachte kurz auf.

„Und ob ich ihn kenne! Ein Lump, ein Schuft, wie ihn die Erde schwärzer noch nicht getragen hat! War einmal Offizier, wurde wegen schmutziger Geschichten degradiert, im Krieg wieder Offizier, und zwar Kundschafter. Sehr geschickt verstand er es dann, sich an Bela Kun heranzuschleichen, der ihm die Organisation des Nachrichtendienstes gegen Rumänien, Jugoslawien und die Tscheo-Slowakei übergab. Als dann die Räteregierung zusammenbrach, blieb er in Budapest, stellte sich Horthy zur Verfügung, verriet Hunderte von Kommunisten, die sich versteckt hielten, spürte sie auf und überlieferte sie dem Henker."

„Und jetzt?" fragte Kriegel interessiert.

„Jetzt ist er in Wien, soll hier eine von der hiesigen, wie der ungarischen Regierung unterstützte Detektivagentur leiten und der Freund der verrückten Tänzerin Lolotte Valon sein, mit der er wenigstens vor einigen Wochen noch oft gesehen wurde."

Egon Kriegel war von dem Ergebnis seiner Nachforschung sehr befriedigt und dachte nun über Mittel und Wege nach, diesen Bartos persönlich kennen zu lernen. Der Zufall war ihm günstig.

Ralph hatte sich für diesen Abend, wie fast täglich, mit Lolotte im Tabarin verabredet und bat Kriegel und Korn, seine Gäste zu sein.

Beide, Korn ebenso wie Kriegel, sprachen den amerikanischen Drinks und dem Champagner so reichlich zu, daß sie nicht mehr ganz nüchtern waren; und das hatte zur Folge, daß sie mehr noch als sonst aus sich herausgingen. Es begann sich ein wahres Feuerwerk an Geist und Witz zu entwickeln, die beiden Schriftsteller verulkten einander, Kriegel in seiner breiten, bedächtigen Art, Korn sprudelnd, laut, bald pathetisch, bald schnodderig, jetzt das geschraubteste Hochdeutsch sprechend, um plötzlich heftig zu jüdeln.

Ralph unterhielt sich königlich, er vergaß die quälenden Widersprüche, die ihn zerrissen, gab sich ganz seiner guten Laune hin, um so mehr als auch Lolotte lustig, ausgelassen war und ihm heute noch begehrenswerter erschien als sonst.

Um Mitternacht wurde Korn, dieser Erotiker aus tiefster Überzeugung, frivol. In der Nebenloge saß eine überschlanke junge Frau neben einem Erzphilister. Sie kokettierte mit Korn, der Gatte drehte wütend seinen gesträubten Schnurrbart, und da außerdem an einem Tisch unterhalb der Loge ein bildhübscher und knabenhaft aussehender Jüngling saß, der ebenfalls keinen Blick von Korn wandte, so fühlte sich dieser zur äußersten Geistentfaltung angeregt, sprach so laut, daß man nebenan und unten ihn genau verstand und wurde von einer so offenen und kühnen Frivolität, daß Ralph ordentlich erschrak. Er begann die intimsten Dinge mit ihrem intimsten Namen zu bezeichnen, besprach sexuelle Angelegenheiten mit nicht mehr mißzuverstehender Deutlichkeit, das alles aber mit so viel Grazie, daß auch Ralph ihm nicht bös sein konnte.

Als nun Korn, von Kriegel sekundiert, eine unerhörte Cochonnerie von sich gab, geschah Unerwartetes. Ralph warf, peinlich berührt, einen Blick auf Lolotte. Diese aber vergaß einen Augenblick, ihre Rolle zu spielen.

Lachte grell und dirnenhaft auf und ihr geschminktes Gesicht verzerrte sich zu einer obszönen, schamlosen Fratze.

Dieser Augenblick war schicksalbestimmend für Ralph. Der Bruchteil einer Sekunde genügte, um ihn klar sehen, erschauern, das wahre Gesicht Lolottes erkennen zu lassen. Er biß sich auf die Lippen, rückte innerlich von Lolotte ab, fand sich selbst, schloß die Augen und eine brennende Sehnsucht nach Hilde überkam ihn. Das süße, liebliche keusche Mädchenbild verwob sich mit dem gütigen Gesicht seiner Mutter, rote Nebel stiegen vor ihm auf, ein Schauer rann ihm über den Rücken und seine Hand umklammerte das Champagnerglas vor sich so heftig, daß es in Stücke brach.

Verdutzt schwieg Korn, Lolotte besann sich, ahnte, daß sie aus ihrer Rolle gefallen, beugte sich zu Ralph und sagte mit ihrer weichen, singenden Stimme:

„Lieber Freund, was ist Ihnen? Sie sind so bleich geworden!“ In diesem Augenblick betrat Laszlo Bartos, der sich, seitdem Lolotte den Amerikaner kennen gelernt, in der Öffentlichkeit von ihr fern gehalten, den Tanzsaal. Ein Wiener Varieté hatte der Tänzerin durch ihn einen glänzenden Gastspielantrag gemacht, der heute noch angenommen oder abgelehnt werden mußte. Bartos wollte nun Lolotte durch einen Blick verständigen, rasch zu ihm in den Vorraum zu kommen.

Aber Lolotte hatte sich nicht mehr so in der Gewalt wie sonst. Der Zwischenfall mit dem zerbrochenen Glas, allzureicher Champagnergenuß hatten sie verwirrt und so winkte sie Bartos zu, rief „O, Herr Laszlo Bartos, mein Impresario!“ und rief ihn heran, um ihn vorzustellen.

Korn flüsterte halblaut: „Widerliche Zuhältervisage!“ Ralph empfand den Blick des Ungarn als stechend und abstoßend, Kriegel aber, dessen leichter Rausch sofort schwand, war ganz Liebenswürdigkeit, forderte Bartos auf, bei ihnen Platz zu nehmen.

Das Gespräch wechselte, Egon Kriegel brachte es mit größter Geschicklichkeit auf politische Dinge, sprach von dem Mordattentat auf den tschechischen Finanzminister Raschin.

Ralph zuckte die Achseln.

Solange die Menschen Dolchstöße und Revolverschüsse für Argumente halten, wird es auf der Welt nicht besser sein. Kriegel aber sagte breit und gemächlich:

„Mir war dieser Raschin sehr sympathisch, weil er die tschechische Krone in die Höhe getrieben hat und ich vom „Prager Tagblatt“ Honorare bekomme. Aber anderseits begreife ich, daß jemand, der dadurch Geld verlor, ihn umbringen wollte. Es wundert mich nur, daß ihn nicht längst ein Ungar erschossen hat, denn dieser Raschin war doch ein erklärter Feind des unterdrückten edlen Ungarvolkes.“

Leute, die Kriegel näher kannten, wußten, daß solche Äußerungen nie ernst zu nehmen waren, sondern sich hinter ihnen gewöhnlich der gegenteilige Sinn versteckte. Lolotte aber, die ihn nicht kannte und leicht beschwipst war, nahm die Worte für bare Münze und rief:

„Ganz recht, so soll es allen Ungarfeinden gehen!“

„Richtig, mein Fräulein“, erwiderte gelassen Kriegel, „Herr O'Flanagan hat mir erzählt, daß sie eine politische Schwärmerin sind, die an Ungarn hängt und Weltmachtsträume hegt. Was halten Sie davon, Herr Bartos, glauben Sie an die Möglichkeit eines neuen Bundes, der Österreich, Ungarn, Bayern und Italien umfaßt?“

In Bartos aber fand Kriegel seinen Meister. Der Ungar leerte ruhig sein Glas, lachte spöttisch und sagte:

„Reiner Blödsinn! Kindische Phrasen, die Fräulein Lolotte irgendwo aufgeschnappt hat! Ungarn braucht kein Bündnis, Ungarn muß allein bleiben und sich als Agrarstaat erhalten. Ein Mensch, der solches Bündnis bewerkstelligen wollte, müßte als Narr ins Irrenhaus gesperrt werden!“

Lolotte verstand und gab dem Gespräch eine andere Wendung. Ralph aber warf Kriegel einen Blick zu, der sagen sollte: Sehen Sie, die Idee stammt nicht von diesem Mann, es handelt sich bei Lolotte um Intuition, um instinktive Eingebung.

Egon Kriegel war durchaus nicht überzeugt, sondern hielt Laszlo Bartos erst recht für ein gefährliches Individuum.

Um ein Uhr morgens ging die Gesellschaft auseinander. Ralph brachte Lolotte in seinem Auto nach Hause. Und sie fühlte, daß er nicht so stürmisch begehrend war wie sonst. Im Hausflur küßte sie ihn. Er erwiderte den Kuß, aber riß sie nicht wie sonst wild an sich. Und als sie ihn bat, morgen nachmittags zu ihr zum Tee zu kommen und hinzufügte, sie werden dann ein paar Stunden ganz allein sein, nahm er die Einladung wohl an, aber erst nach einer Sekunde des Zögerns.

Mit einem bösen Gesicht legte sich Lolotte zu Bett, aber bevor sie das Licht abknipste, setzte sie den Telephonapparat, der auf dem Nachttisch stand, in Bewegung und rief Bartos an.

„Du“, sagte sie auf ungarisch, „ich glaube, irgend etwas geht schief. Denke, daß ihm sein Wiener Gänschen wieder im Kopf herumgeht. Übrigens, bist du schon ausgezogen? Nein? Dann komm' zu mir, du hast ja die Schlüssel. Kannst wieder einmal hier übernachten. Gut, ich erwarte dich!“

26. Kapitel
Im Mittelpunkt.

Je länger Ralph in Wien war, desto stürmischer wurde er von den Menschen und Verhältnissen bestürmt, bedrängt, umringt. Projektenmacher, Erfinder, Verzweifelte, Querulanten traten an ihn heran, suchten seine Hilfe, seine Protektion oder nur sein Geld.

Besonders dringlich wurden die Bankdirektoren, die den Augenblick nicht erwarten konnten, wo Ralph die dreißig Millionen Dollar endgültig bewillige. Egon Kriegel aber und einige andere wohlmeinende Freunde rieten Ralph ab, bewiesen ihm, daß aus dieser Kreditaktion sicher ein glänzendes Geschäft für die Banken, aber wahrscheinlich ein schlechtes oder gar keines für die Bevölkerung erwachsen würde.

Am Sonntag hatte O'Flanagan eine mehrstündige Unterredung mit dem Arbeiter Demmer aus Wöllersdorf, der mit Zeichnungen und Plänen kam. Demmer repräsentierte den Typus des ernsten, klugen deutschen Arbeiters, der an sich unermüdlich fortarbeitet und nur durch Geldsorgen und die tödliche Fabriksarbeit an der vollen Entwicklung gehindert wird. Demmer schilderte den gewaltigen Industriekomplex, der in Wöllersdorf während des Krieges entstanden war, legte dar, wie sich dort in den tadellosen Betonbauten große Industrien schaffen ließen, während mangels der entsprechenden Organisation, infolge ungenügender Kapitalien und Opferwilligkeit, die Glasbläsereien, Maschinenfabriken und Gießereien, die in Betrieb gesetzt worden waren, sich nicht rentieren konnten. Er machte folgenden präzisierten Vorschlag:

Ralph möge in Wöllersdorf eine Arbeitsgenossenschaft gründen, die von ernsten, selbstlosen Männern geleitet würde. Die ersten Jahre würden sicher Milliarden verschlingen, späterhin müßte sich aber, wenn erst die Weltwirtschaft in Ordnung geraten, eine bedeutende Rentabilität erzielen lassen. Ein Reingewinn, sollte zu einem Drittel unter die Arbeiter verteilt werden, während die anderen zwei Drittel zum weiteren Ausbau der Industrien verwendet werden.

„Vorausgesetzt", schloß der Arbeiter seine Ausführungen, indem er Ralph frei und offen ins Gesicht blickte, „daß es sich Ihnen nicht um eine reine Geschäftssache handelt, sondern um ein Werk, das Ihren Namen mit dem Geschick Österreichs auf ewig verknüpfen würde."

Ralph schüttelte Demmer die Hand.

„Ihr Vorschlag ist der erste, mir durchaus sympathische, der an mich herantritt. Und Sie sollen sich in mir nicht getäuscht haben. Sie werden bald von mir hören."

Als er mit Kriegel, der der Unterredung beigewohnt hatte, allein war, sprach er gewisse Bedenken aus.

„Einerseits bin ich doch diesen Bankleuten halb und halb verpflichtet, anderseits weiß ich nicht, wen ich an die Spitze eines solchen Unternehmens stellen sollte."

Kriegel meinte bedächtig:

„Die Sache ist doch sehr einfach: Da die Bankdirektoren Ihnen immer wieder versichern, daß sie ganz selbstlos, nur im Interesse des Staates handeln wollen, können sie gar nichts dagegen haben, wenn Sie Wöllersdorf ausbauen und finanzieren. Immerhin könnten die Großbanken ja als Vermittlungsstellen bei der Vermögensverwaltung funktionieren. Und was die Person an der Spitze betrifft: Ich kenne nur eine in Österreich, die durch ihre Vergangenheit, vornehme Gesinnung, Unantastbarkeit geeignet wäre, so gewissermaßen als Präsident der Wöllersdorfer Arbeitergenossenschaft zu funktionieren. Es ist dies Wladimir Beck, früherer Ministerpräsident, jetzt Präsident des Obersten Rechnungshofes, Aristokrat im wahren Sinne des Wortes, heute schon ein alter Herr, aber voll unverbrauchter Kraft und hingebungsvoller Liebe zu Österreich. Korruption, Gemeinheit, Bestechung Verleumdung und Intrigen wagen sich an ihn nicht heran, sein Name allein würde die dunklen Geister verscheuchen."

Ralph prägte sich den Namen in sein Gedächtnis ein und ging zunächst daran, die Großbanken mit seinen neuen Ideen vertraut zu machen.

Die Herren waren bestürzt, konnten ihre Enttäuschung nur mühsam verhehlen. Arbeitsgenossenschaft? Ein totgeborenes Kind! Schade um die Millionen! Die Arbeiter werden sich dort als Herren fühlen und noch weniger arbeiten wollen, als sonst. Nur eine starke, energische, rücksichtslose Hand könne ein solches Werk aufbauen. Überhaupt sei Wöllersdorf ganz überflüssig, denn die Wiener Großbanken hätten genug Industrien, die heute nicht voll arbeiten, aber bei genügender Kapitalisierung Großes leisten würden. Und so weiter.

Ralph blieb diesem Wortschwall gegenüber kühl.

„Das Wort ›genug Industrien‹ kenne ich nicht! Und Sie widersprechen sich selbst, haben vor wenigen Tagen noch mir zugestimmt, als ich erklärte, es sei lächerlich, daß Österreich keine einzige Schreibmaschinenfabrik besitze, jede Füllfeder, jedes Uhrenglas, jede Taschenuhr aus dem Ausland beziehen müsse. Und wie steht es mit der

Schuhindustrie in Österreich? Warum muß der Österreicher für seine Schuhe einen Preis zahlen, der hoch über die Weltparität geht? Warum soll eine opferwillige Konkurrenz nicht die Preise drücken? Die Arbeiter werden sehr wohl arbeiten wollen, wenn sie wissen, daß sie dadurch aus der Not des Tages herauskommen, vielleicht sogar ein bescheidenes Vermögen erwerben können. Vor allem aber, und das erscheint mir das Wichtigste zu sein, ein Aufbau von Wöllersdorf ohne Rücksicht auf momentane Konjunktur und Rentabilität würde die Hälfte der Arbeitslosen aufsaugen."

Klopfer-Hart lenkte kluger Weise ein:

„Meine Herren, wir alle wollen ja dasselbe, wenn auch auf verschiedenen Wegen. Also muß ein Mittelweg gefunden werden. Bitte, Herr O'Flanagan, setzen Sie uns mit Ihrem Arbeiter in Verbindung und wir werden ein Konsortium gründen, das Philanthropie und Realität, Geschäftsgeist und Zukunftsträume verbindet."

Draußen im Automobil sagte Kriegel zu dem Amerikaner:

„Die Burschen sind zäh. Sie werden nun versuchen, den Demmer durch Geldangebote auf ihre Seite zu bringen! Wenn Sie nicht wollen, daß der Mann korruptioniert wird, so bringen Sie ihn nicht mit den Leuten zusammen. Überhaupt, haben Sie nicht bemerkt, daß gerade die Leute, auf die es ankommt, gar keine wirkliche Hilfe wollen? In klarem Wasser ist schwer fischen, der dümmste Karpfen sieht den Köder zu gut. Wenn ich Sie wäre, würde ich von nun an nur mehr mit dem Zitat aus Götz arbeiten, mein Leben genießen, hier und dort individuell jemandem helfen und sonst dem Schicksal seinen Lauf lassen."

Ralph schüttelte müde den Kopf.

„So leicht gebe ich mich nicht geschlagen! Wo ein Wille, da ein Weg, und ich gebe es noch nicht auf, die guten Geister um mich zu sammeln!"

Es waren aber, wie gesagt, nicht nur die Großen, die gegen Ralph Sturm liefen, sondern ganz Wien streckte die Hände nach ihm aus.

Große Bühnenkünstler schilderten ihm die eigene Not, die sie zwang, spät nachts, nach nervenermüdender Vorstellung in verrauchten Kaffehäusern und erbärmlichen Tingeltangeln Zoten zu reißen, in Intervallen von oft nur einer halben Stunde an drei, vier Stellen sich zu produzieren, oder aber ihre beste künstlerische Kraft dem Film zu widmen. Einige Herren machten ihm den Vorschlag, die in ewigen Nöten befindliche Volksoper zu pachten, dort zu ganz kleinen Preisen Musteraufführungen zu veranstalten, so daß einerseits dem theaterhungerigen Mittelstand geholfen wäre, anderseits durch die Einnahmen die notleidenden Künstler gegen die Verpflichtung, in Rauchtheatern nicht mehr aufzutreten, eine Erhöhung ihrer Bezüge erfahren würden. Es wurde nachgewiesen, daß eine Million Dollar im Jahr hinreichen würde, um ein solches Unternehmen sicherzustellen.

Ralph, der nicht vergessen hatte, daß seine Mutter dereinst ein armes Theatermädel gewesen, war für den Vorschlag sehr eingenommen, wollte schon seine Zustimmung geben, als er erfuhr, wie sich auch an den vornehmsten Wiener Stätten dramatischer Kunst Intrigen, Intoleranz, Gehässigkeit breit machen. Es wurde ihm von Leuten, die er für durchaus glaubhaft halten durfte, mitgeteilt, daß der neue Herr eines ersten Theaters, ein Mittelding zwischen preußischem Unteroffizier und Künstler, seine Macht benütze, um Kollegen, mit denen er persönlich nicht gut stand oder die nicht seiner Rasse angehörten, hinauszudrängen, unter dem Titel Abbau brotlos zu machen.

Er entzog sich allem Liebeswerben, verließ einen Boden, der ihm zu glatt und mit Fallstricken versehen schien.

Der Bundeskanzler ließ Ralph nicht aus den Augen, lud ihn wiederholt zu intimen Besprechungen ein, entwickelte in mild-versöhnlich-süßlicher Weise seine politischen Ideen, die denen Lolottes verflucht ähnlich waren. Er war in solchen Besprechungen nicht Römer, nicht Prälat, nicht christlichsozialer, sondern ganz kluger Weltmann.

Auch andere Politiker nahmen mit Ralph Fühlung. Einzelne Sozialdemokraten lernte Ralph kennen, kluge, ehrliche Leute, aber für den Geschmack des parteilosen Amerikaners allzusehr mit Dogmatik beladen, zu sehr auf ein festes Programm eingeschworen und doch schwankend zwischen starrem Festhalten am Marxismus und Nachgeben bis zur Verwaschenheit. Immerhin bedeutete für den Amerikaner die Bekanntschaft von Männern wie Otto Bauer, Friedrich Adler, Eldersch, Seitz, Renner, Breitner und Allina einen reichen Gewinn.

Auf einen höflichen Brief lud Ralph schließlich auch den sogenannten bürgerlich-demokratischen Nationalrat Ottokar Czernin, in seinen Kreisen noch immer mit Ehrfurcht als Graf tituliert, zu sich ein. Dieser Mann, der öffentlich erklärt hatte, genau gewußt zu haben, daß der Krieg für die Mittelmächte schon 1917 verloren, aber trotzdem auf dem Posten eines Ministers des Äußeren geblieben war, dieser Mann, der sich nach dem Umsturz als bürgerlicher Demokrat gebärdete, war von den jüdischen Wählern und Wählerinnen zum Nationalrat erwählt worden. Von jenen Judenweibern in erster Linie, denen es gewaltig imponierte, daß der „Herr Graf" ihnen die Visitenkarte ins Haus schickte, die sich schon durch einen Händedruck des „vornehmen Herrn" sexuell erregt fühlten. Nach seiner Wahl zeigte der famose Graf sein wahres Gesicht, schloß sich fast vollkommen an die Christlichsozialen an, hatte die Schamlosigkeit, gemeinsam mit den Reaktionären gegen die vornehmste freiheitliche Kulturforderung, nach Trennung von Kirche und Staat, wie sie längst in allen zivilisierten Ländern bestand, zu stimmen. Ohne daß seine vertrottelten Wähler und Wählerinnen, die sich geehrt fühlen, wenn ein Graf sie anspeit, irgend etwas getan hätten, um ihm das ergatterte Mandat wieder abzunehmen.

Ralph aber erkannte mit seinem unverdorbenen Verstand sehr rasch die Hohlheit und Seichtheit dieses Mannes, der sein Manko an Charakter und Geist durch glanzvolle Manieren in Wählerversammlungen so gut zu verbergen verstand, und verhielt sich allen Anregungen des Grafen gegenüber kühl und ablehnend.

27. Kapitel
Zarte Fäden.

Hilde Wehningen reichte Ralph überrascht die Hand.

„Sie, Herr Ralph? Ich dachte, Sie hätten mich längst vergessen."

„Nein, Fräulein Hilde, mehr als je habe ich in diesen Tagen, da ich Ihnen ferne blieb, Ihrer gedacht. Sie waren von schwülen, dumpfen Träumen erfüllt, diese Tage, aber nun bin ich erwacht und wenn es Ihnen recht ist, so werde ich wieder, wie damals vor Weihnachten, Sie täglich nach Bureauschluß erwarten."

Hilde sah ihn groß und verständnisvoll an. Es fiel ihr auf, daß sein sonst so frisches, offenes Gesicht einen müden, verbitterten Zug trug, sie verstand den versteckten Sinn seiner Worte und sagte leise:

„Ich werde mich sehr freuen, wirklich sehr! Warum soll ich es nicht zugeben? Ich bin ja ein armes Mädel, das in dem großen Wien wie auf einer einsamen Insel lebt, und Sie bringen mir immer einen Strom von Welt, Meer, Ferne und Freiheit. Aber ich muß Sie um etwas bitten: Das Zusammensein mit mir darf Ihnen auch nicht einen Augenblick zum Zwang werden! Nur wenn Sie wirklich den Wunsch haben, mit mir zu plauschen, dürfen Sie kommen. Ich begreife es ganz gut, wenn Sie mir tagelang fern bleiben. Es muß für einen Mann wie Sie ungleich reizvoller sein, seine Zeit mit schönen, mondänen Frauen zu verbringen, als mit mir, die ich Ihnen doch gar nichts bieten kann."

Ralph nahm inmitten des flutenden Menschenstromes ihre Hand, die in einem erbärmlich schäbigen, an den Fingerspitzen geflickten Wollhandschuh steckte, und drückte einen Kuß auf sie.

„Hilde, glauben Sie es mir, Sie sind unter allen den Frauen, die ich in Wien kennengelernt, die einzige, die ich von ganzem Herzen verehre. Allerdings – es gibt für uns Männer Stunden und Tage, wo uns nur unsere brutalsten Sinne beherrschen – und an solchen Tagen bin ich Ihnen eben nicht nahegekommen."

Es war ein für die erste Jännerhälfte seltsam milder Tag. Frühlingsahnen lag in der feuchten Luft, der Glanz der spärlichen Laternen auf dem Ring verwob sich mit den leichten Nebelschwaden, es war, als ob man einen Schleier vor den Augen hätte, durch den man unklar, verschwommen sah.

Fast unbewußt lenkten die beiden ihre Schritte nach dem äußeren Volksgarten, der menschenverlassen und ganz dunkel dalag und eine so weiche, zärtliche Stimmung überkam sie, daß Ralph ihren Arm nahm und Hilde dies ohne Widerspruch duldete.

„Hilde", begann Ralph, „ich bin Ihnen noch manche Erklärung schuldig. Ich habe mich in Ihr Vertrauen gedrängt, ohne daß Sie wissen, wer und was ich eigentlich bin. Lassen Sie mir noch einige Zeit, dann werde ich klarer und offener mit Ihnen reden können, als bisher. Vorläufig ist in mir noch vieles unsicher und schwankend, befinde ich mich in Widersprüchen mit mir selbst, weiß ich nicht, ob und wie ich eine Aufgabe, die ich mir gestellt, werde ausführen können. Aber schon klären sich die Dinge und dann, Hilde –"

Hilde unterbrach ihn.

„Wer und was Sie sind, ist mir gleichgültig. Sie sind mir sympathisch, sind sicher ein wertvoller Mensch, das genügt. Lassen Sie sich von Stimmungen nicht beeinflussen, sagen Sie jetzt nichts, was Ihnen vielleicht schon morgen leid tun könnte. Lassen Sie uns jetzt heiter und harmlos sein."

In diesem Augenblick ging ein großer hagerer Mann den beiden vor, den Rockkragen hochgezogen, die breite Krempe des weichen Hutes in das Gesicht gedrückt. Man sah dieses Gesicht nicht, aber Ralph fühlte einen stechenden, unangenehmen Blick, hielt Hilde am Arm fest, um den Mann vorbeizulassen. Und jetzt erst kam es ihm zum Bewußtsein, daß schon eine ganze Weile jemand, wahrscheinlich dieser Mann, hinter ihnen hergegangen war.

Es war sieben Uhr geworden, der Nebel wurde dichter und kälter, Ralph bat Hilde, mit ihm irgendwo zu speisen. Sie zögerte einen Augenblick, willigte dann ein.

„Es kam jetzt mehrmals vor, daß ich Überzeit machen mußte, also wird Mutter sich wohl nicht ängstigen. Aber spätestens neun Uhr möchte ich zu Hause sein." Ralph führte sie nach einem uralten, primitiven italienischen Wirtshaus hinter dem Stephansdom, das ihm sympathischer war als die mit falschem Gold und Marmor aus Gips geschmückten Restaurants. Und er empfand neben Hilde wahres Heimatsgefühl, rückte mehr und mehr auch mit seinen Sinnen von der schönen Tänzerin ab, begann zum erstenmal an ein dauerndes Zusammenleben mit Hilde zu denken.

28. Kapitel
Das Komplott.

Zur selben Stunde ging Laszlo Bartos wütend im Salon Lolottes auf und ab, die mit ihrem Bären spielte und einen bösen Zug um die zusammengekniffenen Lippen zeigte.

Bartos sprach ungarisch:

„Also, ich habe dir zu viel zugetraut, scheint es. Bist doch nur die Dirne aus Kecskemet und nicht die große Dame, trotz Schminke, Toiletten, Monokel und Bären. Dein Amerikaner hat nicht angebissen, läuft schon wieder mit der Wiener Gans herum, sitzt jetzt mit ihr im Restaurant und verlobt sich vielleicht gerade."

Lolotte gab dem Bären einen Fußtritt, daß er sich überschlug und sprang auf.

„Das darfst du nicht dulden, Laszlo, hörst du!"

„Nicht dulden? Soll ich es ihm verbieten? Bin neugierig, was für Gesicht die Herren in der Bankgasse schneiden werden! Der Vorschuß pfutsch und die amerikanischen Millionen erst recht. Hätte eben eine Geschicktere verwenden müssen als dich. Natürlich, der Kerl hat es satt bekommen, hinter dir her zu laufen, ohne – – Dein System taugt nichts, damit kann man Greise fangen, aber nicht so einen. Wärst lieber nicht so spröde gewesen –"

„Schwein", zischte Lolotte wütend. „Hast weniger Ehre im Leib, als dieses da."

„Noch ein Wort und du kriegst Prügel wie früher von der Madame. Luder, freches!"

In dieser Tonart ging der Streit weiter, bis Lolotte plötzlich zu schluchzen begann.

„Er darf sie nicht heiraten! Er darf nicht! Ich bring ihn und mich um, wenn er sie nimmt."

„So, pfeift der Wind aus dem Loch?" sagte gedehnt und grinsend Bartos. „Hast dich in das Fischblut verliebt, was? Dich und ihn umbringen? Damit kommen seine Dollars nicht zum Vorschein. Eher sie – das hätte schon Zweck und Sinn."

„Gut, ich bring sie um", schrie die Tänzerin, während sie ein Spitzentaschentuch in der Hand zerriß. „Ich schütt' ihr Vitriol in die Fratze."

Bartos ging wieder auf und ab.

„Das wirst du bleiben lassen! Umbringen? Hm, ich habe schon einmal daran gedacht, daß man das Frauenzimmer geknebelt und gefesselt über die Grenze bringen könnte. In Ungarn würde kein Hahn nach ihr krähen, dafür sorgte schon Laszlo Bartos. Aber was erreichen wir damit? Gar nichts! Dann wird dein sentimentaler Amerikaner Zeter und Mordio schreien und Trauer anlegen und Millionen in Bewegung setzen, bis er der Sache auf den Grund gekommen ist. Halt, ich habe eine andere Idee! Wir müssen sie ihm zum Ekel machen, so daß ihm vor ihr graut."

Lolotte sah ihn groß an.

„Das wird dir nicht gelingen, mein Lieber, oder vielleicht willst du sie verführen? Dann würde ihm allerdings vor ihr ekeln müssen."

Bartos ließ sich den Hieb ruhig gefallen. Raste schweigend durch das Zimmer, um plötzlich stehen zu bleiben.

„Ich hätte da einen sauberen Vogel an der Hand, so eine Art Operettentenor ohne Stimme und Engagement, aber ein fescher Kerl mit damischem Glück bei den Weibern. Besonders bei den älteren, unbefriedigten Damen zwischen fünfunddreißig und fünfundvierzig. Na, und wenn er dann seine Pflicht und Schuldigkeit getan, wurzt er sie gehörig, rupft sie kahl, preßt Geld, Schmuck, die Pelze aus ihnen heraus, immer unter der Drohung, alles ihrem gehörnten Gatten zu sagen. Die Gattin eines Großindustriellen hat meine Intervention angerufen und ich habe ihr gegen ein entsprechendes Honorar wirklich Ruhe vor ihm verschafft. Georg Haller heißt er und ich werde ihn benützen."

„Dummheit, du glaubst doch nicht, daß dieses Mädel, das auf den reichen Amerikaner spitzt, sich mit dem Gauner einlassen wird?"

„Ne, das wird sie sicher nicht tun! Ist auch gar nicht notwendig. Paß nur auf, wie ich die Sache deichseln werde."

Und Laszlo Bartos entwickelte seinen Plan, den Lolotte ruhig anhörte.

„Pfui", sagte sie dann, „eine Schweinerei! Aber Hauptsache, daß es geht!"

29. Kapitel
Vorbereitungen

Georg Haller sah ungefähr so aus, wie die Helden der seligen Marlitt: schlank, sehnig, elegant, feuchte Augen mit langen Wimpern, glatt rasiert, die schwarzen Haare glatt gescheitelt, schmale Füße und eine wohlgepflegte Hand. Kurzum – Frauenliebling, dem die Backfische, aber auch die Frauen im gefährlichen Alter willig ins Garn laufen. Die Brutalität, Gemeinheit und den Zynismus erkennen sie erst, wenn es zu spät ist. In letzter Zeit allerdings, seit der Verlust der Stimme ihn engagementlos gemacht, begann die Eleganz einen schäbigen Glanz zu bekommen, traten die Raubtierinstinkte immer unverhüllter zutage. Und heute, als Laszlo Bartos ihn im Café Dobner aufsuchte, war er eben im Begriff, der Frau eines Arztes einen Brief zu schreiben, in dem er sie dringend ersuchte, ihm mit einem größeren Darlehen zu helfen, widrigenfalls er „in seiner Verzweiflung genötigt“ wäre, „andere Schritte“ zu ergreifen.

Er hatte den Brief noch nicht beendet, als Bartos, der schon eine ganze Weile hinter ihm gestanden, eine Hand auf seine Schulter legte und dem sich erschreckt Umsehenden mit spöttischem Lächeln sagte:

„Lieber Freund, keine Briefe schreiben! Damit kommen Sie doch noch einmal in Teufels Küche. Mir schwebt Ihr Ende deutlich vor Augen: Entweder jagt Ihnen einmal eine Frau eine Kugel zwischen die Rippen oder Sie wandern ohne Aufsehen nach einer diskret und geheim durchgeführten Verhandlung auf ein paar Jahre nach Stein.“

Haller wollte aufbrausen, aber Bartos machte eine wegwerfende Handbewegung.

„Keine Szene! Ich komme ja gar nicht, um Ihnen Moral beizubringen, wozu es auch reichlich spät wäre, sondern um Ihnen zu helfen. Ich habe ein Geschäftchen für Sie.“

Das nun im Flüsterton geführte Gespräch schloß mit den Worten: „Zwei Millionen bekommen Sie auf die Hand für die Spesen. Gelingt die Sache, so daß sich das Mädel entweder umbringt, was ja nicht unwahrscheinlich ist, oder dieser Amerikaner sie endgültig meidet, so bekommen Sie nochmals fünf Millionen. Ganz hübsches Betriebskapital für Sie: Neuer Anzug, neue Stiefel, feudale Krawatte. Wenn Sie erst frisch ausgestattet sind, werden Ihnen die Weiber nachlaufen, wie die Hunde der Wurst.“

Haller fand aber fünf Millionen zu wenig, es wurde hin- und hergefeilscht, bis man sich schließlich auf sechs einigte.

„Jetzt gibt es noch einige Schwierigkeiten zu überwinden. Sie kennt natürlich seine Handschrift, also muß ich mir ein paar Worte von ihm verschaffen. Für Sie brauche ich eine feine Visitenkarte, davon habe ich die schönste Auswahl in meinem Bureau. Außerdem muß ich verhüten, daß der Amerikaner das Mädel an dem Abend, an dem wir die Sache deichseln, abholt. Wird sich auch machen lassen."

Am selben Abend schlich sich Laszlo Bartos wieder ins Hotel Imperial, überzeugte sich, daß Ralph nicht zu Hause war und begab sich dann gemächlich in das Stockwerk, in dem der Amerikaner seine Appartements hatte.

Eben verließ Sam die Zimmer, um mit dem Stubenmädchen zu schäkern. Bartos nahm seine ganze Frechheit zusammen, schlug rasch den Kragen seines Pelzmantels hoch, tat, als ob er in das höher gelegene Stockwerk gehen wollte, drehte sich, als er schon die Treppe erreicht hatte, um, und rief auf englisch:

„Mister Sam, ich glaube Ihr Herr sucht Sie unten."

Sam mußte natürlich glauben, daß dieser Herr, den er kaum gesehen, einer der Hotelgäste sei, mit dem O'Flanagan Bekanntschaft geschlossen, und eilte mit großen Sprüngen hinunter, während das Stubenmädchen in der Wäschekammer verschwand.

Blitzschnell hatte Bartos kehrt gemacht, stand schon im Salon Ralphs, stürzte auf den Schreibtisch zu, öffnete die Ledermappe und lachte still auf. Richtig! Da lagen Briefpapiere und Kuverts und hier ein angefangener und durchgestrichener Brief an einen amerikanischen Rechtsanwalt.

Der Detektiv steckte beides zu sich, verschwand lautlos, verließ in aller Ruhe das Hotel, ohne daß Sam, der natürlich seinen Herrn unten nicht gefunden hatte, ihn auch nur bemerkte.

Zur selben Zeit saß Ralph mit Hilde Wehningen in der Oper auf bescheidenen Parkettplätzen. Ralph wollte zuerst eine Loge nehmen, überlegte aber, dachte, daß Hilde sicher keine Toilette habe, in der sie sich in einer Loge behaglich fühlen würde, auch wußte sie ja noch nicht, wie reich er sei, würde sich also über seine große Geldausgabe wundern.

Es wurde die „Salome" gegeben, die Aufführung war musterhaft, Richard Strauß dirigierte und Ralph, weitaus weniger musikalisch als Hilde, war beglückt, wenn er sie von der Seite ansah und das Leuchten ihrer Augen, die Hingabe an die Musik, die sich in jeder Miene verriet, beobachtete.

Nach der Vorstellung gingen sie in den Opernkeller. Einen Augenblick fühlte sich Hilde inmitten all der Eleganz rundumher bedrückt, unruhig glitt ihr Blick über das billige Fähnchen, das sie trug, aber ihr Selbstgefühl half ihr über jedes kleinliche Empfinden und munter sprach sie den Gerichten zu, die Ralph bestellt hatte. Scheute sich auch gar nicht, lachend zu sagen:

„So gut und so viel habe ich schon lange, lange nicht gespeist wie heute! Mein Gott, daß es Menschen gibt, denen es immer so gut geht!"

Ralph nahm die Hand des Mädchens und preßte sie zärtlich.

„Hilde, es wird Ihnen immer so gut gehen und noch viel, viel besser. Hilde ich will Ihnen etwas sagen –"

Es war ihm ja so warm und innig zu Mute, daß er jetzt Hilde das Geheimnis seiner Existenz enthüllen wollte. Und sie dann fragen, ob sie sein Weib für immer werden wolle. Ein Zufall ließ es dazu nicht kommen. Ein blonder, mittelgroßer Herr trat an den Tisch, grüßte Hilde und warf Ralph einen forschenden, neugierigen Blick zu. Hilde errötete und stellte vor:

„Rechtsanwalt Doktor Günter – Herr Patrick Ralph."

Ein paar gleichgültige Worte wurden gewechselt, da aber Hilde den Rechtsanwalt nicht aufforderte, Platz zu nehmen, entfernte er sich bald. Mit einem leisen Gefühl der Eifersucht fragte Ralph:

„Der Herr muß Ihnen gut bekannt sein, wenn er, trotzdem Sie sich in Gesellschaft befinden, Sie anspricht?"

Wieder errötete Hilde.

„Ein Jugendfreund! Als junges Mädel hätte ich mich beinahe mit ihm verlobt. Aber ich erkannte, daß meine Neigung zu ihm nicht stark genug war, um seine Frau zu werden."

„Also haben Sie doch schon geliebt, und ich dachte –", Ralph beendete den Satz nicht, blickte verstimmt vor sich hin.

„Nein, Herr Ralph! Geliebt, wirklich geliebt habe ich noch nie einen Mann!"

Und sie sah Ralph mit so großen, ehrlichen, treuen Augen ins Gesicht, daß er ihr glaubte, glauben mußte.

Das Mädchen drängte zum Aufbruch, sie gingen, und Ralph brachte sie in einem Autotaxi nach Hause.

„Auf morgen, Hilde!"

Hilde zögerte.

„Morgen –, ich weiß nicht –, ich werde vielleicht früher weggehen, da ich eine Besorgung machen möchte."

Ralph war ein wenig verdrossen, dachte dann aber, daß er den Tag benützen würde, um sich Wöllersdorf anzusehen, und verblieb dabei, Hilde am zweitnächsten Tag, Sonntag, nachmittags vom Hause abzuholen.

Hilde aber hatte tatsächlich eine Besorgung vor, von der sie Ralph nichts sagen konnte. Sie brauchte neue Schuhe, eine Zahnarztrechnung für die Mutter war auch noch zu bezahlen, die Gasrechnung war fällig – kurzum, sie wollte eine goldene Uhrkette, die Vater zurückgelassen, verkaufen.

Ralph fand, als er gegen Mitternacht seine Hotelzimmer betrat, einen Boten mit einem Brief Lolottes vor. Die Tänzerin schrieb:

„Lieber Freund, warum vernachlässigen Sie mich? Ich kränke mich sehr darüber. Außerdem bin ich erkältet und darf das Zimmer nicht verlassen. Bitte, ich brauche dringend Ihren Rat in einer bestimmten Angelegenheit. Kommen Sie doch morgen so gegen sechs Uhr zum Tee zu mir! Ich erwarte Ihre zustimmende Antwort und werde nicht früher einschlafen können, als bis ich weiß, daß Sie kommen."

Ralph war unschlüssig. Hatte er sich nicht vorgenommen, sich vollständig von Lolotte zurückzuziehen? Anderseits war die Art und

Weise, wie er dies tat, eigentlich wenig rücksichtsvoll, sogar einigermaßen feige. Und dann: Hilde wollte ja morgen mit ihm nicht zusammensein, also war gewissermaßen sie Schuld, wenn er Lolotte besuchen würde. Schließlich hatte ihm die Tänzerin keinen Grund gegeben, sie derart verletzend zu behandeln. Ralph setzte sich an den Schreibtisch, schrieb ein paar liebenswürdige zustimmende Zeilen und gab dem Boten ein lächerlich hohes Trinkgeld. Als er die Mappe wieder schließen wollte, fiel ihm ein, daß er seinem New Yorker Anwalt geschrieben hatte, mit der Fassung des Briefes aber nicht einverstanden gewesen war. Der angefangene Brief mußte ja in der Mappe liegen. Nein, er war nicht da. Merkwürdig, er glaubte sich genau zu erinnern, daß er ihn in der Mappe hatte liegen lassen. Nervös suchte er herum, ließ es dann sein und begab sich zur Ruhe.

Bevor er einschlief, nahm er sich fest vor, übermorgen Hilde zu sagen, wer er eigentlich war und sie in aller Form um ihre Hand zu bitten.

30. Kapitel
Im Separee.

Es war vier Uhr nachmittags des nächsten Tages, Hilde saß im Büro der Brüder Krause, hatte noch ein Dutzend Briefe im Stenogramm vor sich, die übertragen werden mußten, und stellte seufzend fest, daß sie den Verkauf der Kette heute nicht mehr würde bewerkstelligen können.

Der Bureaudiener trat ins Zimmer.

„Fräulein Wehningen, ein Brief ist für Sie abgegeben worden."

Hilde nahm den Brief, sah auf der Adresse die ihr bekannten Schriftzüge Ralphs, öffnete, glücklich lächelnd, den Umschlag und las:

„Liebe Hilde –"

Sie zog die feinen Augenbrauen hoch. Liebe Hilde! Eigentlich habe ich ihm doch gar nicht das Recht zu solcher Intimität gegeben.

„Ich habe heute dringend, sehr dringend mit Ihnen zu sprechen. Muß aber allein und ungestört mit Ihnen sein. Es handelt sich um wichtige, entscheidende Dinge! Bitte, erwarten Sie mich also heute um ein Viertel nach sechs Uhr an der Ecke der Bösendorfer- und Kärntnerstraße, wir werden dann zu Hopfner gehen, wo uns niemand stören kann. Es muß unbedingt sein. Mit herzlichem Gruß Ihr Ralph Patrick.“ Sinnend betrachtete Hilde den Brief. Seltsam, er schrieb so ganz anders, als er sonst zu schreiben pflegte. Mußte wohl in großer Aufregung und Eile gewesen sein, da er sogar sein charakteristisches Schnörkel am Schluß nicht gemacht hat. Aber ich werde natürlich kommen.

Und während sie kühle geschäftliche Briefe schrieb, flogen ihre Gedanken zu Ralph hin und Ahnungen von Glück und Seeligkeit machten sie zittern und beben.

Pünktlich ein Viertel nach sechs Uhr war Hilde zur Stelle und nicht wenig überrascht, daß Ralph noch nicht wartete. Sah sich um, blieb unschlüssig an der belebten Straßenecke stehen. Plötzlich trat ein großer, schlanker Herr auf sie zu.

„Fräulein Hilde Wehningen, nicht wahr?“ Mein Name ist Baron Morolt, mein Freund, Herr Patrick Ralph, hat mich gebeten, Sie hier zu erwarten. Er ist durch wichtige, unvorhergesehene Angelegenheiten verhindert, pünktlich zu sein und hat mir die ebenso ehrenvolle als erfreuliche Aufgabe gestellt, Ihnen, verehrtes gnädiges Fräulein, so lange bei Hopfner Gesellschaft zu leisten.“

Das alles wurde mit so vollendeter, weltmännischer Höflichkeit vorgebracht, daß Hilde durchaus nicht unangenehm berührt war.

„Sie kommen, wie man aus der Aussprache schließen darf, aus dem deutschen Reich, Herr Baron? Herr Ralph hat mir nie von Ihnen erzählt.“

„Kein Wunder, gnädiges Fräulein, ich bin erst heute aus Berlin angekommen. Ralph und ich haben drüben in Amerika, wo ich mich studienhalber aufhielt, innige Freundschaft geschlossen. Aber nun machen wir, daß wir bei diesem erbärmlichen Wetter rasch unter Dach und Fach kommen.“

Baron Morolt führte Hilde durch den Eingang in der Bösendorfer Straße zu Hopfner, flüsterte dem entgegeneilenden Kellner ein paar Worte zu und plötzlich standen sie in einem kleinen Salon, den Hilde trotz ihrer Unkenntnis solcher Dinge unschwer als Separee erkannte. Sie trat einen Schritt zurück und fragte betreten:

„Hier sollen wir warten – – ?“

„Jawohl, gnädiges Fräulein, mein Freund hat mich gebeten, Sie in ein separiertes Zimmer zu führen, da er ganz allein, ohne lästige Zuhörer, mit Ihnen sprechen will. Ich hoffe, daß Sie ihm, wie auch mir, seinen Freund, genug Vertrauen entgegenbringen – sonst allerdings.“

Hilde hatte sich rasch gefaßt.

„Selbstverständlich! Mein Vertrauen zu Herrn Ralph ist unbegrenzt. Und er wird ja wohl bald kommen!“ Baron Morolt hatte inzwischen dem Kellner seine Bestellungen gegeben und bald kam eine Schüssel mit Hors d'Oevres und eine Flasche Tokayer. Es entwickelte sich ein unbefangenes, gleichgültiges Gespräch über die Verhältnisse in Wien und Berlin. Baron Morolt erzählte von der furchtbaren Erregung in der deutschen Hauptstadt über die schmähliche Vergewaltigung durch die Franzosen und wußte so interessant zu berichten, daß Hilde die Zeit rasch verging. Plötzlich unterbrach sich der Baron.

„Gnädiges Fräulein haben hier am Augenlid ein Kohlenstäubchen, das sofort ins Auge rutschen wird.“

Hilde nahm aus ihrem Täschchen einen Spiegel, suchte vergeblich nach dem Kohlenstaub und merkte nicht, daß unterdessen der freundliche Baron rasch ein winziges Fläschchen aus der Westentasche zog und aus ihm einige Tropfen in das Weinglas Hildes goß.

„Gnädiges Fräulein, gestatten Sie, daß ich auf Ihre und meines Freundes glückliche Zukunft mein Glas leere.“

Hilde schoß das Blut in die Wangen. Ralph hatte also seinem Freund von ihr erzählt und die Worte des Barons konnten nur bedeuten, daß Ralph ernste Absichten hegte, Absichten, die er sicher heute noch zur Sprache bringen wollte. Mit zitternder Hand hob auch sie ihr Glas, stieß an; leerte es auf einen Zug.

Der Baron erzählte wieder. Wie es Hilde schien, jetzt mit monotoner Stimme. Eine bleierne Schläfrigkeit überkam sie, ihre Augenlider wurden schwer, es sauste in ihren Ohren, das Herz schlug heftig, die Pulse hämmerten. Plötzlich war es ihr, als würde das Licht verlöschen, Nacht wurde es um sie her, sie verlor die Besinnung, sank in ungeheure Tiefen, während ein würgendes Gefühl sie beschlich.

Hilde schlug die Augen auf. Sah verwirrt um sich, fand sich nicht gleich zurecht, bis sie erkannte, wo sie war. Der Baron beugte sich besorgt zu ihr.

„Gnädiges Fräulein sind plötzlich eingeschlafen. Vielleicht, daß der Wein zu schwer war."

Ängstlich, mit weit aufgerissenen Augen blickte ihn Hilde an. Es war ihr, wie wenn sich ein eiserner Reifen um ihre Stirne befinden würde, furchtbare Kopfschmerzen, ein Gefühl der Übelkeit, Brechreiz übermannten sie fast. Instinktiv sah sie auf ihre silberne Armbanduhr. Sprang entsetzt auf.

„Um Himmelswillen! Es ist ja beinahe acht Uhr. So lange habe ich geschlafen! Wo bleibt denn nur Herr Ralph?"

„Ja, das frage ich mich selbst! Er hat eine Verabredung im Hotel Bristol gehabt. Am besten, ich telephoniere einmal hin."

Sprach's, machte eine Verbeugung und entfernte sich mit Pelz und Hut.

31. Kapitel
In der Falle.

Schwere, drückende Beklemmung überfiel Hilde. Was hatte das alles nur zu bedeuten? Warum ließ Ralph sie mit diesem fremden Menschen so lange allein? Instinktiv öffnete sie ihre Tasche, um seinen Brief nochmals zu lesen. Der Brief war nicht da! Und sie glaubte doch ganz sicher zu wissen, daß sie ihn in das Täschchen getan.

Eine, zwei, drei bange Minuten vergingen. Die Türe flog auf, herein trat Baron Morolt, gefolgt von einem Schutzmann und den Kellnern.

„Ja“, schrie der Baron laut, „das ist das Frauenzimmer, das mir meine Brieftasche gestohlen!“

Hilde sprang auf, starrte entgeistert auf die Menschen.

Der Schutzmann ging auf sie zu.

„Kommen Sie nur ruhig mit aufs Kommissariat! Na wird's?“

Wie eine Bildsäule mit ausgestreckten Armen stand Hilde da. Hörte, wie die Kellner eine Flut von Schimpfworten über sie ergossen, wie der Freund Ralphs immer wieder schrie: „So eine Dirne, mir die Brieftasche zu stehlen!“ Fühlte sich von fremden, derben Fäusten gepackt, spürte wie im Traum, daß Hände an ihrer Bluse herumtasteten, Knöpfe öffneten, bis irgend jemand schrie:

„Da ist ja die Brieftasche, unter dem Hemd hat das Luder sie versteckt!“

Dann fiel sie röchelnd um, wäre zu Boden gestürzt, wenn der Schutzmann sie nicht aufgefangen hätte. Und als sie zu sich kam, saß sie in einem nach Tabak, Not, Elend und Kummer riechenden Raum und vor ihr stand der Schutzmann, ein Herr in Beamtenuniform, und der Baron Morolt.

Der Beamte sah sie mitleidig an, sagte aber strenge:

„Sie haben sich erholt, spielen Sie uns nun keine Komödie vor und gestehen Sie alles ein.“

„Was soll ich gestehen? Was ist geschehen? Um Himmelswillen, lassen Sie mich doch nach Hause zu meiner Mutter gehen!“

Der Polizeikommissär zuckte die Achseln.

„Also bitte, Herr Baron, wiederholen Sie Ihre Aussage.“

Der Baron räusperte sich und sprach, während seine Augen unter dem starren Blick Hildes unruhig flackerten.

„Als ich heute kurz nach sechs Uhr durch die Kärntnerstraße ging, begegnete ich dieser Frauensperson hier, die sofort heftig mit mir zu kokettieren begann. Da sie einen sehr anständigen, sogar respektablen Eindruck auf mich machte, sprach ich sie an, ging in ihrer Gesellschaft gegen den Ring zu, und begab mich auf ihre Aufforderung mit ihr in ein Separee des Restaurants Hopfner. Sie wurde dort sehr zärtlich, erlaubte mir jede Freiheit, setzte sich hierauf auf meinen Schoß und hat wohl bei dieser oder noch einer intimeren Gelegenheit meine Brieftasche mit dem Inhalt von mehr als einer Million Kronen entwendet. Ich bemerkte den Diebstahl sehr bald, tat aber nichts dergleichen, um Szenen zu vermeiden, sondern entfernte mich unter dem Vorwand, telephonieren zu wollen, holte einen Schutzmann, der mit mir ging und das Mädel für verhaftet erklärte. Der Pikkolo war es, der zuerst bemerkte, wie sich unter ihrer Bluse ein viereckiger Gegenstand abhob. Er riß ein paar Knöpfe auf und richtig befand sich an dem Busen des Mädchens meine Brieftasche.“

Hilde fiel es während dieser Worte wie Schuppen von den Augen. Ahnungen von einem furchtbaren Komplott überkamen sie, sie erhob sich und schrie gellend dem Baron ins Gesicht:

„Lügner, Schurke, Verbrecher, der Sie sind! Herr Kommissär, mein Name ist Hilde Wehningen, ich lebe mit meiner Mutter, einer geborenen Gräfin Boos, in der Kreuzgasse, bin Beamtin der Firma Brüder Krause. Ein lieber, guter Freund schickte mir einen Brief, in dem er mich bat, zu einer wichtigen Besprechung zu kommen. Ich tat dies und wurde dort nicht von ihm, sondern von diesem Menschen erwartet, der sich als Freund des betreffenden Herrn vorstellte und mich bat, mit ihm bei Hopfner auf seinen Freund zuwarten. Was dann geschehen ist, weiß ich nicht, weiß nicht, wie diese Brieftasche zu mir gekommen ist. Aber eines weiß ich, Herr Kommissär, es liegt hier ein ungeheures Verbrechen vor, das aus unbekannten Gründen gegen mich verübt werden soll."

„Lauter Märchen", sagte lächelnd der Baron. „Übrigens, das Mädchen soll Ihnen Namen und Adresse ihres Freundes geben!"

Der Kommissar nickte. Hilde aber erschrak. Es kam ihr zum Bewußtsein, daß sie die Adresse gar nicht kannte, nur wußte, daß er einmal erzählt habe, er wohne in der Lothringerstraße. Der Kommissär nahm diese ihre lückenhaften Angaben zu Protokoll. Auch den Brief konnte sie nicht vorweisen, da er sich nicht in ihrer Tasche befand.

„Sie werden jetzt abgeführt. Ich schicke einen Detektiv nach der Lothringerstraße, um nach diesem angeblichen Patrick Ralph zu suchen. Das weitere wird sich ja zeigen."

Ein Schutzmann packte Hilde am Arm und führte sie, die wieder einer Ohnmacht nahe war, ab, während der Baron Morolt noch mit dem Polizeikommissär sprach.

„Ich bitte, Herr Polizeikommissär, habe ich noch weiter mit der Sache zu tun? Sehr peinlich, die ganze Geschichte. Bin verheiratet, und wenn meine Frau in Berlin erfährt, daß ich – na, da hätte ich lieber das Geld verschmerzt." Der Polizeikommissär lachte.

„Wir werden das schon recht diskret machen, Herr Baron. Für alle Fälle muß ich Sie ja um Ihre Adresse bitten, aber da das Frauenzimmer so gewissermaßen in flagranti erwischt wurde und wahrscheinlich ein Geständnis ablegen wird, so ist es sicher, daß Ihre Person ganz im Hintergrund bleiben kann."

Der Baron gab nun seine Visitenkarte ab und nannte als Adresse seines Wiener Absteigequartiers ein Haus in Hietzing, worauf er sich entfernen konnte.

32. Kapitel
Gefangen.

Hilde wartete in einem abgesperrten Raum des Polizeikommissariats in Gesellschaft einiger Straßendirnen, die der ärztlichen Untersuchung zugeführt werden sollten. Sie beantwortete die neugierigen, höhnischen oder auch mitleidigen Fragen nicht, kauerte auf einem Schemel, das Gesicht mit den Händen bedeckt. Und zermarterte ihren schmerzenden Schädel, um hinter das grauenhafte Geheimnis zu kommen, das seit Stunden ihr Leben zur Qual machen wollte.

Wer nur konnte dieser Baron Morolt sein? Woher wußte er, daß Ralph ihr geschrieben? Und vor allem: warum war Ralph nicht gekommen?

Plötzlich kam ihr fast visionär eine Erkenntnis: dieser Brief war gar nicht von Ralph, war eine Nachahmung seiner Schrift! Gleich hatte sie ja empfunden, daß er nicht schrieb wie sonst! Und nun wurde ihr alles klar: Jemand hatte sie durch diesen gefälschten Brief in eine Falle gelockt, in der sie zugrunde gerichtet werden sollte! Wer aber und warum? Sie hatte keinen Feind, kannte niemanden, der ihr Böses wollte. Nein, es mußte jemand aus dem Kreise Ralphs sein. Aber wer? Auch er hatte nur gleichgültige Bekannte, außer diese beiden Schriftsteller, Korn und Kriegel, die er beide überaus schätzte.

Hilde schloß die Augen. Sah wie Ralph in einem herrlichen Auto an ihr vorüberfuhr. Ihm zur Seite eine schöne junge Frau mit goldleuchtenden Haaren. Die Tänzerin Lolotte Valon.

Jäh fuhr Hilde in die Höhe. Lolotte Valon, die ihn in ihr Netz gezogen, bis er sich wieder ihr, Hilde, zugewandt! Diese Lolotte Valon mußte sie allerdings hassen und alles Interesse an ihrem Untergang haben – –

Aber solch schwarze, grauenhafte Tat mit Helfershelfern? War das möglich? Klang das nicht wie nach Kolportageroman und Kriminalgeschichten? Und doch – wer sonst?

Ein Polizist kam und forderte Hilde auf, ihm zum Herrn Polizeikommissär zu folgen. Dieser sah sehr verärgert aus und schrie sie an:

„Alles, was Sie da erzählt haben, ist natürlich erstunken und erlogen! In Wien ist ein Patrick Ralph nicht gemeldet und der Beamte, der in der Lothringerstraße Haus für Haus abgesucht hat, teilt mit, daß dort niemand dieses Namens oder auch nur ähnlichen Namens wohnt. Also, Sie werden jetzt nach dem Polizeigefängnis auf der Elisabethpromenade überführt und morgen wird man sehen, was man mit Ihnen macht." Hilde schrie gellend, markerschütternd auf.

„Herr Polizeikommissär, lassen Sie mich nach Hause, zu meiner Mutter! Ich schwöre es Ihnen, ich bin unschuldig, ich weiß von nichts, bin das Opfer eines Verbrechens."

Der Beamte biß sich in die Lippen.

Wie verzweifelt das arme Ding ist! Und wie unschuldig und fein es aussieht! Aber der Schein trügt eben, wieder einmal eine Dirne in Engelsgestalt! Und, wer weiß, ein Opfer dieser erbärmlichen Zeit. Aber er konnte nichts tun, als seine Pflicht.

„Beruhigen Sie sich, es geschieht Ihnen ja vorläufig nichts. Vielleicht, daß Sie schon morgen auf freien Fuß gesetzt werden. Darüber wird allerdings das Landesgericht zu verfügen haben, dem der Akt abgetreten wird. Jedenfalls – Sie sind noch jung, noch besserungsfähig – vielleicht, daß das Ihr erster Fehltritt war – morgen werden wir das wissen – „

Hilde weinte, rang die Hände, schrie verzweifelt:

„Lassen Sie mich doch fort von hier zu meiner Mutter! Sie ist krank, schwach, wird verzweifeln, wenn ich nicht nach Hause komme."

„Wenn Sie wollen, werde ich Ihre Mutter noch heute abends von dem Vorfall verständigen – –"

„Nein, nein, um Himmels willen, nur das nicht! Meine Mutter würde die Schande nicht überleben!" Ein Polizist in Zivil trat ein, erstattete eine Meldung, worauf der Polizeikommissär achselzuckend sagte:

„Also, ich kann Ihnen nicht weiter helfen. Der Wagen ist da, Sie fahren jetzt nach der Elisabethpromenade."

Und Hilde wurde, da ihre Füße den Dienst versagten, in einen geschlossenen und vergitterten, wie ein Omnibus aussehenden Wagen getragen, in dem außer ihr noch ein paar Frauenzimmer und ein uniformierter Schutzmann saßen. Sie zog die Arme an sich, um jeder Berührung zu entgehen, schloß die Augen, um nichts zu sehen, wurde am Ende der kurzen Fahrt wie eine Tote aus dem Wagen gehoben und zur Nachtruhe in eine Zelle gebracht, in der aus zehn Augen Laster, Verzweiflung, Not, Verbrechen auf sie starrten, übler Atem die Luft verpestete, aus heiseren Kehlen obszöne Worte, deren Bedeutung Hilde nur ahnte, ihr zugerufen wurden.

Und eine Nacht kam, in der Hilde immer wieder mit eigenen Händen ihre Kehle umklammerte, um ihrem Leben ein Ende zu bereiten. Immer wieder aber sanken die Hände zurück, weil doch irgend woher Hoffnungsgedanken aufstiegen.

33. Kapitel
Rettung.

Ralph hatte den Samstag in Wöllersdorf zugebracht und war von der Großartigkeit dieser Industrieanlage angenehm überrascht gewesen. Vertrauensmänner der Arbeiterschaft, unter ihnen Demmer, führten ihn herum, gaben ihm die notwendigen Erklärungen, zeigten sich begeistert über die Aussicht, daß hier wieder voll gearbeitet, Neues, Gewaltiges geschaffen werden sollte. Auch die Herren Direktoren waren ganz Ergebenheit und bemühten sich in längerem Vortrag klar zu machen, daß Wöllersdorf tatsächlich geeignet wäre, eine Industriestadt mit tausend Fabriken, unzähligen Arbeiterhäusern, Gärten, Klubgebäuden für Arbeiter und Beamte, Badeanstalten, Theatern zu werden.

„O'Flanagan-City könnte das Ganze heißen," meinte lächelnd einer der reichsdeutschen Herren, „und Ihr Name würde unsterblich werden."

Ralph dachte unwillkürlich an Lolotte. Diese hatte ihm ein ganzes Reich, einen Königsthron fast verheißen, hier lockte ihm nur die Aussicht auf eine Stadt. Und doch erschien ihm in diesem Augenblick Wöllersdorf als das begehrenswertere Ziel, als ein Ziel, aus dem ein Quell von Glück und Wohlstand strömen konnte. Auf der Rückfahrt im Auto sagte Kriegel, der Ralph begleitet hatte:

„Nun wird sich erst zeigen, ob und zu welchen Bedingungen diese Herren von der A. E. G. Wöllersdorf herausrücken. Glauben Sie nur ja nicht, daß die Herrschaften auch nur das geringste ideele Interesse an Ihren Plänen haben! Sie werden versuchen, für sich selbst ungeheuere Beträge herauszuschinden.′′

„Wenn es nur um Geld geht", meinte Ralph achselzuckend, „so wird sich die Sache machen lassen. Auf ein paar Millionen Dollar mehr oder weniger soll es mir nicht ankommen: Hauptsache, daß damit nicht einer Gruppe von Kapitalisten, sondern dem Lande gedient wird."

Ralph verbrachte den Abend in Gesellschaft seiner Freunde, es wurde angeregt über die Ereignisse der Zeit gesprochen, von dem immer weiteren Vordringen der Franzosen, der zögernden Unentschlossenheit der Amerikaner, der neuen Kriegsgefahr auf dem Balkan, und Korn sagte zynisch:

„Übernehmen Sie so rasch als möglich Wöllersdorf, führen Sie den Zehnstundentag ein und lassen Sie Munition und nichts als Munition machen. Dann werden sich Ihre investierten Millionen rentieren: Ich glaube, man wird sehr bald wieder sehr viel Munition brauchen."

Worauf Ralph erwiderte:

„An dem Tag, an dem in Europa ein neuer Krieg ausbricht und Österreich die erste Patrone liefert, verlasse ich Wien auf Nimmerwiedersehen!"

Es war zwei Uhr, als Ralph zu Bett ging. Vorher gab er Sam den Auftrag, zeitlich morgens durch den Hotelportier einen großen Strauß rote Rosen auftreiben und Fräulein Wehningen schicken zu lassen. Worauf Sam über das ganze schwarze Gesicht grinste.

„Ich Lintscherl auch oft Rosen kaufen. Wenn Mann Madel Rosen kauft, er sie lieben tut. Ich Lintscherl sehr lieben und meinen, Master Fräulein Wehningen auch lieben. Glaube, am besten, wir beide bald heiraten tun."

„Sam", sagte Ralph lachend, „kümmere dich um deine Angelegenheiten, aber nicht um meine. Wenn du dein Lintscherl heiraten willst, meinethalben, aber du weißt: Nach Amerika kannst du dann nicht mir ihr gehen!"

„Ich wissen! Yankees schlechte Menschen und nicht wollen, daß armer Neger weißes Frau hat. Ich aber keine Sehnsucht nach Amerika, mir Wien viel lieber!"

Als Ralph am anderen Morgen erwachte, war es schon neun Uhr. Er badete rasch und setzte sich dann guter Laune zum Frühstück, das er auf seinem Appartement einzunehmen pflegte. Freute sich, heute Hilde wieder zu sehen, kostete die Überraschung aus, die Hilde zeigen würde, wenn sie erfuhr, wer er eigentlich sei.

Wie immer las Ralph während er frühstückte die Zeitungen und wie immer griff er auch heute zuerst nach dem „Tag", der ihm übersichtlicher, in seiner Knappheit besser orientierend erschien als die anderen Blätter. Verstimmt überflog er die Nachrichten auf der ersten Seite, die von neuen französischen Gewalttaten, neuen peinlichen Zwischenfällen an den ungarischen Grenzen erzählten. Dann ging er zum Tagesbericht über und hier fiel ihm ein Artikel mit der einigermaßen rätselhaften Überschrift: „Wieder eine!" auf. Und er las;

Ein wahres Zeichen unserer korrumpierten Zeit bildet ein eigenartiger Vorfall, der sich gestern abends zugetragen hat. Ein junges Mädchen aus gutem Hause, einziges Kind eines verstorbenen Barons und dessen Gattin, einer geborenen Gräfin B., Hilde W., wohnhaft Wien, 18. Bezirk, Kreuzgasse, Beamtin in einer Fabrik elektrotechnischer Artikel, wurde verhaftet, weil sie einem Herrn, dessen Bekanntschaft sie eben vorher in der Kärntnerstraße gemacht, in einem Separee bei Hopfner die Brieftasche mit mehr als einer Million Kronen während einer zärtlichen Umarmung entwendet hatte. Nach den Erkundigungen, die unser Berichterstatter bei der Polizei eingezogen hat, leugnet das junge Mädchen, das einen sehr guten Eindruck machen soll, heftig, aber sie verwirrte sich dabei in ein solches Lügengewebe, daß an ihrer Schuld nicht gezweifelt werden kann. Hilde W. wurde abends nach dem Polizeigefängnis auf der Elisabethpromenade eingeliefert. Der Name des bestohlenen Herrn, der übrigens die Brieftasche mit Inhalt wieder bekommen hat, wird von der Polizei nicht bekanntgegeben. Junge Leute aus gutem Haus Defraudanten, Valutenschieber und Einbrecher, Mädchen von tadelloser Erziehung Dirnen und Diebinnen – das sind die Andenken, die uns der Krieg zurückgelassen hat.

Ralph hatte gelesen. Stierte wie ein Betrunkener vor sich hin, sprang auf, taumelte, preßte die Fäuste auf die Schläfen und fing so furchtbar zu lachen an, daß Sam erschreckt herbeieilte und als er das grünlich-weiße Gesicht seines Herrn mit dem weit aufgerissenen Mund, auf dem der Schaum stand, sah, nichts anders glaubte, als daß Ralph wahnsinnig geworden.

Keuchend gewann Ralph seine Besinnung wieder. Setzte sich vor den Schreibtisch und grübelte dumpf in sich hinein. Deshalb also konnte sie mich gestern nicht treffen! Weil sie schon vorher wußte, daß sie auf Männerfang ausgehen würde! Hilde eine gemeine, räuberische Straßendirne! Und ich, ich Narr, ich Esel und Trottel aus einer anderen Welt, habe sie für eine Heilige, für ein keusches, reines Geschöpf gehalten! Aber nein, nein, nein! Das muß ein Irrtum sein! Habe ich Hilde nicht, als sie mir einmal von Geldsorgen erzählte, jede Hilfe angeboten? Und hat sie diese nicht beleidigt zurückgewiesen? Hilde eine Dirne, eine Diebin? Nein, eher glaube ich, daß ich wahnsinnig geworden bin, daß das alles nicht in der Zeitung steht, sondern ein furchtbarer Traum ist.

Entsetzen und Grauen wurden jäh durch Mitleid abgelöst. Hilde hatte die Nacht im Gefängnis zugebracht! Hilde, dieses feine, fast überempfindliche Mädchen, weinte und schrie jetzt wohl in einer Zelle unter Vagabunden und Verbrechern. Gleichgültig, ob schuldig oder nicht, sie mußte befreit werden, sofort und um jeden Preis. War sie ihm nicht mehr Geliebte, so doch eine unglückliche Schwester, ein armes, verirrtes Wesen, das gerettet werden mußte.

Während der Amerikaner die Treppen hinunterraste, überlegte er. Er war hier fremd, würde nicht rasch genug die richtigen Wege finden, auch könnte ihm seine amerikanische Ursprünglichkeit erstarrten büreaukratischen Formen gegenüber hinderlich sein. Kriegel sollte ihn begleiten.

Der Chauffeur erschrak über das verstörte Aussehen O'Flanagans, obwohl ihm Sam schon gesagt hatte, daß irgend etwas Furchtbares geschehen sein müsse. Und als ihm Ralph befahl, so rasch als möglich nach der Sternwartestraße zu Doktor Kriegel zu fahren, schlug er ein mörderisches Tempo ein.

Kriegel saß im tiefsten Negligé vor seinem Schreibtisch, schrieb und qualmte aus seiner kurzen Pfeife, als Ralph zu ihm hineinstürmte und in fliegender Hast alles, was nach dem Zeitungsbericht vorgefallen, erzählte. Die tiefinnere, philosophische Ruhe, die sich Kriegel erworben, konnte ihn nicht verhindern, zu erbleichen. Blitzschnell zog er sich an und erst unten im Auto fand er Worte.

„Lieber O'Flanagan, entweder sind Sie ein naiver Jüngling, der sich durch eine hübsche Larve und zwei blaue Augen hat narren lassen, oder es sind hier seltsame Dinge geschehen."

Vom Portier des Polizeigebäudes auf der Elisabethpromenade erfuhr Kriegel, an wen sie sich zu wenden hätten. Standen gleich darauf vor einem hohen Polizeibeamten, auf den der Name O'Flanagan stimulierend wirkte. Ralph sagte mit mühsam zurückgedrängter Erregung.

„Herr Polizeirat, durch den ‚Tag' erfahre ich, daß gestern abends ein junges Mädchen, im Polizeibericht wird nur von Hilde W. gesprochen, aber sicher handelt es sich um Hilde Wehningen, unter dem schweren Verdacht des Diebstahls eingeliefert wurde. Ich nehme persönliches

Interesse an der jungen Dame und bin bereit, Kaution in jeder beliebigen Höhe für Fräulein Wehningen zu stellen."

Der Polizeirat, erstaunt darüber, daß der berühmte Amerikaner sich für einen weiblichen Häftling interessiert, erwiderte mit größter Zuvorkommenheit:

„Eine Kaution ist nicht notwendig, ich hätte ohnedies noch im Laufe des Vormittags die Haftentlassung verfügt."

„Hat sich ihre Unschuld erwiesen?" schrie Ralph freudig auf.

„Das nun nicht, aber auf unsere Anfrage beim Kommissariate Währing wurde bestätigt, daß Hilde Wehningen mit ihrer Mutter ordnungsgemäß gemeldet und österreichische Staatsbürgerin ist, und da weder Flucht- noch Kollisionsgefahr vorliegen, so ist gar kein Grund vorhanden, sie weiter in Haft zu halten. Der Polizeiakt geht nun an das Landesgericht ab, alles weitere ist Sache des Untersuchungsrichters und der Staatsanwalt, die die Anklage erheben wird. Übrigens habe ich, da das junge Mädchen einen ganz außerordentlich guten Eindruck auf mich gemacht hat, einen Beamten beauftragt, Erkundigung nach ihr bei ihren Nachbarn und im Hause, in dem sie wohnt, einzuholen. Er könnte eigentlich schon mit seinem Bericht hier sein. Und nun werde ich die Haftentlassung verfügen."

In diesem Augenblick trat ein Polizeiagent ein.

„Aha, das ist ja der Beamte, von dem ich Bericht erwarte. Nun Wollner, was haben Sie erfahren?"

Der Mann nahm militärische Haltung ein und begann:

„Herr Polizeirat, ich verstehe die ganze Geschichte nicht. Irgend etwas stimmt da nicht. Die Hausmeisterin des Hauses, in dem Fräulein Wehningen mit ihrer Mutter wohnt, die Nachbarn, die Trafikantin an der Ecke, der Fleischer gegenüber, alle sind furchtbar aufgeregt und erklären, daß sie ihre Hand ins Feuer für die Unschuld des Mädchens legen würden. Sie ist wegen ihres feinen Wesens und ihrer Solidität geradezu berühmt, lebt ganz still und zurückgezogen, kommt fast immer vor sieben Uhr abends nach Hause und geht nicht mehr aus. Nur in letzter Zeit hat sie öfters Blumen zugeschickt bekommen und ist einigemal spät, aber fast immer vor zehn Uhr, von einem Herrn mit Auto nach Hause gebracht worden."

„Der Herr, der die Blumen geschickt, und Fräulein Wehningen nach Hause gebracht hat, bin ich", unterbrach Ralph, der überglücklich über das war, was er zu hören bekam.

Auch der Polizeirat war entschieden perplex.

„Ja, das ist allerdings seltsam – da scheint etwas wirklich nicht zu stimmen! Nach der Anzeige des Herrn – „

„Wer ist eigentlich dieser Herr?" warf Doktor Kriegel ein.

„Ein Baron Georg Morolt aus Berlin, der sich vorübergehend in Wien aufhält und hier in Hietzing, Cumberlandstraße 72, wohnt. Ich habe ihn ohnedies für heute vormittags vorgeladen, da ich die Wehningen, bevor ich sie entlasse, mit ihm konfrontieren wollte."

Der Polizeirat blätterte in dem Protokoll, das ihm vom Polizeikommissariat, nach dem Hilde zuerst gebracht worden war, überwiesen worden und zog die Augenbrauen hoch.

„Sehr merkwürdig! Hören Sie, meine Herren, was die Verhaftete gestern zu Protokoll gegeben hat: Ich erhielt im Bureau, in dem ich arbeite, nachmittags gegen vier Uhr einen Brief des mir bekannten Herrn Patrick Ralph, in dem er mich bat, ihn an der Ecke der Bösendorfer- und Kärntnerstraße, um Viertel nach sechs Uhr zu erwarten und von dort mit ihm in das Restaurant Hopfner zu gehen, da er mich unbedingt ganz ungestört sprechen müsse. An seiner Stelle erschien aber ein Herr, der sich mir als Baron Morolt und Freund des Herrn Ralph vorstellte. Er sagte, daß sein Freund verhindert sei, rechtzeitig zu kommen und führte mich in das Separee. Ich aß eine Kleinigkeit und trank ein Glas Wein auf einen Zug aus, worauf ich in eine Art Betäubung versank. Als ich wieder zu mir kam, war es acht Uhr und Baron Morolt entfernte sich, um nach Herrn Ralph zu telephonieren. In Begleitung eines Schutzmannes erschien er wieder und beschuldigte mich des Diebstahls. Tatsächlich wurde in meiner Bluse seine Brieftasche gefunden. Ich kann mir dies nur so erklären, daß dieser Baron die Brieftasche während meiner Betäubung mir zugesteckt hat.“

Während Ralph und Kriegel wie erstarrt dastanden, fragte der Polizeirat:

„Ja, warum hat das Fräulein eigentlich nicht Ihren richtigen Namen und Ihre Adresse angegeben?“

Ralph zitterte am ganzen Körper, rang die Hände und rief:

„Dies ist meine Schuld! Sie kannte mich nur unter dem Namen Ralph, da ich mich törichterweise, um nicht als reicher Mann auftreten zu müssen, ihr so vorgestellt hatte. Auch meine wirkliche Adresse wußte sie nicht, ich hatte ihr nur einmal gesagt, daß ich in der Lothringerstraße wohne. Aber ich habe ihr gestern keinen Brief geschickt. Wo ist dieser Brief?“

„Den Brief hat sie nicht bei sich gehabt. Sie behauptet darüber folgendes:

„Ich bin fest überzeugt, den Brief des Herrn Ralph in mein Täschchen gesteckt zu haben. Wie er mir abhanden gekommen ist, weiß ich nicht, glaube aber, daß er mir während meines bewußtlosen Zustandes gestohlen wurde.“

Die Erregung der beiden Herren teilte sich dem Polizeirat mit, der aufgesprungen war und mit schweren Schritten auf und ab ging.

„Die ganze Geschichte erscheint mir jetzt in einem ganz anderen Licht. Höchste Zeit, daß sich dieser Baron Morolt meldet. Werde einmal in Hietzing anfragen, ob ihm die Vorladung zugestellt wurde.“

Eine Minute voll Erwartung verging, bevor die Verbindung hergestellt war. “Hier Polizeirat Swoboda. Bitte Herr Kollege, ich habe vor gut zwei Stunden das Polizeikommissariat beauftragt, den Baron Georg Morolt, Cumberlandstraße 72, dringend zu mir vorladen zu lassen. Ist dies geschehen? Wie? Wohnt dort nicht? Ist in Hitzing überhaupt nicht gemeldet? Ist das ganz zuverlässig? Na, da hört sich ja einiges auf! Ich danke also!“

Totenstille im Zimmer, das das keuchende Atmen Ralphs unterbrach.

Nach einer Pause sagte betreten, verstört der Polizeirat:

„Meine Herren, Sie haben ja aus meinen Fragen erfahren – der Herr, der Fräulein Wehningen in den Verdacht gebracht hat, eine diebische Dirne zu sein, hat eine falsche Adresse angegeben! Die ganze Angelegenheit wird immer verdächtiger. Ich werde nunmehr den Herrn Präsidenten sofort verständigen.“

Doktor Kriegel trat vor.

„Darf ich Sie bitten, Herr Polizeirat, zunächst Fräulein Wehningen zu befreien. Die Meldung beim Herrn Polizeipräsidenten werden dann wir selbst erstatten. Die Sache ist sehr ernst, ernster, als wir alle glauben.“

Ein telephonischer Befehl, eine Minute peinlichster Stille, von dem Herzklopfen dreier Männer erfüllt. Dann betrat Hilde, von einem Schutzmann geführt, das Zimmer.

Schneeweiß im Gesicht, die Augen vom Weinen geschwollen, die blonden Haare wirr in die Stirne hängend, blieb Hilde stehen, schlug die Hände vor das Gesicht, als sie Ralph vor sich sah.

Dieser sprang auf sie zu, nahm sie in seine Arme, streichelte sie wie ein kleines Kind und sagte sanft:

„Hilde, was hat man Ihnen getan? Weinen Sie nicht, ich bin jetzt bei Ihnen, kein Haar darf Ihnen mehr gekrümmt werden.“

Hilde schluchzte fassungslos, schwankte, sank halb ohnmächtig auf den Stuhl, den der Polizeirat zu ihr trug. Der Beamte räusperte sich dann und sagte:

„Fräulein Wehningen, Sie sind jetzt frei und ich habe jetzt selbst die Überzeugung, daß ein böses Spiel mit Ihnen getrieben wurde. Fassen Sie sich, Herr O'Flanagan wird Sie nun Ihrer Mutter nach Hause bringen und –“

Hilde starrte verwundert um sich.

„O'Flanagan, wer ist das?“

„Ich bin das, Hilde, auch ich habe Unrecht an Ihnen getan! Habe mich unter falschem Namen in Ihr Vertrauen geschlichen, aber wahrhaftig nicht aus schlechten Motiven. Später werde ich Ihnen das alles erzählen, Hilde. Nun aber müssen Sie sich beruhigen und mir und meinem Freund ganz vertrauen.“

Hilde erhob sich.

„Sie sind also dieser reiche Amerikaner, der Österreich so gerne glücklich machen möchte! Vorläufig haben Sie nur mich recht, recht unglücklich gemacht.“

Sie begann leise zu weinen.

„Sie haben wohl geglaubt, daß ich so eine bin, der Geld alles ist, die Ihnen und Ihren Millionen zu Füßen fallen würde! Und wollten als eine Art Harun Al Raschid Ihre Wirkung auch ohne die Millionen erproben. Und nun bin ich durch Sie aus meinem armseligen, aber ruhigen Leben gerissen worden, bin mit Schmach und Schande beladen.“

Hilde hatte sich ganz gefaßt. Hochaufgerichtet wandte sie sich dem Polizeirat zu.

„Ist dieser Schuft, der mich verderben wollte, entlarvt? Ist es erwiesen, daß ich das Opfer einer Verschwörung bin?“

Der Beamte wurde wieder ganz zum Beamten, der seine Worte wägen mußte, und sagte bedächtig:

„Das nun nicht, mein Fräulein, aber schon die Tatsache, daß der angebliche Baron Morolt eine falsche Adresse angegeben hat, läßt die Affäre in einem anderen Licht erscheinen. Ich zweifle nicht, daß Ihre Unschuld sich erweisen wird lassen.“

„Für mich ist sie erwiesen, Hilde, für mich sind sie wieder das reinste, beste Geschöpf der Welt! Und nun kommen Sie mit mir.“

Hilde trat einen Schritt zurück, streckte die Hände zur Abwehr aus.

„Halt! Sie sagen ›wieder‹ – also haben auch Sie an meine Schuld geglaubt. Herr Ralph, oder eigentlich Herr O'Flanagan, Sie sind reich und Reichtum vermag vieles. Setzen Sie alle Hebel in Bewegung, um nicht nur sich, sondern der ganzen Welt meine Unschuld zu beweisen. Bringen Sie die Schurken, die mich zur Dirne machen wollten, tot oder lebendig zur Strecke. Drei Tage werde ich warten und dann wissen, ob ich weiter leben kann oder meinem Leben ein Ende bereiten muß; Und bis dahin wünsche ich Sie nicht mehr zu sehen, Herr O'Flanagan.“

Ralph wollte ihr nachstürzen, Kriegel hielt ihn zurück.

„Lassen Sie sie! Sie hat ganz recht. Für Sie gibt es jetzt nur eine Aufgabe: Das Mädchen von jedem Makel zu reinigen.“

34. Kapitel
Auf der Fährte.

Während sich in der Kreuzgasse erschütternde Szenen zwischen Hilde und ihrer unter den Ereignissen vollständig zusammengebrochenen Mutter abspielten, erzählte Ralph dem Polizeipräsidenten knapp und doch erschöpfend seine Geschichte. Die Visitenkarte mit dem Namen Ralph O'Flanagan hatte auch hier wie ein Zauberschlüssel gewirkt, ohne Schwierigkeiten waren sie zu dem Chef der Wiener Polizei vorgekommen, dessen Machtfülle fast unbegrenzt ist. Kriegel hatte unterwegs Ralph über die Bedeutung dieser Persönlichkeit aufgeklärt, ihm erzählt, daß es einzig und allein dem geradezu phänomenalen Taktgefühl des Polizeichefs, gepaart mit unbeeinflußbarem Willen, gelungen war, nach dem Umsturz Wien die Schrecken von Straßenkämpfen zu ersparen, wie denn überhaupt dem guten Geiste und der glänzenden Organisation der Wiener Polizei es zu danken sei, daß Wien unter allen europäischen Städten die verhältnismäßig harmloseste und geringste Kriminalität aufzuweisen habe.

Nun standen sie vor dem Polizeichef, der interessiert dem Bericht Ralphs lauschte, während er mitunter den melierten Spitzbart strich oder seinen Kneifer zurechtrückte.

Ralph schloß mit den Worten:

„Herr Präsident! Für mich und für jeden, der Fräulein Wehningen kennt, unterliegt es nicht dem geringsten Zweifel, daß hier ein bestialisches Verbrechen verübt wurde. Und ich bitte Sie, als den Chef einer Polizei, die Weltruhm hat, alles daranzusetzen, das Komplott aufzudecken und Fräulein Wehningen ihre Ehre wiederzugeben."

Der Polizeipräsident war ersichtlich ergriffen.

„Selbstverständlich werde ich nichts unterlassen, um diese Sache aufzuklären! Das bin ich nicht nur Ihnen und Fräulein Wehningen, sondern auch mir selbst schuldig. Es würde uns nur sehr die Arbeit erleichtern, wenn wir wüßten, gegen wen eigentlich der Schurkenstreich gerichtet war. Nur gegen dieses arme junge Mädchen oder vielleicht eigentlich gegen Sie?"

Kriegel räusperte sich und warf ein:

„Herr Präsident, ich glaube, Sie haben die richtige Witterung. Herr O'Flanagan hat vergessen, Ihnen einiges über seine Bekanntschaft mit der Tänzerin Lolotte Valon zu erzählen, die von seltsamen politischen Wünschen erfüllt ist und Herrn O'Flanagan immer wieder für ihre Ideen gewinnen wollte!"

Und trotz des Widerspruches Ralphs erzählte Kriegel in aller Breite, was er von den politischen Tiraden Lolottes wußte.

Über das Gesicht des Präsidenten flog ein Lächeln.

„Ich beginne klarer zu sehen. Kennen die Herren vielleicht den Freund der Tänzerin, den Privatdetektiv Laszlo Bartos?"

„Jawohl, leider", rief Kriegel. „Gerade wollte ich auf ihn zu sprechen kommen. Dieser Galgenphysiognomie wäre das Schlimmste zuzutrauen."

„Stimmt, stimmt, meine Herren! Ein schwerer Geselle. Erfreut sich leider besonderer Protektionen – hm, darüber möchte ich nicht sprechen – hohe Politik – Gönner an allen möglichen Stellen – also, dort wollen wir den Hebel ansetzen. Überlegen wir: Aus verschiedenen Gründen mag dieser Bartos den Wunsch gehabt haben, Sie von Fräulein Wehningen zu trennen.“

Verblüfft warf Ralph ein:

„Aber er wußte doch gar nicht, daß ich die Dame kenne!“

Der Präsident lachte dröhnend.

„Sie wissen eben nicht, wer, wie und warum man sich für Ihre Person ganz außerordentlich interessiert! Sind Sie sicher, daß nicht jeder Ihrer Schritte verfolgt wurde, daß nicht, wenn Sie im Kaffeehaus oder sonstwo mit Fräulein Wehningen saßen, neben Ihnen ein Lauscher war?“

Ralph fuhr auf.

„Vor einigen Tagen war es mir, als wenn im Burggarten ein Kerl hinter uns einhergeschlichen wäre. Ein langer, hagerer Mensch! Könnte ganz gut der Ungar gewesen sein!“

„Spekulieren wir weiter. Bartos hat einen Kerl gedungen, der als Baron Morolt aufgetreten ist. Mittels eines gefälschten Briefes lockte er die Dame zu dem verhängnisvollen Stelldichein –“

„Ja, er kannte doch gar nicht meine Handschrift – –“

„Könnte er sich leicht genug verschafft haben. Wir werden in Ihrem Hotel Nachforschungen anstellen.“

Ralph fuhr sich mit der Hand nervös über die Stirne.

„Merkwürdig, jetzt fällt mir ein, daß ich vorgestern einen begonnenen Brief, der in meiner Schreibmappe liegen sollte, nicht mehr finden konnte. Und mein Diener erzählte mir, als er mir beim Entkleiden half, daß ihn jemand auf der Treppe zum Narren gehalten und zugerufen habe, ich warte auf ihn in der Halle. – –“ „Also haben wir wieder einen Reim. Während Ihr Diener Sie unten suchte, begab sich Bartos oder ein gedungener Mensch in Ihr Appartement, stahl den Brief, wohl auch etwas Briefpapier, und konnte nun unschwer Ihre Handschrift nachmachen. Und nun wollen wir zur Tat übergehen. Detektivs können sehr geschickt im Beobachten anderer sein, sind aber nicht gewohnt, selbst vigiliert zu werden. Der Schuft, der mit Bartos gearbeitet hat, dürfte weiterhin mit ihm in Verbindung stehen. Also wird Bartos, der Wohnung und Bureau in der Annagasse hat, von jetzt an Tag und Nacht beobachtet werden. Den Baron Morolt kennt von Angesicht am besten Fräulein Wehningen, die wir aber lieber in Ruhe lassen wollen. Der Polizist, der sie auf Veranlassung des Kerls verhaftet hat, muß ihn ja erkennen. Ich dirigiere zwei meiner tüchtigsten Leute hin und außerdem den Schutzmann, der sich zivil kleiden wird. Es wurden nur noch einige Formalitäten besprochen, dann empfahlen sich Ralph und Kriegel. Ralph blieb aber an der Türe stehen und sagte:

„Herr Präsident, ich bin überzeugt, daß Ihre Leute ohnedies ihr Bestes tun werden. Trotzdem bitte ich Sie, eine Prämie von fünfhundert Millionen Kronen aussetzen zu dürfen, die nach geglückter Tat unter die Leute, die an ihr beteiligt sind, verteilt werden sollen."

35. Kapitel
Der Droschkenkutscher.

Am selben Nachmittag stand in der Annagasse, vor dem Hause, in dem Bartos Wohnung und Bureau hatte, ein Einspänner, dessen Kutscher ersichtlich gelangweilt auf dem Bock saß. Da die Taxometerfahne umgestellt war, wartete er wohl auf seinen Passagier. In seiner Nähe hielt sich ein wie ein Geschäftsdiener gekleideter Mann auf, der scheinbar sein Motorrad in Ordnung bringen wollte. Da ein paar müßige Leute ihm neugierig zusahen, versicherte er fluchend, daß er absolut nicht herausbekommen könne, warum das Luder, das heißt das Motorrad, nicht gehen wolle. Ein aufmerksamer Beobachter hätte außerdem feststellen können, daß in Zwischenräumen von Minuten eine elegant gekleidete Dame vorbeikam, die mit Kutscher und Motorfahrer Blicke wechselte.

Gegen drei Uhr kam Laszlo Bartos des Weges, um sich in sein Bureau zu begeben. Kaum hatte ihn das dunkle Haustor verschlungen, als der Geschäftsdiener, der noch immer an seinem Rad herumbastelte, leise vor sich hinpfiff, was den Droschkenkutscher zu einem kräftigen Husten veranlaßte.

Resigniert wendete sich der Radfahrer an den Kutscher, sagte, er müsse sich irgendwo einen Schraubenzieher ausborgen und bat, inzwischen auf das Rad zu achten. Das Rad wurde an die Droschke gelehnt, und der Geschäftsdiener entfernte sich. Wäre ihm jemand nachgegangen, so hätte er feststellen können, daß es dem Manne gar nicht eilig mit der Beschaffung eines Schraubenziehers sei, sondern er in der Kärntnerstraße stehen blieb und die Annagasse nicht aus dem Auge ließ. Die elegante Dame kam an ihm vorbei und er flüsterte ihr zu:

„Bartos ist schon da, jetzt müssen wir halt warten, ob vielleicht der andere kommt."

Eine Stunde mochte vergangen sein, die Taxometeruhr wies sicher schon eine Ziffer auf, die, mit 7000 multipliziert, einen erschreckend hohen Betrag ausmachte, als ein schlanker Herr mit einem ehemals sehr eleganten Pelz, der aber schäbig werden wollte, das Haus betrat. In diesem Augenblick begann der Kutscher auf dem Bock furchtbar zu nießen, wobei er ein buntes Taschentuch schwenkte, begann der faule Geschäftsdiener mit dem defekten Rad unanständig laut zu pfeifen, kam die elegante Dame mit unelegant raschen Schritten näher. Fragend sah sie den Kutscher an, dieser nickte, worauf die Dame das Haus betrat und die zwei dunklen Stockwerke hinaufging, die zu Laszlo Bartos führten. An der Tür war ein Schild befestigt mit der Aufschrift:

Laszlo Bartos, Inhaber des behördl. konzess.
Privatdetektivbureaus „Luna".
Sprechstunden von 5 bis 6 Uhr.

Die elegante Dame setzte die Klingel in Bewegung worauf ein altes, schlumpiges Frauenzimmer öffnete. Die Dame wurde nach einem Zimmer geführt in dem es so finster war, daß man die Schäbigkeit der Möbel kaum bemerkte, und aufgefordert, zu warten, da Herr Bartos bereits Besuch habe.

Die Tür zum Nebenzimmer war gepolstert, so daß die Dame, obwohl sie dicht an sie herantrat, nur ein dumpfes Stimmengemurmel vernahm. Kurz entschlossen, öffnete sie die Tür, sagte „Pardon!", konstatierte, daß Bartos in erregtem Gespräch mit jenem schlanken Herrn begriffen war, der eben vorher das Haus betreten hatte, sagte nochmals „Pardon!" und dann, auf einen unwilligen Ausruf der beiden Herren:

„Entschuldigen Sie, aber ich kann jetzt nicht warten und möchte wissen, ob ich in einer Stunde den Herrn Privatdetektiv noch antreffen würde."

„Jawohl, ich habe bis sechs Uhr Sprechstunde, bleibe aber bis gegen acht Uhr zu Hause."

Die Dame, es war eine Vigilantin der Sicherheitspolizei, entfernte sich befriedigt und erstattete dem Kutscher, der in Wirklichkeit jener Schutzmann war, der vor zwei Tagen Hilde auf Veranlassung des Barons Morolt verhaftet hatte, sowie dem Radfahrer, der sich jetzt wieder mit seinem Motorrad beschäftigte, rasch Bericht, worauf sie ihres Weges ging.

Eine weitere halbe Stunde mochte vergangen sein, als der angebliche Baron Morolt wieder auf der Straße erschien. Baron Morolt, rekte Georg Haller, hatte Bartos aufgesucht, um die vereinbarten sechs Millionen für die Ausführung seines Schurkenstreiches zu beheben. Bartos protestierte gegen diese Forderung.

„Ich habe Ihnen gesagt, daß Sie im Falle des Gelingens sechs Millionen bekommen werden. Ich weiß aber nicht, ob es gelungen ist. Der Amerikaner war heute morgens im Polizeipräsidium und ist von dort nach dem Schottenring zum Polizeipräsidenten gefahren. Was das bedeutet, weiß ich noch nicht. Jedenfalls ist das Mädel wieder zu Hause. Allerdings ist sie allein von der Elisabethpromenade weggegangen, woraus sich vielleicht schließen ließe, daß der Amerikaner nichts mehr von ihr wissen will. Wie er zu ihr steht, werde ich erst erfahren, wenn die andere, die Valon, wieder mit ihm beisammen war. Vorher rücke ich kein Geld heraus."

Haller hatte getobt und geschrien.

„Was geht mich Ihr Frauenzimmer an? Ich habe meine Aufgabe gelöst, habe alles genau so getan, wie Sie es wollten und nun verlange ich mein Geld!"

Schließlich bekam er als weiteren Vorschuß noch zwei Millionen, mit denen er vergnügt abzog.

An der Ecke der Annagasse und Kärntnerstraße blieb er stehen, winkte einem Autotaxi. Es war eiskalt, der Boden mit glitschigem Straßenkot bedeckt, Haller hatte keine Lust, nasse Füße zu bekommen und schließlich – er konnte sich ja den Luxus leisten!

Während er dem Chauffeur als Adresse das Café Dobner angab, schwang sich der Radfahrer auf das scheinbar wiederhergestellte Motorrad und fuhr gemächlich hinter dem Autotaxi her, ihm nach, im langsamen Trott der Einspänner.

Im Café Dobner hatte Haller seinen Kreis. Komödianten zweiter Güte, hier und da auch einer, der wirklich etwas bedeutete, Agenten, kleine Direktoren, Besitzer von Nachtlokalen, die hier Abschlüsse für ihre Nachtvorstellungen machten. Zwischendurch mehr oder weniger geschminkte Weiblichkeit, üppige angejahrte Heldinnen des Brettels, junge Mädchen, noch am Beginn einer Karriere, die hoch oder tief unten endigen konnte. Und unter den bürgerlichen Gästen viele Frauen im gefährlichen Alter, die brennende, aufmunternde Blicke nach den Künstlertischen schossen, an denen ihnen die Möglichkeit später Abenteuer nach einem tugendsamen, von kleinen Seitensprüngen nur sporadisch unterbrochenem Leben zu winken schien.

Haller zog einen Stuhl an einen der Stammtische, warf einem Mädchen eine Kußhand zu, winkte einer hektischen Bürgersfrau, die ihn schmachtend anblickte, bestellte einen Mokka, einen Kognak, „aber echt", und zehn Zigaretten. Zog leger einen funkelnagelneuen Hunderttausender aus der Brieftasche, um die Zigaretten gleich zu bezahlen. Bissig knurrte ein Komiker, der längst nicht mehr komisch war und nur mehr als erste Nummer, solange die Leute kamen, in Nachtlokalen Verwendung fand:

„Na, wo Sie immer die Wurzen finden, möchte ich wirklich wissen!"

„Glaub ich", lachte dröhnend Haller, „aber das Wissen allein würde Ihnen gar nichts nützen."

„Das macht die Liebe nur ganz allein", summte spöttisch ein junges Ding mit rot gefärbten Lippen, worauf verächtliche Blicke Haller trafen. Aber die Verachtung war mit Neid gemischt.

„Kinder, heut nachts wird gedraht!" rief Haller als er sich zum Fortgehen anschickte. „Jetzt ein Schlaferl im warmen Zimmer, dann ein feines Papperl bei der Schöner und nachher ins Chapeau Rouge."

„Soll jetzt ein riesiger Betrieb dort sein?" warf einer ein.

„Und ob! Höchste Aristokratie! Pickfeine Gesellschaft, nur Monarchisten! Na, die Republik ist auch nicht schlecht, denn wenn sie nicht wäre, könnte die Verwandte eines Kaisers nicht im Chapeau Rouge Champagner trinken."

Und es wurden noch feudale Namen aufgezählt, in deren Gesellschaft eine vom höchsten Adel allnächtlich tanzte, trank, sang, ihren Rausch bekam. Georg Haller ging, und als er draußen einen Einspänner stehen sah, überlegte er einen Augenblick und stieg dann ein. Ist zwar nicht weit, aber nur keine nassen Füße bekommen, dachte er. Und gab ein Haus in der Gumpendorferstraße als Fahrtziel an. Der Kutscher warf dem Radfahrer, der schon wieder an seinem Rad arbeitete, einen verschmitzten Blick zu und fuhr los, worauf sich auch der Detektiv in Geschäftsdienerkleidung auf sein Rad schwang.

Vor dem Haus in der Gumpendorferstraße stand, als der Wagen ankam, eben die Hausmeisterin und streute Asche auf den Schmutz, der zu gefrieren begann. Haller ließ sich gnädig mit „Küß die Hand, gnä' Oerr!"

begrüßen, zahlte und verschwand im Haus. Der Kutscher fragte die Hausmeisterin:

„Mit dem Herrn bin i schon oft g'fahren! A Künstler, was? Wie heißt er denn eigentlich?"

Die Hausmeisterin gab bereitwillig Auskunft.

„Haller, Georg Haller tut er heißen. Operettensänger is er, aber i mein alleweil, daß mit seiner Kunst net mehr und weit her is, weil er nie an urdentlichen Angatschmank hat."

Der Kutscher steckte seine Pfeife in Brand.

„An einschichtiger Herr, was?"

„Ja, er hat ein möbliertes Kamminett bei der Frau Wisloschil im dritten Stock."

Der Kutscher wußte nun genug und hieb auf sein Roß sein, während der Motorfahrer, der ganz zufällig zur selben Zeit hier angelangt war und in seinem Notizbuch scheinbar eifrig eine Adresse suchte, zurück nach der Stadt sauste.

36. Kapitel
Charmion Underwood.

Underwoods kamen in der ausgesprochenen Absicht nach Wien, hier zu sehr billigen Preisen ihre Gemäldegalerie in New York zu komplettieren. Frederic Underwood und mehr noch seine Gattin Mabel, wußten ganz genau, was sie sich und ihrem Reichtum schuldig waren, und als sie vor einem Jahr in einer Präsenzliste der „New York Times" als zu den „upper fourhundred" gehörend angeführt worden waren, hatte Frederic Underwood feierlich erklärt:

„Mabel, wir müssen einen Flügel zubauen und eine Gemäldegalerie zusammenkaufen."

Die Tochter Charmion hatte zwar gemeint, daß man Gemäldegalerien nicht zusammenstellen könne wie eine Kücheneinrichtung, sondern dazu sehr viel Verständnis gehöre, aber ihr Papa hatte nur gelächelt.

„Liebes Kind, wenn man genug Dollars hat, so braucht man kein Kunstverständnis! Man mietet sich einfach einen ordentlichen Maler, der besorgt das schon. Hauptsache, daß wir hinter den Schiffs, Ladenburgs, Schwabs und Fricks nicht zurückstehen!"

Der Flügel war an das Palais am Riverside Drive in drei Monaten angebaut und enthielt eine große Halle und zwei kleine Säle, alles ganz aus Marmor. Und dann begann Papa Underwood wie toll drauf los zu kaufen. Landschaften, Porträts, Stilleben, historische Gemälde – Hauptsache war ihm echtes Öl und gute haltbare Leinwand.

Bis eines Tages eine Katastrophe eintrat. Ein lustiger Redakteur des Wochenblattes „Smart Set", so eine Art Wiener Salonblatt in amerikanischen Dimensionen, sprach bei Herrn Underwood vor und bat um die Erlaubnis, die Galerie zu besichtigen, um über sie schreiben zu können. Herr Underwood strahlte in eitel Wonne, führte den jungen Mann höchstpersönlich herum und drückte ihm am Schluß sogar eine Schachtel Henry Clay, das Stück zu drei Dollar und jedes in eine Glashülse luftdicht verpackt, unter den Arm.

Acht Tage später erschien der Artikel im „Smart Set", über den ganz New York vor Vergnügen heulte. Er begann mit den Worten, daß eine einzige Zigarre des Herrn Underwood mehr wert sei, als alle seine Bilder zusammengenommen. Es sei dies keine Gemäldegalerie, sondern eine Ausstellung aller gemalten Scheußlichkeiten, die in Amerika aufzutreiben seien. Immerhin, wenn Herr Underwood sich entschließen würde, seine Bilder zu versteigern, würde er einen ansehnlichen Betrag erzielen, vorausgesetzt, daß er zu der Versteigerung nur Hadernhändler einladen und die Bilder zum geltenden Pfundpreis für alte Leinwand losschlagen würde. In dieser Tonart ging es fort.

Herr Underwood bekam einen Tobsuchtsanfall, Frau Mabel Herzkrämpfe, der Sohn Reginald leistete einen Schwur, sich seinen

Namen ändern zu lassen und Charmion floh auf einige Wochen nach Florida, um Gras über die Geschichte wachsen zu lassen. Die Bilder aber wurden verbrannt.

Einige Wochen später, Charmion war wieder in New York, sagte sie beim Frühstück leichthin:

„Papa, wenn du deine Marmorgalerie doch noch füllen willst, dann fahr nach Wien. Ich habe im „Art-Studio“ gelesen, daß dort herrliche Sachen verhältnismäßig billig zu haben seien, sogar aus der berühmten Liechtenstein-Galerie würden einzelne Meister verkauft werden. Aber nimm gefälligst mich mit, sonst hängt man dir ein paar Auslagenschilder als Rembrandts an.“

So kam die Reise nach Wien zustande, an der Herr und Frau Underwood, Charmion, eine Zofe und ein Diener teilnahmen. Vorher aber hatte Herr Underwood einen Baedecker von Wien gekauft, ihn auf Bilder hin durchstudiert und sich vorgenommen, alles mit einem Stern zu erwerben. Charmion hatte nun die Reise nach Wien durchaus nicht ihrem Vater zu Liebe vorgeschlagen, sondern aus einer ganz anderen Ursache. Sie wollte einfach mit Ralph O'Flanagan zusammenkommen.

Die Underwoods hatten früher in St. Paul gelebt, wo sie große Werkzeugfabriken besaßen. Underwood und der alte O'Flanagan hielten gute Freundschaft, besser noch Ralph O'Flanagan und Reginald Underwood und als Dritte im Bunde die damals noch ganz kleine, aber schon bildschöne Charmion.

Während des Weltkrieges hatte das Underwoodsche Unternehmen einen ungeahnten Aufschwung erlebt, den schon vorhandenen Millionen flossen einige Dutzend neue hinzu, es wurde eine Aktiengesellschaft gegründet, und die Familie Underwood übersiedelte nach New York, ließ sich dort einen Palast bauen und strebte mit allen Mitteln in den exklusiven, fast hermetisch verschlossenen Kreis der „oberen Vierhundert“ hinein. Daß Papa Underwood noch nie ein Buch gelesen und seine Gattin Moskau für eine Vorstadt von Petersburg und Goethe für den Komponisten der Oper „Faust“ hielt, tat nichts weiter zur Sache.

Charmion, die an Geist und Bildung ihre Eltern turmhoch überragte, hatte Ralph in den letzten Jahren nur selten gesehen, ihm aber ihre Backfischliebe in entsprechender Modulation bewahrt. Und als sie dann durch die Zeitungen erfuhr, daß Ralph nach dem Tode seines Vaters den reichsten Männern der Erde zuzugesellen sei, verstrickten sich Neigung und nüchterne Erwägung zu dem Entschluß, die Frau des um acht Jahre älteren Freundes zu werden. Bevor Ralph nach Wien übersiedelte, hatte er sie besucht und sie wäre am liebsten sofort mit ihm gefahren, fand ihn aber so eingesponnen in seine menschheitsbeglückenden Ideen, daß sie verärgert auch nur den leisesten Versuch, ihn zu fesseln, unterließ. Und nun hatte sie die Gelegenheit beim Schopf ergriffen und zielbewußt die Reise nach Wien angeregt. Die drei Underwoods konnte man gut als neuzeitlich amerikanische Typen nehmen. Herr Underwood, schlohweiße Haare, das rosige Gesicht glattrasiert, sehr würdevoll, dabei doch jovial, Temperenzler, mit ausgesprochener Neigung für stark alkoholhaltige Medizinen, öffentlich Puritaner strengster Observanz, was ihn nicht hinderte, hier und da ein kleines Chormädel auszuhalten. Mama Underwood noch immer eine hübsche Frau, wenn auch sehr hager, bigott, abergläubisch, Spiritismus und „Christian Science" ergeben und immer in inniger Freundschaft mit irgend einem Reverend, wobei niemand wußte, ob es sich nur um einen Seelenbund, um Flirt oder noch mehr handelte.

Charmion aber war die typische amerikanische Schönheit. Groß, schlank, leicht vornübergebeugt, schmale Hände und Fußfesseln, die Haare kastanienbraun, die Augen bald braun, bald grün, aufs Äußerste gepflegt, der Teint wie mit einem Bronzehauch übergossen, jedem Sport und auch der Musik ergeben, sehr belesen, dabei oberflächlich und erfüllt von Leidenschaften, die sie aber, wie jedes amerikanische Mädchen der guten Gesellschaft, virtuos zu verbergen verstand.

Die Underwoods waren über London, Paris und Berlin gefahren, hatten sich überall etliche Tage aufgehalten und nahmen nach ihrer Ankunft in Wien, die vormittags erfolgte, im Hotel Bristol Quartier. Der beglückte Hoteldirektor hatte ihnen auf ihre telegraphische Ansage das Fürstenappartement zugewiesen.

37. Kapitel
Flirt.

Bevor Charmion noch das Reisekleid ablegte, um in das Bad zu steigen, befahl sie den Hoteldirektor zu sich und fragte, ob er wisse, wo Mister Ralph O'Flanagan wohne. Als sie erfuhr, daß der berühmte Amerikaner im Hotel Imperial abgestiegen sei, zog sie die dünnen, fein geschwungenen Augenbrauen hoch und dachte:

Sieht diesem Querkopf ganz ähnlich! Alle Amerikaner steigen im Bristol ab, also muß er natürlich anderswo wohnen.

In den weichen, flaumigen Bademantel von scharlachroter Farbe gehüllt, ließ sie sich später mit dem Hotel Imperial und O'Flanagan verbinden. Es war dies gerade an dem Tag, an dem Hilde aus dem Gefängnis entlassen worden war, und kaum eine Stunde nachdem Ralph beim Polizeipräsidenten gewesen. Müde, verstört, kreuzunglücklich wollte er sich eben nach dem Speisesaal begeben, als Charmion Underwood ihn anrief. Ein warmes, heimatliches Gefühl beschlich ihn, als er ihre Stimme hörte, er freute sich von ganzem Herzen, es schien ihm, als würde ein freundliches, versöhnendes Schicksal ihm die Jugendgefährtin geschickt haben, um ihm in all der Qual Trost zu bringen. Und er kleidete sich rasch sorgfältig um, um Charmion und ihre Eltern zu begrüßen und mit ihnen im Bristol zu speisen.

Herr Underwood stand, als Ralph kam, auf der Straße vor dem Hotel, begrüßte ihn mit lärmender Herzlichkeit, umarmte ihn und versetzte ihm sogar einen schallenden Kuß auf die Wange.

Im breiten Yankee-Englisch rief er ein- über das anderemal:

„Junge, Junge, wie mich das freut, dich hier zu finden!“ Blinzelte und fügte hinzu:

Versteh' jetzt, warum Charmion durchaus mit nach Wien wollte! Apropos – verdammt hübsche Mädeln hier in Wien! Gut bei Fleisch! Alle zu haben, was?“

Betreten und unangenehm erwiderte Ralph achselzuckend:

„Wird wohl sein, wie überall: Die einen so, die anderen anders!“

„Ne, mein Junge, unterwegs haben es alle gesagt: Für einen Dollar das schönste Mädel, für zwei die feinste Frau! Leben ja alle von unserem Corned Beef und nicht gerade von der besten Sorte. Warum sollen sie also unsere guten Dollars verschmähen?“

Ralph brummte etwas in sich hinein, was wie alter Esel klang und folgte Underwood nach dem Speisesaal, wo Frau Underwood und Charmion schon warteten. Charmion schüttelte ihm nach amerikanischer Sitte kräftig die Hand und sagte, da sie einmal Deutsch gelernt hatte:

„Wie geht es main liebes Fraind?“

Setzte die Unterhaltung aber dann auf englisch fort.

Nach dem Diner zogen sich Herr und Frau Underwood auf ihre Zimmer zurück, Charmion blieb mit Ralph in der Halle, streckte sich in einen Klubfauteuil, zündete sich eine Zigarette an, schlug die schlanken, langen Beine übereinander, legte die eine Hand auf die Schulter Ralphs und fragte ihn mit einem prüfenden Blick:

„Nun Ralph, warum hast du nie geschrieben? Sind die Wienerinnen wirklich so nett, daß man über sie seine alten amerikanischen Freundinnen vergessen muß? Hast hier wohl dein Herz verloren?“

Ralph lächelte gequält.

„Verloren? – Gefunden – wie du willst! Jedenfalls habe ich in den knapp zwei Monaten hier allerlei tolle Dinge erlebt. Und gerade heute ist ein Tag für mich – na, lassen wir das, werde es dir schon noch erzählen.“

Charmion drängte nicht. Beugte sich nur zu seinem Stuhl hinüber, so daß sie halb an ihn gelehnt war.

Er nahm ihre Hand und küßte sie.

„Wiener Sitte, diese Handküsse, und die schlechteste Sitte nicht. Jawohl, Charmi, jetzt bist du wieder mein Schwesterchen und ich bin sehr froh, daß du hier bist. Hast ein Stück gutes altes Amerika mitgebracht. Weißt, Charmi, es ist hier alles so ganz anders als drüben, schrecklich kompliziert ist das Leben, nichts als Individualitäten gibt es, jeder ist anders als der andere, und wenn man sich einbildet, von der Stadt schon einen Schimmer zu haben, so sieht man plötzlich, daß man ihr genau so fremd gegenübersteht wie am ersten Tag. Aber nun erzähl' du einmal: Wie gefällt dir Europa, was hast du in London, Paris, Berlin gesehen und erlebt?“

Charmion streckte und dehnte sich im Lehnstuhl und ihre Nüstern bebten.

„Schrecklich gut gefällt es mir in Europa. Weißt du, die Männer sind hier so ganz anders, so herrlich frech und unverschämt!“

„Nanu, und das lobst du, eine Vollblutamerikanerin?“

„Ja, gerade ich! Natürlich, wenn mir in New York ein Mann solche Blicke auf der Straße zuwerfen würde, wie sie es hier tun, würde ich ihm mit dem Schirm ins Gesicht schlagen. Und wenn es drüben einer wagen sollte, mir im Vorübergehen solche Bemerkungen zuzuflüstern, wie es in Berlin geschieht, so ließe ich ihn verhaften. Unsere amerikanischen Männer haben eben schön brav artig und ergeben zu sein. Aber auf die Dauer langweilen sie einen schrecklich damit, Ralph, und die Frechheit der Europäer wirkt wie ein Brausebad an einem schwülen Sommertag.“

„Hat schon was für sich, Charmi! Glaube selbst, daß die Frauen im Unterbewußtsein Sehnsucht nach dem Herrn und Gebieter, dem Eroberer und Beglücker haben!“

„Lieber Junge, du siehst gar nicht gut aus! Hast einen müden Zug um den Mund! Merkwürdig, man sollte doch meinen, daß du dieses ganze Wien mit allen seinen Frauen im Sturm erobern mußt. Du, ein junger, netter Kerl und noch dazu der reichste Mann Amerikas! Welche Prinzessin könnte dir widerstehen?“

Ralph lachte laut auf.

„Tolle Stadt, dieses Wien! Prinzessinnen tanzen hier in Nachtlokalen und arme Mädeln teilen Körbe aus!“

Charmion atmete tief.

Also unglücklich verliebt, dachte sie. Ein herrschsüchtiger Zug straffte ihr Gesicht, aber weich, zärtlich, sagte sie:

„Armer Junge! Mußt hier einen Klaps gekriegt haben! Na, du wirst mir schon noch dein Herz ausschütten. Hauptsache, daß ich hier bin und du in mir wieder wie damals in St. Paul deine kleine Schwester siehst."

Ganz unwillkürlich streichelte Ralph die schönen Hände Charmions, sie rückte noch näher, benutzte die Verlassenheit des dunklen Winkels, in dem sie saßen, zu einer kleinen „Flirtation", wie sie in gleicher Meisterschaft nur die Amerikanerin beherrscht. Setzte sich auf die Seitenlehne des Fauteuils, ließ sich halb auf den Schoß Ralphs gleiten, brachte ihr Gesicht dem seinen so nahe, daß er ihren Atem fühlte, und kein Mann hätte es sein dürfen, wenn er nicht seine Lippen plötzlich auf ihren halb geöffneten Mund gepreßt hätte.

Ralph war es, der erschreckt zurückfuhr und sich loslöste.

Er kam sich in diesem Augenblick verächtlich vor, mußte an die arme, unglückliche Hilde denken, die durch ihn so viel Leid und Schande erfahren. Und nun wurden seine Sinne schon wieder durch eine andere entflammt, durch dieses schöne, junge, verwöhnte Weib neben ihm, das noch nie den Ernst des Lebens kennen gelernt, sich noch nie hatte einen Wunsch versagen müssen, inmitten einer Welt voll Elend und Verbrechen ihr Schlaraffendasein führen konnte.

Charmion fühlte, daß Ralph innerlich kämpfte, mit einem Ruck war sie wieder ganz Dame, setzte sich aufrecht, plauderte mit ihm über die Wiener Gemäldegalerien, über Kunst und Musik und den Zweck ihrer Reise, der dem Ankauf von Bildern galt. Gegen sechs Uhr kamen die Eltern Charmions herunter und Papa Underwood schlug einen Theaterbesuch vor. Mrs. Mabel sah ihn zürnend an.

„Du vergißt ganz, mein Lieber, daß heute Sonntag ist. Selbst wenn diese Stadt ebenso gottlos sein sollte wie Paris und Berlin, so werden wir uns doch wohl nicht so weit vergehen, einen Tag, der dem Herrn gewidmet ist, in sündhafter Lust zu verleben!"

„Jawohl, Liebe Mabel, du hast ganz recht! Aber immerhin, irgendwie werden wir doch den Abend verbringen müssen. Herr O'Flanagan wird uns ja wohl am besten beraten können."

Ralph wechselte mit Charmion einen boshaften Blick und sagte achselzuckend: Mrs. Underwood, man ist hier wirklich nicht mehr oder weniger gottlos als in den Staaten, nur hat man eine andere Auffassung vom Leben. Die Leute hier bilden sich ein, daß es gottgefälliger ist, sich am Sonntag gut zu unterhalten, als sich zu Hause zu langweilen."

„Gibt es in Wien bedeutende Kanzelprediger", fragte Frau Underwood interessiert, „ich würde gerne hier einen wahrhaften Streiter Gottes kennen lernen."

„Mrs. Underwood, damit kann ich nicht dienen. Die meisten Kanzelprediger sind hier katholisch, ob es protestantische auch gibt, weiß ich wirklich nicht. Aber einen jüdischen Rabbiner namens Chajes gibt es, der ganz außerordentlich gut sprechen soll. Vielleicht wäre Ihnen damit geholfen?"

Charmion preßte das Taschentuch vor den Mund, um nicht herauszuplatzen, Herr Underwood ließ zum drittenmal einen Schlüsselbund fallen und suchte ihn jedesmal sehr umständlich, was vielleicht damit zusammenhing, daß in seiner unmittelbaren Nähe in einer Gruppe von Hotelgästen ein reizender Backfisch mit sehr kurzem Rock stand, Mama Underwood aber sagte mit elegischem Augenaufschlag:

„Ist er noch jung, dieser Mann mit dem unaussprechlichen Namen? Machen Sie mich bekannt mit ihm, vielleicht daß ich ihn zu dem Glauben der Presbyterianer überführen kann."

Schließlich kam man darüber überein, daß gegen den Besuch eines Konzerts, das der berühmte Pianist Moritz Rosenthal gab, auch vom religiösen Standpunkt wenig einzuwenden wäre, und Ralph ließ durch den Portier Karten besorgen.

38. Kapitel
Sam tritt in Aktion.

In diesem Augenblick kam Sam in Begleitung eines Herrn.

„Master, dieser Herr will Ihnen sofort sprechen, also habe ich es hergebracht.“

Der Herr bat Ralph um eine Unterredung unter vier Augen und stellte sich, als sie abseits gegangen waren, als Personaladjutant des Polizeipräsidenten vor.

„Der Herr Präsident schickt mich her, damit ich Ihnen die Mitteilung mache, daß durch einen glücklichen Zufall heute schon das ganze Komplott aufgedeckt wurde. Der Mann, der den verbrecherischen Anschlag gegen Fräulein Wehningen ausgeführt hat, ist ein stellenloser Schauspieler namens Georg Haller. Sein Auftraggeber heißt Laszlo Bartos.“

Dem hochaufhorchenden Amerikaner erzählte dann der Beamte kurz und knapp, was sich am Nachmittag im Zusammenhang mit der Beobachtung vor dem Hause in der Annagasse ereignet hatte.

„Der Herr Präsident überläßt es Ihnen, heute noch Fräulein Wehningen von allem Mitteilung zu machen und bittet Sie, ihn morgen zu besuchen, um die weiteren Schritte zu beraten.“

Bartos ist in Ungarn, Haller geflohen, hat sich wahrscheinlich auch dorthin begeben – Hilde Wehningen steht ohne Makel und Fehl da.“

Über O'Flanagan war indessen eiserne Ruhe und Entschlossenheit gekommen. Er fuhr mit Sam nach dem Café Herrenhof, wo er Egon Kriegel fand, verständigte ihn, und gemeinsam fuhren sie dann weiter nach der Gumpendorferstraße zu Georg Haller. Unterwegs machte Ralph vor einem Papiergeschäft halt und ließ von Sam einige Bogen Kanzleipapier kaufen. Während sie dann weiterfuhren, beugte sich Ralph zu Sam, der neben dem Chauffeur saß, und gab ihm Instruktionen, die ersichtlich das höchste Wohlgefallen des Negers erregten, denn er rief begeistert:

„Oh, wird großer Spaß sein, und ich werde alles Lintschi erzählen, daß sie muß platzen vor Lachen.“

Georg Haller war erst vor kurzem von seinem „Schlaferl“ erwacht und bereit, sich zum „Papperl“ bei der Schöner zu begeben, als es an seine Zimmertür klopfte und drei Männer hereinkamen. Ein schlanker, junger Mann, ein wohlbeleibter mit gutmütigem Kindergesicht und ein baumlanger Neger in Livree.

Ralph trat vor.

„Sie sind Herr Georg Haller, nicht wahr?“

„Jawohl, was wünschen die Herren?“

„Sie sind also der Schuft, der im Auftrage des anderen Schurken Laszlo Bartos einen abscheulichen Anschlag gegen Fräulein Hilde Wehningen verübt hat –“

Haller wurde totenblaß, seine Knie schlotterten und mühsam gurgelte er heraus:

„Herr, was unterstehen Sie sich?“

Worauf Ralph dem Neger ein Wort zuflüsterte.

Sam sprang den Schauspieler an, holte mit der rechten Faust aus, versetzte ihm einen Boxerhieb zwischen die Augen und Haller brüllte auf, stürzte nieder, während ihm das Blut aus Mund und Ohren floß.

Egon Kriegel wollte entsetzt dazwischen springen, aber Ralph hielt ihn mit eisernem Griff zurück.

„Beruhigen Sie sich, dem Lumpen ist nichts weiter geschehen. Ein paar Minuten und er ist wieder verhandlungsfähig.“

Und so war es auch. Sam wischte dem Niedergeboxten mit dem in Wasser getauchten Handtuch das Blut aus dem Gesicht und schon konnte sich Haller erheben. Blöd stierte er vor sich hin, floh in eine Ecke des Zimmers. Ralph zog aus der Tasche das unterwegs gekaufte Papier, legte es auf den Tisch und sagte kalt:

„Sie werden sich jetzt niedersetzen, und alles das ganz genau aufschreiben, was zwischen Ihnen und Bartos, und dann zwischen Ihnen und Fräulein Wehningen vorgegangen ist. Ganz genau und bis ins kleinste Detail. Ich weiß alles, kenne die ganze Wahrheit. Entspricht Ihre Aussage dieser Wahrheit nicht, verschweigen Sie auch nur die geringste Tatsache, so wird der Neger Ihnen zuerst sämtliche Rippen brechen und Sie dann zur Polizei schleppen. Was Ihrer dort harrt, wissen Sie selbst. Haben Sie aber die volle Wahrheit niedergeschrieben, so können Sie heute noch fliehen, entgehen dem Halbtotgeschlagenwerden und dem Gefängnis. Wir beide werden uns nun entfernen, während der Neger hier bleibt. In einer halben Stunde kommen wir wieder und holen das Protokoll."

Sprach's, nahm Kriegel beim Arm und zog ihn mit sich fort.

Schweigend, jeder in seine Gedanken versunken, gingen die beiden die Gumpendorferstraße entlang, um nach einer halben Stunde wieder das Zimmer Hallers zu betreten. Dieser war eben fertig geworden. Grün-weiß das Gesicht geschwollen, die Augen blutunterlaufen, überreichte er zitternd Ralph den vollgekritzelten Bogen. Ralph las ihn laut vor. Es enthielt tatsächlich ein volles Schuldbekenntnis, erzählte von der Bekanntschaft mit Bartos, wie dieser ihm den Antrag gemacht, Hilde Wehningen zu ruinieren, den Brief aus Ralphs Schreibtisch gestohlen, seine Handschrift gefälscht und so weiter. Das Dokument schloß mit den Worten:

„Dies ist die reine Wahrheit, so wahr mir Gott noch helfen möge."

Schweigend setzten Ralph, Kriegel und Sam ihre Unterschrift unter die Hallers, wortlos entfernten sie sich.

In sausender Fahrt ging es nun nach der Annagasse. Bartos, der vergeblich auf die vorhin erschienene Dame gewartet, wollte sich eben entfernen, als seine Bedienerin ihm drei Herren meldete. Er sah und erkannte Ralph, Kriegel, den schwarzen Diener und war sofort im Bilde, wußte, daß er ein verlorener Mann war. Ralph zog das Dokument, das

Schuldbekenntnis Hallers, hervor, verlas es und sagte mit schneidender Stimme:

„Sie werden unter dieses Dokument schreiben, daß es vollständig den Tatsachen entspricht und hinzufügen, daß Sie beabsichtigt hatten, mir Geld zu entlocken, um einen Anschlag gegen die Existenz dieses Staates durchführen zu können. Es ist jetzt acht Uhr, in drei Stunden und 35 Minuten geht ein Expreßzug nach Budapest. Sie werden mit diesem Zug fahren und nie wieder nach Österreich zurückkehren. Sam bleibt bei Ihnen, bis Sie weggefahren sind. Weigern Sie sich zu unterschreiben, so werden Sie dieses Zimmer lebend nicht verlassen."

Die Raubtieraugen des Bartos funkelten, der Speichel floß ihm aus dem breiten Mund, keuchend erwiderte er:

„Das ist Gewalttätigkeit, ist Zwang, ist Erpressung – –",

„Dafür, daß Sie mir gegenüber das Wort Erpressung gebrauchen, wird Sam Sie züchtigen."

Ein Wink und schon überschlug sich Bartos von einem Fausthieb unter das Kinn getroffen, spuckte Zähne aus, röchelte er wie ein Sterbender.

Aber auch er kam rasch wieder zu sich, schrieb, unterfertigte seine Worte, packte seine Habseligkeiten, verbrannte tausend Papiere, verließ, ohne Lolotte auch nur noch einmal gesehen zu haben, Wien, während Sam ihn nicht aus den Augen ließ.

Am anderen Tag stand Ralph wieder vor dem Polizeipräsidenten, überreichte ihm das Protokoll, erzählte in kurzen Worten, was sich zugetragen. Der Präsident lächelte.

„Das alles verträgt sich nicht ganz mit unseren Rechtsbegriffen, aber es ist herrlich, befreiend, wundervoll! Ich nehme natürlich nur privat zur Kenntnis, wie Sie zu dem Schuldbekenntnis gekommen sind. Hauptsache, daß es da ist: Damit ist nun für die Polizei die Angelegenheit erledigt. "Die beiden sind also noch nicht verhaftet?"

„Nein, das soll morgen geschehen, aber vorher möchte der Herr Präsident noch mit Ihnen sprechen. Es läßt sich natürlich kaum vermeiden, daß nach der erfolgten Verhaftung die Zeitungen aus der Affäre eine Riesensensation machen. Ob und wie weit dabei Fräulein Wehningen geschont werden kann – das läßt sich noch nicht ersehen."

Ralphs Gestalt straffte sich. Uramerikanische Energien verdrängten in ihm jede Sentimentalität. Sein Gesicht wurde hart, eckig, brutal.

„Bitte dem Herrn Präsidenten meinen besten Dank und meine Hochachtung zu übermitteln. Und wenn Sie gestatten, werde ich sofort den Scheck für die braven Beamten ausschreiben. So – und ich werde mich nun morgen vormittags beim Herrn Präsidenten einfinden und bitte dringend, bis dahin nicht das geringste zu unternehmen."

Ralph ging zu seiner Gesellschaft zurück, um sich für den Abend zu entschuldigen. Charmion biß sich in die Lippen. Was hatte das nun zu bedeuten, welche fremden Mächte hielten Ralph in ihrem Bann? Hochmütig warf sie den Kopf zurück .

„Lasse dich nicht stören, wir werden das Konzert allein besuchen."

Innerlich aber kochte sie vor Zorn und nahm sich vor, alles daran zu setzen, um Ralph für sich und Amerika wieder zu gewinnen.

39. Kapitel
Der abgelehnte Heiratsantrag.

Schon die Abendblätter veröffentlichten folgende durch die Korrespondenz Wilhelm verschickte Mitteilung:

Vor einigen Tagen wurde über die Verhaftung eines Fräulein Hilde W., Wien, 18. Bezirk, Kreuzgasse wohnhaft, berichtet, die angeblich einen Herrn an sich gelockt und ihn im Separee bestohlen hatte. Wie sich nun herausgestellt hat, ist Fräulein W. das Opfer eines infamen Schurkenstreiches geworden. Die tadellose, junge Dame wurde durch einen Herrn, der sich ihr unter dem falschen Namen Baron Morolt vorgestellt und mittels eines gefälschten Briefes in das Separee gelockt, dort durch ein Narkotikum betäubt, worauf ihr der Schurke seine Brieftasche zusteckte. Es handelte sich dabei um ein Komplott zu einem bestimmten Zweck, über den sich zu äußern die Polizei keine Ursache hat. Der angebliche Baron Morolt, in Wirklichkeit ein beschäftigungsloser, übelbeleumdeter Operettensänger namens Georg Haller, und sein Auftraggeber, der ungarische Privatdetektiv Laszlo Bartos, sind, nachdem sie ein volles Schuldbekenntnis abgelegt, flüchtig geworden. Der Polizeipräsident hat persönlich ein Schreiben an Fräulein Hilde W. gerichtet, in dem er ihr seine Hochachtung und das Bedauern über den entschuldbaren Mißgriff der Polizei ausdrückt.

Ralph ließ den Tag verstreichen, ohne ein Wiedersehen mit Hilde herbeizuführen. Er wollte nicht den Anschein erwecken, als würde er nun mehr auf ihre Dankbarkeit reflektieren, hielt es für besser, sie zuerst zur Ruhe kommen zu lassen. Am nächsten Morgen erst schickte er ihr mit roten Rosen einen Brief, in dem er sie in aller Form und mit wärmsten Worten bat, seine Frau zu werden. Sam, der die Rosen und den Brief brachte, sollte ihm die Antwort bringen, wann er Hilde und ihre Mutter besuchen dürfe. Sam aber kam mit leeren Händen und dem Bescheid, daß eine Antwort erst im Laufe des Tages erfolgen würde.

In fieberhafter Ungeduld und Spannung, das Herz von Sehnsucht nach Hilde erfüllt, wartete Ralph Stunde auf Stunde. Spät abends erst brachte ihm ein Bote den Brief Hildes, in dem es hieß:

„Wenn Sie diesen Brief bekommen, bin ich mit Mutter unterwegs nach einem Dorf in der Steiermark. Dort lebt eine Schwester meines verstorbenen Vaters auf ihrem Gütchen. Sie hat erfahren, was mir geschehen ist – Mutter hatte ihr einen hilfeflehenden Brief geschrieben – und uns telegraphisch zu sich als Gäste für längere Zeit gebeten.

Ralph, da Sie mir so lieb und gütig geschrieben haben, darf auch ich Ihnen sagen, daß ich Sie von ganzem Herzen liebe. So liebe, wie man wohl nur einmal im Leben liebt. Trotzdem will ich Ihre Frau nicht werden. Abgesehen davon, daß ich nicht sicher bin, ob Ihr Antrag nicht doch nur einem momentanen Überschwang der Gefühle entspringt, hält mich auch das Bewußtsein Ihres ungeheuren Reichtums ab, Ihre Frau zu werden. Halten Sie mich nicht für ein überspanntes Gänschen, das eine Romanheldin posiert. Ich weiß ganz gut, welch herrliches Leben mir an Ihrer Seite winkt, weiß, daß ich eine Torheit begehe, wenn ich, arm und auf mich selbst gestellt, mein klägliches Leben weiterführen will, statt Ihre Frau zu werden. Aber ich glaube, nicht anders zu können. Käme mir als Ihre Frau immer wie gekauftes Gut vor, würde den Gedanken nicht los werden, daß Sie einmal bereuen müßten, nicht ein Mädchen aus Ihren Kreisen geheiratet zu haben, statt ein schlichtes, einfaches Ding, wie ich es bin. Keine Frau auf der Welt würde Ihren Antrag abweisen und eben deshalb muß Ihnen jede Frau als käuflich erscheinen. Ein, zwei, drei Jahre vielleicht würden wir sehr glücklich leben, dann aber könnte der Tag kommen, da Sie sich sagen: Warum habe ich statt dieser sehr lieben, ganz hübschen, aber doch so sehr einfachen Hilde mir nicht das schönste, luxuriöseste, glanzvollste Weib der Welt gekauft, ein Weib, das es ganz anders versteht, sich und mich zur Geltung zu bringen?

Und nochmals: Ich bin überzeugt, daß Sie Ihrer Gefühle gegen mich gar nicht sicher sind. Sie sind noch so jung, viel jünger, als es Ihre Jahre sind, warum sollen Sie nicht das Leben auskosten, mit vollen Zügen schlürfen, bevor Sie sich binden.

Ich werde jetzt einige Tage mit Mutter am Lande leben und mich von all den Schrecknissen der letzten Zeit zu erholen versuchen. Wann immer es mir paßt, kann ich wieder meine Stellung bei den Brüdern Krause antreten, so daß mir um die Zukunft nicht allzu bange ist. Dafür, daß Sie so rasch und glänzend meine Ehre wieder hergestellt haben, danke ich Ihnen aus übervollem Herzen. Und versichere Ihnen, daß ich Sie nie, nie im Leben vergessen werde."

Ralph stützte den Kopf in die Hände, nachdem er den Brief gelesen. Es zuckte um seine Lippen, mühsam drängte er Tränen zurück. Und als er aufstand, um sich zu Underwoods zu begeben, fühlte er sich um Jahre gealtert.

40. Kapitel
Wiener Fasching.

Filmredoute im Konzerthaus. Um zehn Uhr abends schon alle Säle überfüllt. Ein wogendes Meer in hundert Farben. Ganz Wien rümpft über diese Redoute die Nase, ganz Wien besucht sie. Kaum in einer anderen Großstadt ist solche Mischung möglich; Kokotte und Dame, Tippmädel und Fabrikantensgattin, Kommis und Bankdirektoren. Die einen in großer Toilette, mit Schmuck beladen, die anderen im billigen selbstgemachten Kleidchen, im ausgeborgten Smoking oder gar Jackettanzug. Und alle von einer großen Sehnsucht erfüllt: Der Sehnsucht nach dem Abenteuer, das den Alltag unterbrechen soll.

Die leichte, graziöse Vornehmheit, die früher einmal auf den Wiener Redouten sich so köstlich mit Ausgelassenheit und guter Laune mischte, ist nicht mehr zu finden. Die Regel, daß nur die Damen die Herren ansprechen dürfen, ist längst vergessen, die Redoutenintrige ist zur platten Banalität geworden, Herren bilden Gruppen und sprechen über die Börse, Frauen stehen in ihrer wenig verhüllten Nacktheit verlegen umher und warten, bis sie als „schöne Maske“ angesprochen werden. Und die Mehrzahl der Herren weicht ängstlich dem Büfett mit seinen sündhaft teuren Preisen aus. Früher promenierte man auf den Redouten, jetzt wird getanzt. Früher war die Redoute der Tummelplatz für Flirt und Galanterie, jetzt ist sie zum Liebesmarkt und zur Tanzdiele geworden. Früher gab es eine einheitliche Gesellschaft in Wien, die mit unsichtbaren Fäden verbunden war, jetzt sind die Neuen eingebrochen, haben die Einheit zerrissen.

Für Ralph war das Bild neu, und da er das alte nicht gekannt hatte, fand er auch das neue hübsch und anregend. Er wollte sich betäuben um jeden Preis. Charmion voll Lebenslust und Neugierde wurde ihm zu Segen: Sie entriß ihn dem Weltschmerz und dem Schmerz um Hilde.

Auf Schritt und Tritt wurde Ralph intrigiert. Und immer waren es vorwurfsvolle Worte, die die Frauen ihm zuflüsterten. Immer die Klage, warum er sich der Wiener Gesellschaft so ganz entzogen habe. Ralph erkannte die Frauen nicht, ahnte nur Jourbekanntschaften in ihnen. Nur als eine ihm lachend-zornig „Amerikanischer Stockfisch“ zurief, glaubte er Frau Hedi Günzel in ihr zu erkennen. Und verwundert schüttelte er den Kopf.

Kaum zwei Monate waren es her, seitdem die kokette, nach Schmuck und Geld gierige Frau in seinen Armen gelegen, und doch schien es ihm, als wäre eine ganze Ewigkeit verflossen. Eine schlanke Frau, in Goldstoff gehüllt, der den jugendlichen Körper so eng umschmiegte, daß er wie nackt aussah, sprach ihn englisch an. Es war Charmion in königlicher Schönheit. Er hätte sie schon an der köstlichen Perlenschnur erkannt. Sie nahm seinen Arm und lachte.

„Du, furchtbar komisch ist es hier! Sehr hübsche Mädchen sieht man und fast alle haben schöne Beine. Die Herren finde ich gräßlich! Fracks, wie sie ein besserer Kellner in St. Regis nicht tragen würde, und die meisten haben mächtige Bäuche, und wenn sie einen ansprechen, so fallen ihnen fast die Augen heraus. Ich weiß nicht, ob das meinem Dekolletee gilt oder nur meinen Perlen.“

Sie gingen in Ralphs Loge, tranken Champagner, speisten. Charmion war voll Spannung, ihre Nerven vibrierten, immer wollte sie wissen, wer diese und jene Person sei. Ralph konnte selten Auskunft geben, war froh, als Korn erschien, der die ganze und halbe Welt kannte.

„Dieser Herr da ist Dirigent Bierfeld. Großartiger Musiker, merkwürdiger Charakter. Als seine schöne, bedeutende Frau starb, tat er, als würde ihn der Schmerz töten. Jetzt ist er wieder verheiratet. Gemisch von Genie und tüchtigem Kaufmann. Die Kunst ist ihm heilig, aber eine heilige Kuh, die man gut melken kann.

Diese hübsche Blondine? Eine von den drei Pospischil-Mädeln. Hofratstöchter, mit großen Ambitionen und wienerischem Leichtsinn. Die und die andere Schwester haben glücklich nach mancherlei Abenteuern Großindustrielle geheiratet, die dritte und schönste ist an einem Prinzen kläglich gescheitert. Hat Selbstmord begangen, nachdem sie ihn mit Kupfervitriol übergossen.

Aha! Sie meinen diese etwas üppige schwarze Dame, deren Schleppe scheinbar das ersetzen soll, was ihr oben fehlt? Wundert mich, daß sie hier ist. Na, sie wird ja die Loge kaum verlassen. Sie und ihre Schwester waren einmal „die" beiden Wiener Kokotten. Jawohl, die beiden! Immer hat Wien nämlich eine oder zwei Kokotten, die jeder kennt. Diese beiden wurden von einer zärtlichen Mama geschickt gemanaged. Mama sorgte dafür, daß sie die Preise hielten. Souper und tausend Kronen per Nacht bildeten den festen Tarif. Nach tausend und einer bezahlten Nacht stellte sich das große Glück ein. Ein junger Herr, hübscher Bursch und schreckhaft reich, Sohn eines Juwelenhändlers, verliebte sich auf Tod und Leben in sie. Mama sah das und zeterte: ›Du, der kriegt dich nicht für tausend Kronen, der muß dich heiraten!‹ und richtig heiratete er sie.

Und jetzt ist sie die anständigste Frau, hat Kinder, man kann ihr nichts mehr nachsagen. Ich bin überzeugt, daß sie für Tugend schwärmt."

Charmion hatte lachend zugehört.

„Wien ist eine sehr komische Stadt! Ich glaube, man kann hier allerlei anstellen, ohne daß es einem besonders schadet."

Ihre Augen leuchteten auf.

„Hier, das ist ein schöner Mann! Wer ist das?"

Sie wies auf einen überaus großen Herrn, eine mächtige, kühne Erscheinung, die man allerdings lieber mit ledernem Schurzfell und entblößten Armen, als im Frack gesehen hätte.

Korn lächelte malitiös.

„Es scheint doch, daß es nur einen internationalen weiblichen Geschmack gibt: Dies ist Herr Senker, Schauspieler, Liebling der Frauen, bis vor kurzem noch mit einer Soubrette innig liiert, die er glücklich an einen anderen, auch einen schönen Mann, verloren hat."

„Ist er ein bedeutender Schauspieler?"

„In Meter und Zentimeter gemessen sicher. Sonst eher das Gegenteil. Aber bei solcher Körperlichkeit ist das Nebensache. Wenn er auftritt, richten sich sämtliche Operngucker der Damenwelt nach seinen Schenkeln und dann erst nach dem edlen Römerkopf. Talent wäre hier wirklich Verschwendung."

Charmion, die die ganze Zeit ihre Hand auf dem Knie Ralphs gestützt hatte, erhob sich.

„Jetzt will ich einmal den schönen Mann intrigieren."

Verschwand im Menschengewühl, tauchte am Arm Senkers wieder auf, der mit einem prüfenden Kennerblick Figur, Schultern, Busenansatz und die köstliche Perlenschnur umfaßte.

Einige hundert Lorgnons richteten sich plötzlich nach einer Loge, die bisher leer geblieben war. Ein junges Weib von bizarrer Schönheit nahm an der Brüstung Platz, ein großer schwerer Herr mit einem dunklen, schläfrigen Raubtiergesicht setzte sich in den Hintergrund.

Ralph zuckte zusammen. Die Dame war niemand anders als Lolotte Valon! Er hatte sie seit dem verhängnisvollen Tag nicht mehr gesehen, wußte aber, daß sie in Wien geblieben war, ohne öffentlich aufzutreten.

„Kennen Sie den Herrn hinter Lolotte?" fragte er befangen?

„Ob ich den kenne? Den kennt doch die ganze Welt! Herr Kastagnetti, einer der gewaltigsten und interessantesten Finanzmänner Mitteleuropas."

Ralph nickte.

„Den Namen habe ich allerdings oft gehört."

„Aber sehen Sie nur diesen entzückenden jungen Burschen da unten, der immer zu mir herauf schaut! Schöner Kerl, sicher ein Aristokrat, der seinen ersten Ausflug ins Menschliche macht. Ich werde ihn ansprechen!"

Rasch verschwand Korn, auch Ralph erhob sich, um im Menschengetümmel unterzutauchen. Der Strom der Promenierenden riß ihn mit, er wurde dicht an die Loge gedrängt, in der Lolotte saß, und schon hatte sie ihn erblickt. Winkte ihm zu, rief: „Kommen Sie doch zu mir in die Loge!"

Ralph, über die Sicherheit dieses Weibes, das tat, als wenn nie etwas geschehen wäre, erstaunt, konnte, ohne den primitivsten Anstand zu verletzen, nicht anders, als ihrer Einladung folgen.

Lolotte ging Ralph rasch einen Schritt entgegen, grub ihre spitzen Fingernägel in seinen Handballen und flüsterte erregt:

„Ralph – dadurch, daß Sie Bartos vernichtet haben, haben Sie mich befreit! Zürnen Sie mir nicht, kommen Sie wieder zu mir – ich kann ja für all das Häßliche, was geschehen ist, nichts. Kommen Sie – Sie werden sehen, ich bin eine andere geworden!“

Ralph lächelte skeptisch.

Zwei Tage später besuchte Ralph mit Charmion – amerikanische Eltern lassen ihre Töchter überallhin mit ihrem „Flirt“ allein gehen – Wiens repräsentativstes Fest, den Concordia-Ball. Und er hatte unter Führung seiner Freunde Gelegenheit, das geistige Wien kennen zu lernen. Von dem Präsidium mit Ehrfurcht begrüßt – auch geistige Arbeiter erweisen dem Gold ihre Reverenz – wurden er und Charmion auf die Estrade geführt, auf der sich die bevorzugten Gäste versammeln.

Arthur Schnitzler, nun schon ein alter Herr, aber vom Feuer ewiger Jugend durchströmt, Hugo von Hofmannsthal, einst die Hoffnung der ganzen Welt, die in ihm, als er jung war, einen Goethe österreichischer Fechsung sah und mit Schmerz das rasche Welken frühreifer Begabung erlebte, der vielumstrittene Werfel, dessen Spiegelmensch, kaum entstanden auch schon vergessen war, Schönherr, knorrig, herb, ein mächtiger Könner, aber nicht Meister in Selbstbeherrschung, der alte Hermann Bahr, einst Führer der Jungen, heute ein bemannter Löwe, der im Zirkus durch Reifen springt, Leo Perutz, dessen unvergleichliche Romane einem echten Dichtergehirn unter mathematischer Kontrolle entquellen, Ginzkey mit zwei Vornamen und einem einzigen Pfund Talent, Bartsch, auch zwei Vornamen und zwischen deutschvölkischem Gefühl und „Neuem Wiener Tagblatt“ unsicher schwankend, Verherrlicher des steirischen Rokokos, Plagiator seiner selbst, diese und viele andere, durch ihre Werke Ralph längst bekannt, wurden ihm vorgestellt.

Besonderes Interesse brachte Ralph den Wiener Männern von der Presse entgegen. Korn und Kriegel flüsterten ihm Kommentare zu, die es ihm ermöglichten, rasch zu erfassen und aus flüchtigen Worten ein Bild zu gewinnen. Im Verlauf von wenigen Stunden hatte er alle die Männer kennen gelernt, die die öffentliche Meinung beherrschen, wiedergeben oder auch fälschen, die Kritiker und Leitartikler, Blattleiter und Blattgründer. Mit Verwunderung stellte der Amerikaner fest, daß hier „Journalist sein" Schicksal, Bestimmung, unlösbare Verknüpfung mit einem undankbaren, sorgenvollen Beruf bedeutet, während drüben die Zeitung nur das Durchhaus und Sprungbrett ist. Daher gibt es in Amerika fast nur junge Journalisten, in Wien der Mehrzahl nach alte. In Amerika gehört es gewissermaßen für den gebildeten jungen Mann zum guten Ton, sich ein, zwei Jahre in einer Redaktion zu betätigen, in Wien wird man Journalist, weil man nicht anders kann, Talent, Weltanschauung, Temperament einen der Presse in die Arme treiben. Nur so kann es kommen, daß Männer wie der alte Julius Sauer, Meister galligen Humors, schärfsten Witzes, feinsten Stils, als Siebzigjähriger noch über jede Neuaufführung schreibt, während er in Amerika längst Senator, Gouverneur, Bundesrichter oder vielleicht gar Präsident geworden wäre. Und so kommt es, daß der erfolgreichste Wiener Librettist mit dem unverrückbarsten Monokel und höchstem Hemdkragen Millionen in allen Valuten der Welt einnimmt und doch dabei Redakteur bleibt, weil die Leidenschaft für seinen Beruf größer ist als das Bedürfnis nach Bequemlichkeit und Behagen. Und er beweist, daß man Schriftsteller, Journalist und Gentleman in einer Person sein kann.

Auffällig war es für Ralph, daß es fast ganz an jenen jungen, eleganten Reportern fehlt, die in Amerika der ganzen Zeitungswelt ihr Gepräge geben. Korn erklärte ihm das.

„Kunststück! Unsere jungen Leute mit Phantasie und Begabung schinden lieber Devisen als Zeilen und verdienen durch eine geschickte

Umwandlung von Leis in holländische Gulden über Dollars und Dinars mehr, als ihnen die Zeitung in sechs Monaten zahlen könnte."

Die Chefredakteure und Herausgeber waren fast vollzählig vertreten. Ernst Fichter, der gegen Neigung und Begabung das Erbe seines Vaters hatte antreten müssen, ein zerstreuter, feinsinniger Gelehrter, sich gewaltsam zu Interessen zwingend, die ihm ferne lagen, erstarrend in Tradition, Verfasser von Leitartikeln, bei deren Niederschrift ihn der Geist des Vaters begleitete.

Lipowski, schon wohlbeleibt, aber noch immer Lebemann, Meister im Erraten des Publikumsgeschmacks, in ein und dieselbe Nummer tiefgründige Abhandlungen über die letzten Dinge, die unerträglich langweiligen Lebenserinnerungen Bahrs, die wüstesten Tratschgeschichten, Spiritistisches, Medizinisches, Mode und Kochrezepte einschachtelnd. Und ein wahrer Meister in der Anwendung der Schere, von dem richtigen Gedanken geleitet, daß ein guter Artikel aus der „Frankfurter Zeitung" mehr wert sei als drei schlechte, die in der Redaktion gemacht werden. Ein großer Dichter, der bei ihm Redakteur gewesen, hatte, als er austrat, ihm den boshaften Abschiedsvers gewidmet:

„Kleben Sie wohl – Schneiden tut weh!"

Dabei persönlich eine sympathische Figur, Feinschmecker und Frauenverehrer noch immer.

Ralph verbrachte, während Charmion aus Leibeskräften mit dem hühnenhaften Schauspieler Senker flirtete, den Rest des Ballabends mit einem geistvollen Journalisten, der in spielerischer, leicht hingeworfener Weise Lichter in Ecken und Winkel warf, die Ralph noch dunkel waren.

Es war drei Uhr, als Ralph mit Charmion den Ball verließ. Das schöne Mädchen hatte dem Champagner mehr zugesprochen, als sie es im Lande der Temperenzler gewohnt war, und nun hing sie im Auto weinschwer an seinem Halse und sagte kichernd:

„Weißt du, in diesem sinnlichen, leichten Wien wird es einem klar, warum in Europa sich die Mädchen nicht wie bei uns prinzipiell mit dem Flirt begnügen.“

Ralph lachte, dachte aber an Hilde, die sich vielleicht mit freien, keuschen Sinnen dem Mann ihrer Wahl auch ohne Ehe schenken, niemals aber frivol werden würde, wie Charmion. Und der Vergleich fiel nicht zugunsten seiner Landsmännin und Jugendgespielin aus.

41. Kapitel
Wieder Wöllersdorf.

In den letzten Jännertagen wurde Ralph ein dickleibiger Akt überreicht, der den von dem Wiener Bankenkonsortium im Verein mit der „AEG“ verfaßten Sanierungsplan für Wöllersdorf enthielt. Der Amerikaner verbrachte eine ganze Nacht mit dem Studium, lachte dann nervös auf und schlug mit der geballten Faust auf den Tisch.

Was die Herren gemeinsam gebraut hatten, war nichts anderes, als der Plan, mit Hilfe des amerikanischen Geldes ein kühnes, rein kapitalistisches Unternehmen aufzubauen, an dem späterhin die „AEG“ und die Banken Milliarden verdienen konnten, während er selbst so gut wie ausgeschaltet war. Die Arbeiter sollten, dem „edlen Sinne des Mister O'Flanagan gemäß“, einen sehr bescheidenen Anteil an dem eventuellen Reingewinn haben, aber ein Reingewinn würde erst nach Anlage großer Reservefonds, Amortisationen und Errichtung neuer Fabriken gebucht werden. Und am Nimmerstag würde schließlich auch Ralph einen Teil, aber nur einen geringen Teil der dreißig Millionen Dollar, die er hergeben solle, wiedersehen. Das alles war natürlich nicht rund herausgesagt, sondern trug ein sozialpolitisches Mäntelchen, war mit Phrasen verbrämt, versteckte sich scheu hinter Ziffern und Tabellen. Aber Ralph hatte von seinem Vater genug kaufmännischen Instinkt geerbt, um zwischen den Zeilen und Ziffern zu lesen und die ungeheure Farce des ganzen Planes zu erkennen.

Am anderen Tage beschied er den Arbeiter Demmer und zwei seiner intelligentesten Kameraden zu sich, und machte ihnen klar, wie man seinen Plan, der lediglich dem Lande und Hundertausenden von Menschen dienen sollte, verfälscht und in sein Gegenteil verwandelt hatte.

Den Arbeitern stieg die Röte der Empörung ins Gesicht und Demmer ballte die Fäuste:

„Das werden wir uns nicht bieten lassen! Wir gehen auf die Straße, wir organisieren einen Demonstrationszug vor das Parlament, wir werden, wenn es nicht anders geht, mit Gewalt Wöllersdorf in unseren Besitz nehmen und zugunsten unserer Kameraden enteignen. Und dann werden wir mit Ihnen, Herr O'Flanagan, durch dick und dünn gehen und tun, was Sie wollen und wozu Sie raten."

Vor einigen Wochen noch hätte Ralph ohne Zaudern zugestimmt, den Kampf im fremden Lande mit Habgier und verknöchertem Kapitalismus gewagt. Aber nun war er nicht mehr so frisch und begeistert wie damals, fühlte sich müde und von allen den Widerständen und Enttäuschungen angewidert, und so überlegte er denn einen Augenblick, bevor er erwiderte:

„Wir dürfen nicht überstürzen. Vergessen Sie nicht, daß ich ein Fremder bin, der kein Recht hat, Unruhen und Konflikte herbeizuführen. Ich muß annehmen, daß die Regierung schließlich auch nur das Beste will, werde mich also zum Bundeskanzler begeben und ihm die ganze Sache vorlegen. Es muß gesetzliche Mittel geben, die deutschen Herren zu zwingen, ein Werk, das sie selbst nicht führen können oder wollen, anderen, hilfsbereiten Händen zu überlassen."

Als die Arbeiter enttäuscht und unmutig gegangen waren, fragte sich Ralph, ob er nicht nach und nach beginne, die Rolle eines Don Quichotte zu spielen.

Der nächste Tag sah ihn im Bundeskanzlerpalais. Der Bundeskanzler, der eben mit einem Bettelranzen voll Versprechungen aus London zurückgekommen war, zeigte sich auffallend gut unterrichtet. Kannte genau den Plan des Amerikaners und noch genauer die Pläne des Konsortiums. Wie überhaupt Ralph oft schon Gelegenheit gehabt hatte, die staatsmännischen Fähigkeiten des Kanzlers zu bewundern.

„Herr Bundeskanzler“, sagte Ralph, „die Sache ist doch eigentlich furchtbar einfach. Die größte Industrieanlage Österreichs liegt still, weil die Herren, die sie für einen Pappenstiel gekauft, angesichts einer momentanen ungünstigen Konjunktur nicht in Betrieb erhalten wollen. Ich bin bereit, den deutschen Herren die seinerzeitige Kaufsumme zurückzuerstatten, die vorhandenen Objekte auszubauen, neue zu errichten, eine intensive Produktion unabhängig von jeder Rentabilität herbeizuführen, Milliarden zu opfern, aber nur unter der Voraussetzung, daß sich niemand individuell bereichern kann, sondern das Ganze dem Staat, respektive der arbeitenden Bevölkerung zugute kommt. Auf diese Weise soll die Exportfähigkeit Österreichs bedeutend gesteigert, der Arbeitslosigkeit abgeholfen werden. Ich will ein wahrhaft fürstliches Geschenk machen, stoße aber auf Widerstände, statt mir zu helfen, wirft man mir Prügel vor die Füße, entmutigt mich, riskiert, daß ich meine Pläne aufgebe. Und nun bitte ich Sie um Ihre Intervention.

Der Kanzler faltete die Hände, sein Gesicht wurde ganz Wohlwollen und Güte.

„Ich verstehe Ihren Unmut vollständig und danke Ihnen heute schon namens dieses schwergeprüften Landes. Aber immerhin – wir müssen mit den gegebenen Verhältnissen rechnen, müssen bedenken, daß die derzeitigen Hauptbesitzer von Wöllersdorf in ihren privatrechtlichen Ansprüchen durch die internationalen Gesetze geschützt sind und wir sie nicht zwingen können, etwas, was sie erworben haben, ohne Kompensationen zu verkaufen. Abgesehen davon, existieren aber auch gewichtige politische Momente gegen einzelne Punkte Ihres hochherzigen Programms:

Was Sie wünschen, bedeutet nicht mehr und nicht weniger als die Sozialisierung gewaltiger Unternehmungen.

Ein neuerlicher derartiger Versuch würde bei den weitesten Kreisen der Bevölkerung Widerspruch erregen, besonders bei den Industriellen, die sich dadurch direkt bedroht fühlen müßten, aber auch bei den uns befreundeten und uns wohlwollenden Großmächten, wie Italien und Frankreich, die darin eine neue sozialistisch-kommunistische Ära erblicken würden. Unter solchen Umständen muß ich, der ich den Willen der Mehrheit der Bevölkerung zu respektieren habe, natürlich sehr vorsichtig sein."

Ralph hatte seine Ruhe wieder gefunden.

„Seltsam, Herr Bundeskanzler, die Viertelmillion arbeitender Menschen, die vor wenigen Tagen über den Ring gezogen sind."

Die Lippen des Kanzlers verkniffen sich.

„Die systematisch aufgehetzte Straße: Nun ja, die ist rot und gegen jede Regierung der Ordnung und Gerechtigkeit."

„Ich muß aber sagen, daß ich als Amerikaner die Geduld dieser aufgehetzten Straße bewundere. Bei uns wäre ein solcher Umzug nicht ohne Exzesse vorbeigegangen. Und was Frankreich und Italien betrifft – glauben Herr Bundeskanzler ernstlich, daß diese zwei Länder, ihre Regierungen oder Finanziers, jemals etwas für Österreich tun werden, ohne dabei selbstsüchtige Zwecke zu verfolgen oder ihre Vormundschaft noch weiter zu erstrecken, als dies ohnedies geschehen ist?"

„Ich glaube, daß die Geister in Europa, die auf Ordnung und Gerechtigkeit schauen, alles tun werden, um hier nicht wieder den Terror der Straße groß werden zu lassen."

„Der Straße, die schließlich nichts will, als leben, arbeiten und sich satt essen" ergänzte Ralph ironisch. „Ceterum censeo – lieber auf meine dreißig Millionen Dollar verzichten, als Industrien schaffen, die nicht dem privaten Kapitalismus, sondern der Allgemeinheit und vor allem denen, die arbeiten, dienen sollen?"

Der Kanzler lachte hellauf und versuchte, dem peinlichen Gespräch eine humoristische Wendung zugeben:

„Oh, Sie irren, wenn Sie glauben, daß wir Sie und Ihre Millionen loslassen werden: Seien Sie überzeugt, wir werden eine mittlere Linie finden, auf der wir gemeinsam marschieren können."

Ralph hätte am liebsten alles stehen und liegen gelassen, um in der Steiermark nach Hilde zu suchen. Aber die Zärtlichkeit Charmions betäubte ihn, und er stürzte sich mit ihr in den Strudel des Lebens, um nicht zur Besinnung kommen zu müssen.

42. Kapitel
Wiener Sportleben.

Mister Underwood kaufte aus Leibeskräften Bilder. Zuerst hatte er allerdings eine herbe Enttäuschung erfahren. An der Hand des Baedekers besichtigte er eines Tages das Kunsthistorische Museum, schenkte besonders den Bildern, die mit einem Stern im Baedeker versehen sind, sein Augenmerk und ließ sich dann zum Kustos führen. Da dieser englisch sprach, ging die Konversation flott von statten.

„Well, ich möchte gerne diesem armen Land helfen und notleidende Künstler unterstützen. Ich habe mir euere Bilder angeschaut und einige gefallen mir sehr gut. Also, wenn man mir einen anständigen Preis macht, bin ich bereit" – er nahm nun den Baedeker zu Hilfe – „die Madonna im Grünen von Rafael, Jo von Corregio und diese Bilder da von Rembrandt, Van Dyck, Dürer und Breughel, von Tizian und Velasquez zu kaufen. Besonders die von Van Dyck, weil ich den früher im Metropolitan Opernhaus oft singen gehört habe. Also nennen Sie mir einen soliden Preis in Dollars."

Der Kustos glaubte zuerst, es mit einem Irrsinnigen zu tun zu haben, bis er sich überzeugte, daß es nur ein Amerikaner sei. Er wurde hierauf sackgrob und schmiß Mister Underwood einfach hinaus.

Von da an hatte Underwood eine unwiderstehliche Abneigung gegen ganz Österreich, und er schrieb der „New York Times" einen Brief, in dem er die Wiener als habgieriges, faules Volk schilderte, dem nicht zu helfen sei. Amerika möge seine Hände von Österreich lassen und sich hüten, jemals wieder gute Dollars nach Wien zu schicken. Da der Herausgeber der „New York Times“ ein Deutscher namens Ochs ist, das Blatt also durchaus deutschfeindlich, erschien der Brief in großer Aufmachung und unter dem Titel:

„Was ein hervorragender Amerikaner über Österreich zu sagen hat!“

Das Mißgeschick in der Gemäldegalerie hielt aber Herrn Underwood nicht ab, an die tausend Gemälde anderwärts zu kaufen. Er entdeckte ein Bildergeschäft auf dem Opernring, das Kitsch in allen Dimensionen, in Öl und Wasser, auf Leinwand und Papier zu allen Preisen verkaufte, und er machte dort große Abschlüsse. Charmion befürchtete eine neuerliche Blamage und brachte mit Hilfe Ralphs, der dabei die Unterstützung seiner Freunde fand, ihren Vater mit den besten Wiener Malern in Verbindung, die auf diese Weise ihren sogenannten Ateliermist los wurden.. Bei dieser Gelegenheit lernte Ralph den sehr in Mode befindlichen Maler Sonnenbein, den ganz famosen Jehuda Steinep, den kleinen, aber hoch begabten Wiesel, den Barden und geistvollen Karikaturisten Horniker, den Porträtisten schöner Frauen Maus, von dem die Fama behauptete, daß jeder seiner künstlerischen Erfolge zu einer Niederlage des Modells wurde, und viele andere Künstler kennen und schätzen.

Eines Tages erklärte Charmion kurz und bündig:

„Ralph, ich halt' es nicht mehr aus! Hab' nun seit sechs Wochen keinen Football gesehen! Gibt es hier dergleichen nicht?“

Ralph informierte sich und konnte ihr berichten, daß der Fußballsport in Wien seit einem Jahrzehnt fast amerikanische Dimensionen angenommen habe. Anfangs war man ihm mit einem gewissen Mißtrauen begegnet, die damals schon Erwachsenen wollten, konservativ, wie man in Wien ist, von dem neumodischen Zeugs nichts wissen, würdevolle Männer erklärten diesen Sport für verrohend und sprachen die Befürchtung aus, er würde die Muskeln auf Kosten des Geistes zur Entwicklung bringen.

Aber die Jugend, die glücklicherweise die Weisheit der Alten prinzipiell mißachtet, warf sich mit Enthusiasmus auf den Lederball, gründete einen Klub nach dem anderen, beteiligte sich an internationalen Konkurrenzen und heute spielen die kleinen Buben, statt Marken zu tauschen und zu würfeln, auf jedem freien Rasenstück Fußball, auch wenn der Ball nur eine selbstverfertigte Kugel aus alten Fetzen wäre.

Daß nationalistische und konfessionelle Strömungen auch im Sportleben Eingang fanden, war betrüblich, aber anderseits auch aneifernd und fördernd, und als vor einiger Zeit der jüdisch-nationale Sportklub „Hakoah" ausgerechnet einen vom Papst gestifteten Ehrenpokal erstritt, lachte ganz Wien.

Am letzten Sonntag des Jänner fuhr nun Ralph mit Charmion und ihrem Vater nach Favoriten zum Wettspiel „Amateure gegen Hertha". Frau Underwood blieb zu Hause, erstens weil es eben Sonntag war, zweitens, weil sie bei ihren Kirchenbesuchen die Bekanntschaft eines jungen, hübschen, stramm gebauten Missionärs gemacht hatte, der sie bekehren wollte und viele Stunden bei ihr im Hotel verbrachte. Daß er bei solchen Gelegenheiten zum Tee zwanzig bis dreißig Sandwiches zu verzehren pflegte, war erklärlich, da die fortgesetzten Versuche, aus einer presbyterianischen Amerikanerin eine gutgläubige Katholikin zu machen, an seinen Kräften zehrten.

In Favoriten erlitt das Auto des Amerikaners eine kleine Panne, und während Herr Underwood es sich nicht nehmen ließ, dem Chauffeur bei Behebung des Defektes zu helfen, schlenderte Ralph mit Charmion durch die engen, verwahrlosten Seitengassen, um einen Blick in ein ihm bisher unbekannt gebliebenes Stadtviertel zu tun.

Das Bild, das sich ihm hier bot, war allerdings ein wesentlich anderes, als jenes, das er in der Inneren Stadt oder in dem bürgerlich-wohlanständigen Währing zu sehen gewohnt war. Schlecht gekleidete Männer, oft noch in der alten, zerfransten Uniform steckend, dürftige, im Wachstum zurückgebliebene Kinder, abgehärmte Frauen, die um Jahrzehnte älter erschienen als sie waren, gingen an den beiden elegant gekleideten Menschen vorüber, warfen ihnen neid- und haßerfüllte Blicke zu.

Ralph seufzte tief auf. Nun war er zwei Monate in Wien, in dieser Zeit hatten sich die Verhältnisse hier bedeutend verschlimmert, die Arbeitslosigkeit nahm zu, die Hoffnung auf Besserung schwand – und er, er hatte nichts tun, nur in einzelnen Fällen eingreifen können, sah aber noch immer keine Möglichkeit für die große, rettende Tat.

Trotz der Kälte war der Sportplatz mit mehr als zwanzigtausend Menschen dicht gefüllt. Die Sportleidenschaft war auch in Wien groß genug, um alle räumlichen Hindernisse zu überwinden, die hohen Entreepreise schreckten nicht ab, in Frost und Sturm standen die Menschen umher und jubelten ihren Lieblingen begeistert zu.

Bei den Amateuren standen zwei Ungarn, Kaiman und Jenö Konrad, beide dem Beruf nach Bankbeamte, beide heimatlos, da die Horthyregierung sie nicht in ihr Vaterland zurückließ. Kaiman Konrad groß, aber schmächtig und beim Spiel von imponierender Kaltblütigkeit. Sein Bruder Jenö klein, beweglich, temperamentvoller, sein Spiel fast wissenschaftlich und methodisch durchdacht. Als der kleine, fast zarte, aber in seinen Bewegungen unheimlich flinke Cutti in Aktion trat, brauste ihm der Jubel aus zwanzigtausend Kehlen entgegen. Da der schon im Lied besungene Uridil jetzt nicht in Wien weilt, ist Cutti der populärste Spieler, der Liebling der Wiener.

Bei Hertha genießt der große Ostricek mit dem hellen, hübschen und offenen Gesicht die größte Popularität. Er gilt als der beste Torhüter Österreichs, ist der erklärte Liebling der Frauen und wenn es ihm geschieht, daß er den Ball passieren läßt, erklingt ein bedauerndes „Uijeh“ aus den Reihen des weiblichen Publikums. Der junge Schindelar mit dem blonden Knabenkopf aber gilt als der zukünftige Matador, und besonders die älteren weiblichen Jahrgänge sind ihm maßlos zugetan.

Im Zuschauerraum marschierte wie gewöhnlich der Verbandskapitän Meisl an seinem Stock umher, tat ungeheuer wichtig, raisonierte aus Leibeskräften, bekrittelte jede Aktion, ohne den gutmütigen Spott zu bemerken, mit dem die Jungen ihm lauschten. Wiesenthal und Leopoldi, von allen Seiten akklamiert, kamen, man sah im Zuschauerraum große Kaufleute, Rechtsanwälte, Professoren und unter diesen einen Röntgenologen von Weltruf.

Der Fußballsport hat ganz Wien erobert, seine Gegner haben es längst aufgegeben, ihn zu bekämpfen, er ist die sonntägliche Anregung, Freude und Erholung der Massen geworden. Ralph konstatierte aber mit Freude, um wieviel vornehmer, weniger roh und exzessiver in Wien gespielt wird und das Publikum sich benimmt. Als die Dunkelheit anbrach, war das Spiel beendet, die Amateure hatten 3 : 1 gewonnen.

43. Kapitel
Wie Ralph arm wird.

Am Abend dieses Tages schüttete Ralph Egon Kriegel gegenüber sein übervolles Herz aus:

„Es scheint mir in Wien nichts gelingen zu wollen. Ich habe Hilde verloren, zum Teil auch den Glauben an die Menschheit, meinen besten Absichten stellen sich unüberwindliche Hindernisse entgegen. Und fühle mich nun auch noch schuldbeladen. Heute war ich in einem Wiener Elendsviertel, und als ich durch die armseligen Straßen mit ihren verbitterten, sorgenbeladenen Menschen ging, kam es mir zum vollen Bewußtsein, daß ich alles recht verkehrt angepackt habe. Ist denn das Wien, das ich kenne, überhaupt Wien? Hätte ich nicht untertauchen müssen, um das Wesen dieser sich in Krämpfen windenden Stadt wirklich zu erfassen? Kenn ich Wiener? Sie, Korn, die Musiker und Maler, die Bankdirektoren und Politiker, die meinen Weg gekreuzt, sind das nicht alles internationale Menschen, die ebenso gut in Berlin, Paris, London leben könnten? Verdammt sei der Augenblick, da mein geschwätziger Sam an meiner Stelle sich interviewen ließ. Ich hatte ja die redliche Absicht, hier unbekannt und unerkannt umher zu gehen, um zu erforschen, wie und wo zu helfen sei. Aber dieses eine Interview hat mich an die Öffentlichkeit gezerrt, mich in einen zweibeinigen Kassenschrank verwandelt, den nun die ganze Welt gerne aufknacken möchte.

Wie soll ich mich aus all den Affären ziehen? Die Bankdirektoren bestürmen mich, deuten zart an, ich sei geradezu verpflichtet, Hoffnungen, die ich erweckt, zu erfüllen, neulich hat mir einer sogar gesagt, ich wäre schuld, daß die Krone neuerlich zu rutschen begonnen habe, da der Geldmarkt mein Zögern als Beweis betrachte, daß diesem Lande nicht zu helfen sei.

Und nun die eigenartige Haltung der Regierung, die mir direkt verbietet, die ungeheure Summe von 30 Millionen Dollar so zu verwenden, wie ich es für das beste halte. Am liebsten würde ich einen Teil dieser Summe für wohltätige Zwecke hergeben und nach Amerika zurückfahren. Der Kampf um Wien, auch wenn er nicht geführt wird, um Wien zu erobern, sondern nur um es zu retten, geht über meine Kräfte."

Egon Kriegel ließ langsam den goldgelben Whisky aus der Flasche in sein Glas fließen.

„Warum wollen Sie nicht jetzt noch das tun, was Sie zu Beginn hätten tun sollen? Untertauchen, unbekannt umhergehen, Wien nicht von der Hotelperspektive begucken, sondern von unten herauf?"

Ralph lachte bitter auf.

„Wie sollte das wohl geschehen? Es kennen mich gut tausend Menschen in Wien, wo immer ich mich aufhalten wollte, würde man mich erkennen, meine Spuren sind nicht mehr zu verwischen, alles, was Geld braucht, ist hinter mir her!"

„Oh, es gäbe schon ein Mittel, Ihnen Ruhe zu verschaffen, sie in Vergessenheit zu bringen. Ein ganz einfaches, wenn auch groteskes Mittel."

„Und das wäre?" fragte Ralph gespannt.

„Nun, Sie müßten einfach Ihr Geld verlieren, so daß Sie nicht mehr der reiche O'Flanagan sind, sondern ein armer Teufel, der niemand etwas zu bieten hat. Dann erst würden Sie Wien und die Menschen kennen lernen!"

„Ja, aber – ich verstehe Sie nicht – wie meinen Sie das?"

„Nun, so wie ich es gesagt habe: O'Flanagan hat sein Vermögen verloren, besitzt gerade noch genug, um in Wien recht bescheiden und zurückgezogen leben zu können. Natürlich mute ich Ihnen nicht zu, wirklich zu verarmen. Man müßte es nur auf geschickte Weise der Welt einzureden versuchen. Sie wissen, ich habe gute Verbindungen zu den Zeitungen, ich könnte ohne Schwierigkeiten einen O'Flanagan-Grubenhund in die Welt setzen!" Ralph begann zu verstehen, sein Humor erwachte, tausend Nuancen fielen ihm für den Plan Kriegels ein, die beiden Männer begannen zu flüstern, Notizen niederzuschreiben, von Zeit zu Zeit brüllte einer vor Lachen auf.

In derselben Nacht noch ging ein Kabelgramm folgenden Inhalts an den Präsidenten der Guarantee Trust Company in New York, die als Vermögensverwalterin für Ralph fungierte, ab:

„Habe private Ursachen, hier als verarmt zu gelten. Bitte, stoppen Sie per Kabel meine Kreditbriefe bei der Bankgesellschaft, verweigern Sie auf Anfragen jede Auskunft, überweisen Sie mir vorläufig hunderttausend Dollar in Schecks auf Überbringer ausgestellt."

Am zweitnächsten Tag aber erschien in Wiener Zeitungen folgende Alarmnachricht, die durch Tage die große Sensation bildete:

Der amerikanische Multimillionär Ralph O'Flanagan, der seit zwei Monaten in Wien weilt, um hier nach dem unausgesprochenen Willen seiner verstorbenen Mutter, die eine Wienerin war, eine große Hilfsaktion zu inaugurieren, ist von einem bitteren Geschick betroffen worden. Bei den Gerichtsbehörden in seiner Vaterstadt St. Paul in Minnesota meldete sich vor einiger Zeit ein Herr namens James O'Flanagan, der eben aus Nord-Kanada angekommen war. Er bewies, daß er der einzige Sohn aus der ersten Ehe des verstorbenen Patrick O'Flanagan sei, die dieser geheim gehalten hatte. Außerdem gab er die Adresse eines Notars in

Chikago an, bei dem, wie er aus Briefen seines Vaters wußte, das einzige rechtsgültige Testament des Verstorbenen, das er wenige Monate vor seinem Tode geschrieben, hinterliegen müsse. Tatsächlich fand man bei diesem Notar auch das absolut rechtskräftige, von drei Zeugen unterschriebene Testament, wonach James O'Flanagan zum alleinigen Erben eingesetzt ist, während der Sohn der zweiten Ehe, Patrick Ralph, mit dem O'Flanagan nie gut stand, mit einer winzigen Monatsrente bedacht erscheint, die kaum groß genug ist, um auch bei bescheidensten Ansprüchen in Amerika zu leben.

Die Gerichte überzeugten sich von der Echtheit und Unanfechtbarkeit aller Dokumente und zertifizierten nunmehr James O'Flanagan als Alleinbesitzer des ganzen ungeheuren Vermögens, mit der Verpflichtung, die testierte Rente seinem Stiefbruder auszuzahlen.

Wie wir erfahren, hat die Guarantee Trust Company die Wiener Bankgesellschaft bereits per Kabel aufgefordert, keine weiteren Zahlungen an Ralph O'Flanagan zu leisten.

Herr Ralph O'Flanagan weigerte sich gestern abends, Berichterstatter zu empfangen, sein Privatsekretär aber, der bekannte Schriftsteller Egon Kriegel, bestätigte die eingelaufenen Nachrichten, während der schwarze Diener des Amerikaners mit Tränen in den Augen erklärte, bei seinem Herrn bleiben zu wollen, auch wenn dieser arm geworden sei.

Wie uns seitens der Hoteldirektion des Hotel Imperial mitgeteilt wird, hat Herr O'Flanagan die laufende Wochenrechnung im vorhinein bezahlt, so daß sie in keiner Weise geschädigt erscheint. Die zwei Automobile des Amerikaners sind zum Verkauf ausgeboten, Herr Ralph O'Flanagan wird aber, wie uns mitgeteilt wird, noch einige Zeit in Wien bleiben, da er mit seiner kleinen Rente hier immerhin besser sein Auskommen finden kann als in Amerika.

So ist denn unser armes Land wieder um eine Hoffnung ärmer geworden und wir werden nach wie vor auf Selbsthilfe und die dürftigen Kredite des Völkerbundes angewiesen sein.

So ungefähr lautete die sensationelle Nachricht in den bürgerlichen Blättern. In den kommunistischen wurde erklärt, daß immerhin so manche Proletarierfamilie froh wäre, wenn sie auch nur das bescheiden gewordene Einkommen des Amerikaners hätte, in den antisemitischen aber der Verdacht ausgesprochen, daß O'Flanagan ein Hochstapler sei und außerdem sicher ein Jude, der einmal Fliegenpapier geheißen.

Daß es sich tatsächlich um eine glänzend ausgeklügelte Mystifikation handelte, wußten außer Kriegel niemand als Charmion und deren Eltern. Korn hatte man nicht eingeweiht, er war zu temperamentvoll, um unbedingt schweigen zu können.

44. Kapitel
Das andere Gesicht.

Die Tage und Ereignisse, die nun kamen, verliehen Ralph Heiterkeit, innere Freiheit und jene Menschenverachtung, die man braucht, wenn man das Leben meistern will. In den Morgenblättern war der Artikel von seiner Verarmung erschienen, und im selben Augenblick hatten die Goldanbeter sich auf die neue Situation eingestellt.

Er wollte sich im Hotelbureau nach den Möglichkeiten erkundigen, eine möblierte Wohnung zu bekommen, aber die Beamten sprangen ihm nicht wie sonst devot entgegen. Er mußte warten, bis sie ihre Obliegenheiten erledigt hatten, und als er ungeduldig wurde, rief ihm ein geschniegelter Herr gereizt zu:

„Der Herr muß sich gedulden, der Herr sieht ja, daß ich beschäftigt bin."

Und dann endlich, als Ralph seine Frage hatte vorbringen können, bekam er eine Antwort, die niederschmetternd hätte sein sollen:

„Ja, das wird nicht so einfach sein, Herr O'Flanagan! Möblierte Wohnungen sind jetzt sehr teuer in Wien! Am besten, Sie annoncieren nach einem Kabinett!"

Mit dem eigenartigen, humorigen Gefühl, als armer Teufel zu gelten und genug Geld zu haben, um sämtliche Ringstraßenhäuser kaufen zu können, begab sich Ralph, da seine Automobile tatsächlich schon in einer Verkaufshalle standen, zu Fuß nach dem Palast der Bankgesellschaft. Er mußte schließlich doch dem Generaldirektor seinen Besuch machen und sich wegen der vielen Mühe, die dieser, wenn auch nicht in selbstloser Absicht, mit ihm gehabt, entschuldigen.

Diesmal flogen aber nicht die Türen vor ihm auf, sondern er mußte mit zwanzig anderen Besuchern eine Stunde warten. Und dann empfing ihn der Generaldirektor stehend, forderte ihn nicht auf, Platz zu nehmen, sondern sagte mit ersichtlich erzwungener Freundlichkeit:

„Ich habe von Ihrem Mißgeschick gelesen! Tut mir aufrichtig leid. Nur für Sie allerdings, denn ich muß gestehen, daß mir diese ganze Hilfsaktion, wie Sie sie geplant haben, schon sozusagen aus dem Hals herausgewachsen ist! Schließlich – dieses Land ist ja kein krankes Pferd, dem man so einfach mittels einer Roßkur beispringen kann. Sie hatten in Ihrem Programm eines vergessen, lieber Herr O'Flanagan: Daß wir ein altes Kulturvolk sind, auf dessen Eigenart viel Rücksicht genommen werden muß. Nun, Ihnen kann es ja nicht fehlen, wenn Sie erst wieder drüben sind, so wird sich schon was für Sie finden!"

Ralph schnitt, um nicht herauszuplatzen, ein besonders ernstes Gesicht.

„Herr Generaldirektor, Sie dürfen unbesorgt sein, ich kann in New York bei einem befreundeten Hotelier sofort eine Stelle als Kellner bekommen. Und immerhin hat mir mein Wiener Aufenthalt eine wertvolle Kenntnis gebracht: Nämlich die Erkenntnis, daß die Wiener Bankdirektoren ein altes Kulturvolk bilden!"

Auf der Straße schenkte Ralph einem Mütterchen, das mühselig hinter einem Kohlenwagen einherhumpelte, um etwa herunterfallende Stückchen des kostbaren Brennmaterials aufzuklauben und in ihre Tasche zu tun, einen Hunderttausendkronenschein, worauf er davon lief, um sich dem Dank zu entziehen. Plötzlich fiel es ihm ein, er war ja zum

Bundeskanzler gebeten worden, der sich eigens für ihn die Mittagsstunde freihielt.

Er eilte rasch nach dem Kanzlerpalais und erlebte es nun zum erstenmal in seinem Leben, daß er irgendwo nicht vorgelassen wurde. Man ließ ihn einige Zeit warten, dann kam der Präsidialist einigermaßen verlegen und stammelte:

„Der Herr Bundeskanzler läßt sich entschuldigen, er ist mit dringenden Geschäften derart überhäuft, daß er heute und in den nächsten Tagen keine Minute frei hat. Vielleicht, daß Herr O'Flanagan Ihre Anliegen künftighin mir mitteilen wollen."

Auf dem Graben begegnete Ralph der niedlichen Frau Günzel, die eben das kostbare Schmuckstück trug, das sie von ihm bekommen hatte. Diesmal zischte sie ihm nicht einmal eine Bosheit zu. Sie übersah einfach seinen Gruß, wandte den Kopf ab, ohne aber ein höhnisches Lächeln zu verbergen.

Worauf die gute Laune des Amerikaners ins Ungemessene stieg.

Am selben Tag aber erlebte Ralph noch Dinge, die seine Menschenverachtung zum Teil paralysierten.

Sam kam ihm im Hotel grinsend und aufgeregt entgegen.

„Master, großes Glück ist geschehen! Ich sein geworden Chauffeur bei reichen Herrn, der was komisches Namen Zwiebelbauch hat. Ich bekomme zwei Millionen monatlich und viele Trinkgelder. Von alles, was ich bekommen, werde ich Master die Hälfte geben, damit Master keine Sorgen hat."

Gerührt klopfte Ralph dem schwarzen Burschen auf die Schulter!

„Ich danke dir, Sam, aber so arg ist es gar nicht! Ich habe noch immer genug, um gut leben zu können. Nimm nur die Stellung an, aber ich hoffe, daß du bald wieder bei mir sein wirst!"

Es klopfte und hereingestürmt kam Korn. Streckte Ralph beide Hände entgegen, machte „Hupp", riß sich seine Stirnlocke fast aus und schrie:

„O'Flanagan, es tut mir zwar herzlich leid, daß ich bei Ihnen nicht mehr werde essen und den herrlichen Whisky trinken können! Sie sind jetzt ein Schnorrer wie ich, nur ein Schnorrer in Dollars! Aber wenn Sie wirklich in Verlegenheit sein sollten, so stehe ich Ihnen zur Verfügung. Für Sie bleibe ich, wenn es sein muß, in ganz Wien Geld schuldig!“

Ralph lachte vergnügt.

„Korn, vorläufig geht es mir noch ganz gut, auch wenn ich kein Krösus bin, und wir werden das Begräbnis meines Vermögens feierlich mit Kriegel bei Sacher in Gestalt eines Leichenschmauses feiern.“

Nachmittags aber, Ralph war mit dem Einpacken beschäftigt, da er morgen unbedingt übersiedeln wollte, geschah ganz Unerwartetes: Lolotte erschien bei ihm! Sie war nicht so bizarr gekleidet wie sonst, nicht so grell geschminkt, trug kein Monokel, hatte die kleine Pfeife nicht im Mund, war einfach eine junge, schöne, überschlanke Dame.

Betreten führte sie Ralph in den Salon, bat sie, Platz zu nehmen.

Lolotte blieb stehen, sagte leise:

„Nein, Ralph, ich bin ja nur gekommen, weil ich denke, daß viele von denen, die bisher um Ihre Gunst geworben, Ihnen abtrünnig geworden sind. Und ich Ihnen sagen will, daß ich Sie heute erst recht lieb habe! Ich habe mit Ihnen ein schlechtes Spiel getrieben, weil ich ein willenloses Werkzeug dieses Schurken war. Ich habe Sie vom ersten Augenblick an geliebt und mich Ihnen versagt, um Sie desto stärker an mich zu binden. Nun aber, da ich weiß, daß Sie nicht mehr der amerikanische Krösus sind, würde ich mich Ihnen gerne schenken, wenn Sie noch darauf reflektieren – – –“

Ein weiches, warmes Gefühl kam über Ralph. Wie schwer ist es, dachte er, die Menschen zu erkennen, wie sündhaft, sie zu verurteilen! Diese da ist eine Dirne und doch auch eine Heilige, ein verdorbenes Menschenkind und doch noch der edelsten Güte fähig.

Beugte sich über Lolottes Hand, küßte sie und sagte:

„Ich danke Ihnen, Lolotte, von ganzem Herzen, wenn ich das köstliche Geschenk, das Sie mir bieten, auch nicht annehmen kann. Mein Weg wird jetzt ein anderer sein und ich muß ihn allein gehen. Leben Sie ruhig das Ihnen vorgezeichnete Leben voll Luxus und Betäubung, weichen Sie Ihrer Bestimmung nicht aus. Aber verschwenden Sie Ihre Schönheit nicht, geizen Sie mit ihr, dann werden Sie oben bleiben und sicher einmal noch ein stilles bürgerliches Glück finden, für das Sie heute noch nicht reif sind.“

Charmion fand die Idee Ralphs, sich als armer Teufel zu gebärden, köstlich, gab ihm einen Kuß und rief fröhlich:

„Weißt du, wenn du deine eigene Wohnung hast, so kann ich ja immer zu dir kommen: Denke dir nur: Ich habe noch nie einen Herrn besucht, du wirst ganz sicher der erste sein! Aber jetzt erzähl' mir endlich, was du eigentlich alles in dieser komischen Stadt erlebt hast.“

Ralph erfüllte ihren Wunsch, weihte sie in alles ein, erzählte von seiner Liebe zu Hilde, von den furchtbaren Ereignissen, in die das Mädchen durch ihn verstrickt worden war, von seinem Heiratsantrag, ihrer ablehnenden Antwort und Abreise aus Wien.

Das Gesicht Charmions war, während sie interessiert zuhörte, hart und abweisend geworden. Sie kniff die Lippen zusammen und sagte spöttisch:

„Eine sentimentale Gans ist deine Hilde! Ich verabscheue diese deutschen Mädchen, die von Tugend und Edelmut triefen. Sei froh, daß du sie los geworden bist!“

In entscheidenden Momenten versagt bei Frauen oft das Taktgefühl. Die Worte Charmions rissen Ralph weit von ihr fort, machten ihm klar, wie hoch Hilde über allen anderen Frauen stand. Hätte Charmion aber Teilnahme geheuchelt und in gütiger, frauenhafter Weise über Hilde gesprochen, so wäre sie ihrem Ziel näher gekommen.

45. Kapitel
„Möblierte Wohnung gesucht."

Am nächsten Tag begab sich Ralph an der Hand von Adressen, die er von einem Wohnungsbureau erhalten hatte, auf die Suche nach möblierten Zimmern. Und bekam einen Begriff von Wiener Wohnungsnot und Rückständigkeit. Entsetzt sah er, daß die meisten Wiener Wohnungen kein Badezimmer besaßen. Fand keine Entschuldigung dafür, denn die Häuser waren ja alle vor dem Krieg erbaut worden. Wie war es möglich, daß die Gesetzgebung, die Gemeinde hier nie einen Zwang ausgeübt hatte? Und überhaupt: Wie furchtbar waren alle diese Miethäuser gebaut, wie finster, dumpf und unfreundlich fast alle Räume!

Der Amerikaner lernte das Wiener Elend an seiner Quelle kennen. Witwen nach hohen Offizieren oder Beamten waren bereit, mit ihren Kindern in einer dunklen Kammer zu hausen, um durch das Vermieten ihrer Zimmer dem Hunger zu entgehen, überall grinste ihm das Gespenst der Verelendung entgegen, zerrissene Teppiche persischen Ursprungs, köstliche Möbel aus der Biedermeierzeit, aber fehlende Stuhlbeine, seidene Tapeten, die sich von den Wänden losgelöst hatten, ungeheizte Säle, zusammengebrochene Öfen, Klingeln, die nicht funktionierten, zerbrochene Fensterscheiben. Und Unmoral, Verkommenheit, Bruch mit allen überlieferten Begriffen.

In der Florianigasse hatte eine junge Frau, die Witwe nach einem gefallenen Fliegeroffizier, zwei Zimmer zu vermieten. Sie sprach englisch und französisch, war, wie sie betonte, im Sacré Coeur erzogen und bot zugleich mit ihren Zimmern in unzweideutiger Weise sich selbst dem jungen eleganten Amerikaner an.

In der Schönburggasse auf der Wieden besichtigte Ralph möblierte Zimmer. Ihr Besitzer lag gelähmt in einem Rollstuhl, die Frau flüsterte, da sie sah, daß Ralph die Wohnung nicht gefiel:

„Ich bitte, mein Herr, wenn ich nicht gleich jetzt Geld auf die Hand bekomme, sind wir verloren! Wir haben keine Kohle, kein Stückchen Brot im Haus, ich weiß nicht, wie ich den schon seit Monatsersten fälligen Zins bezahlen soll.“

In diesem Augenblick kam die einzige Tochter, ein blasses, aber hübsches Mädchen von etwa sechzehn Jahren, aus der Handelsschule nach Hause. Und mit einem vielsagenden Blick fuhr die Frau fort:

„Mieten Sie die Zimmer – meine Tochter wird Ihnen, wann Sie wollen, Gesellschaft leisten –“

Ralph floh, ließ aber einen Betrag zurück, der dem dreifachen Monatszins entsprach.

In welches Haus Ralph auch kam – überall erfüllte ihn der Geruch nach schlechtem Fett, Armut, Unsauberkeit, überall sah er Not und Kummer in den Winkeln hocken. Und er hatte das Empfinden, aus einer fröhlichen Stadt, in der es von gut gekleideten, satten Menschen wimmelte, in eine andere gekommen zu sein, in der die Bevölkerung mit Aufgebot der letzten Kraft gegen das Sterben ankämpfte. Er betrat ein palaisähnliches Gebäude. Aber die steinernen Stufen waren zum Teil zerbrochen, der Lift ging nicht, in den stockfinsteren Korridoren konnte er die angegebene Türnummer lange nicht finden. Und die Frau, die ihm entgegentrat, eine imposante Erscheinung, die einst eine reiche Frau gewesen war, wies ihn ab, da sie ihre Zimmer nur als Absteigequartier für Nachmittage vermieten wollte. Als sie die Verwunderung des Amerikaners merkte, erklärte sie entschuldigend:

„Was dann in den Zimmern geschieht, kümmert mich nicht. Und ich muß wenigstens nicht Dienstbotenarbeit für fremde Leute leisten.“

Ließ sich Ralph auf längere Gespräche mit den Vermietern ein, so stieß er immer auf einen fanatischen Haß gegen die Republik, die an allem die Schuld habe? Und immer hieß es in allen Tonarten:

„Ja früher, als noch die Monarchie war, da war es anders, da hatten wir nicht notwendig, Zimmer zu vermieten, da ging es allen Menschen gut.“

Tiefes Mitleid erfaßte ihn mit diesen Unglücklichen, die nicht einsehen wollten, daß der Krieg der Monarchen die Ursache ihres Leidens war und nicht die mit furchtbarer Erbschaft beladene Republik. Am späten Nachmittag fand Ralph endlich, was er suchte. In der Weimarerstraße, wenige Häuser von der Währingerstraße entfernt, waren bei einer älteren Dame, der Witwe nach einem Arzt, zwei saubere, geschmackvoll möblierte Zimmer mit Badezimmer zu vermieten. Frau Doktor Lunzer, die mit ihrem Sohn eine Vierzimmerwohnung hatte, vermietete weniger des Erwerbs halber, als um einer etwaigen Anforderung durch das Mietamt zu entgehen. Ralph fand den Monatszins lächerlich gering und konnte noch am selben Abend mit Hilfe Sams seine Übersiedlung aus dem Hotel vornehmen.

Eine neue Epoche begann für ihn. Er war nun nicht mehr ein „Distinguished Foreigner", sondern einer der vielen, die in Wien ansässig sind und in der Zweimillionenstadt untertauchen können, ohne daß die Öffentlichkeit sich mit ihnen beschäftigt. Nur daß er ein seltsames Doppelleben führte. Denn aus seinen möblierten Zimmern in Währing führte ihn sein Weg ebenso oft zu Charmion in die hellerleuchtete Stadt der Reichen, wie hinaus nach Hernais und Ottakring, dorthin, wo die Menschen den schweren Kampf um das tägliche Brot führen.

46. Kapitel
In der Vorstadt.

Der Sohn der Frau Lunzer war ein junger Magistratsbeamter, ein netter, sympathischer, lustiger Mensch, der sich durch die Gesellschaft des Amerikaners angeregt und geschmeichelt fühlte und ihn in seine Kreise brachte.

Ralph war das recht, denn auf diese Weise lernte er andere Menschen kennen, kam aus dem Kreis von Lebeleuten und Plutokraten heraus in das echte Wiener Bürgertum.

Er sah sehr bald, daß sich dieses Bürgertum in zwei Gruppen schied. Die eine wurde von den Geschäftsleuten, kleinen Fabrikanten, Gewerbetreibenden gebildet, die andere bestand fast durchwegs aus Beamten und Lehrern, denen sich allenfalls noch die Ärzte vom Grund beigesellten.

Mit der ersten Gesellschaft war Ralph bald fertig. Er speiste einigemal abends an einem Stammtisch im Wilden Mann und fühlte sich wenig behaglich. Eine gewisse leichte, sogar graziöse Lebensauffassung schien ja auch dem Wiener Spießer gegeben zu sein, aber in allen politischen Dingen und Kulturfragen empfand sie der Amerikaner als bodenlos rückständig. Alles nicht autochthon Wienerische wurde von ihnen mit Gehässigkeit behandelt, gleichgültig, ob es sich um Juden, Italiener, Tschechen oder Ungarn handelte. Die einen waren die „Saujuden", die überhaupt an allem schuld seien, die anderen die „Katzelmacher" oder die falschen „Slowaken", die österreichischen Bauern wurden mit „Mostschädeln" abgetan und das Wort „Preiß" noch immer als ein Schimpfname gebraucht.

Da war einer, ein großer Meiereibesitzer namens Gurtwich, der in seinen Reden von Biederkeit überfloß. „Mir reellen Geschäftsleute, mir, die wir das Herz am rechten Fleck haben, mir bodenständigen Wiener – –" Und: „Die verfluchten Ostjuden, die mit'n Binkel herkommen san und uns ausrauben!" und so weiter. Ralph empfand mit dem Mann Mitleid. Dachte: Sicher einer der vielen ehemals wohlhabenden Bürger, die jetzt zugrunde gehen und natürlich für ihre ohnmächtige Wut eine Ablenkung in den ihnen rassefremden Zuwanderern suchen. Pepi Lunzer aber erzählte ihm, daß dieser Gurtwich zehn Häuser in den letzten Jahren gekauft habe, als Milchpantscher, Hamsterer, Preistreiber im ganzen Bezirk bekannt sei und im Hof seines Molkereigebäudes seine Ferkel mit Milch fütterte, während ringsumher die kleinen Kinder aus Mangel an Nahrung starben.

Einer, ein wohlbeleibter Herr mit einer fröhlich funkelnden Nase, galt als der große Philanthrop. Er war Mitglied von mindestens zwanzig Wohltätigkeitsvereinen, Armenrat, leitete täglich Sammlungen für diese oder jene arme Familie ein, betonte am Stammtisch, während er das achte Viertel hinunterspülte:

„In dieser Zeit heißt's zusammenhalten! Wer kein Lump ist, muß von seinem Überfluß hergeben, so viel er nur kann! Ich könnt' nicht ruhig schlafen, wenn ich nicht wüßt, daß ich jeden Tag meine bürgerliche Pflicht getan und irgendwo geholfen habe. Kellner, noch a Viertel und an Emmenthaler, aber fix!“

Ralph erfuhr nachher, daß der Biedermann seine Frau und drei Kinder buchstäblich hungern ließ, während er sich im Wirtshaus mästete und außerdem zwei Frauenzimmer aushielt.

Immer wieder wurde an dem Stammtisch auf die Schieber, die Börsenspieler und Valutenhamsterer geschimpft, die das Land ruinieren und prassen, während der ehrliche Mann – – und so weiter. Dabei wurde aber stundenlang von Julisüd, Alpine, Waagner und Graz-Köflacher gesprochen und intensiv beraten, ob man die Tschechenkrone jetzt verkaufen und dafür Lire kaufen soll oder ob es nicht besser wäre, sich tüchtig mit Dinar einzudecken.

Groß war aber die Entrüstung über die Republik im allgemeinen und die „Roten“ im besonderen. Diesen satten Bürgern ging es zum großen Teil sehr gut, sie hatten nie so viel gegessen und getrunken, nie so viel Geld gehabt, niemals vorher so frei und ungehemmt ihre Meinung äußern dürfen, und dennoch haßten sie die Freiheit, mit der sie nichts anzufangen wußten, sehnten sich zurück nach der Monarchie mit ihren Orden und Titeln. Und vergaßen ganz, daß sie ihre Waren nach der Weltparität losschlugen, aber die Steuern entweder gar nicht oder nur zu einem Tausendstel des Friedenswertes bezahlten. Sie, die zum großen Teil selbst dem Arbeiterstand entstammten, konnten es nicht vertragen, daß der Arbeiter nicht mehr kujoniert werden durfte wie ihre Väter, daß die großen Massen ihre Menschenrechte stürmisch forderten.

Anders war das Milieu und der Ton am Stammtisch im Café Währingerhof, an dem Ralph durch Pepi Lunzer eingeführt worden war. Er bestand aus Beamten und einigen Mittelschullehrern. Gebildete

Menschen, aber verstört und verbittert, um die Besinnung gebracht durch die Unklarheit der Verhältnisse und den Umschwung der Anschauungen. Ein Beamter war früher in der Vorstadt die Respektperson gewesen, galt als harmonische, ehrenwerte Persönlichkeit, bei der das geringe Einkommen durch die Pensionsfähigkeit und die Unantastbarkeit ausgeglichen wurde. Und nun ging das Gespenst des Abbaus um, entstand in der Bevölkerung ein Haß gegen die Beamten, die zum Teil als Ballast empfunden wurden, kam es hier und dort zur Aufdeckung von Fällen, wo ein Beamter den an ihn herangetretenen Versuchungen nicht hatte stand halten können. Und die Leute wurden unsicher, waren nicht mehr stolz darauf, Beamte zu sein, fühlten sich deplaciert, das Bewußtsein, das widerwillig gegebene Brot eines armen Volkes zu essen, bedrückte sie, machte sie unglücklich und verbittert. Seltsame, mitunter wertvolle Menschentypen lernte Ralph an diesem Tisch kennen. Einen Sparkassenbeamten, der in seinen Mußestunden feine, empfindsame Gedichte schrieb, einen Konzipisten, der, wenn er den Amtsschemel verließ, komponierte, einen, der tiefgründige historische Studien betrieb. Ein Beamter des Finanzministeriums war da, der sein Einkommen in Spirituosen umsetzte, wenn er aber betrunken war, zum Philosophen wurde und Weisheiten von sich gab, deren sich kein Gelehrter zu schämen gebraucht hätte.

47. Kapitel
Ein Wiener Maskenball.

Pepi Lunzer, der sich gerne auf den Lebemann herausspielte, forderte Ralph auf, mit ihm den „Bösen Buben-Ball“ zu besuchen.

„Die feschesten Mädeln von Wien treffen Sie da“, lockte er und flüsterte ihm noch einige verheißungsvolle Tatsachen zu.

Ralph zögerte einen Augenblick. Dachte an Hilde, die jetzt in stiller Einsamkeit vielleicht seiner gedachte. Aber Groll gegen das Mädchen stieg in ihm auf und verscheuchte die Bedenken.

Hilde hat mir das Unrecht, das sie ohne mein Dazutun durch mich erlitten, reichlich vergolten! Sie hat mich geflohen, versteckt sich vor mir! Es kann nicht wahr sein, daß sie mich liebt, sonst würde sie mir nochmals geschrieben haben. Wer weiß, vielleicht bin ich ihr zu schwer, nicht lustig und leicht genug, wie es diese jungen Wiener Herren mit ihrem „Küss' die Hand“ und „Habe die Ehre“ sind. Sicher mag sie mich gar nicht, hat sich nur eingebildet, mich zu lieben und sich eine romantische Rolle zurecht gelegt, um vor sich selbst entschuldigt zu sein!

Ralph ballte die Fäuste und wußte nicht, ob es maßlose Sehnsucht oder Zorn war, der ihm den Atem raubte. Und mit jähem Entschluß nahm er sich vor, von nun an rücksichtslos seinen Trieben zu leben, jede Blume, die ihm winkte, zu pflücken, ebenso leicht und frivol den Frauen gegenüberzutreten, wie es alle die Wiener Herren taten.

Während Pepi Lunzer sich als Schulknabe im Matrosenanzug kleidete, ging Ralph im Frack auf den Bösen Buben-Ball. Und der tadellos gebaute Frack, der aus dem Atelier des ersten New Yorker Schneiders stammte, hob noch seine elegante, schlanke Erscheinung, so daß ihm im maßlos überfüllten Ballsaal die Augen all der kleinen Mädchen im Babyrock oder Bubenanzug zuflogen. Er wurde von der Ausgelassenheit rings umher angesteckt, küßte die Mädchen, die sich links und rechts an seinen Arm hingen, wurde zurückgeküßt, ging auf jeden Scherz ein und vor allem – er kargte wahrhaftig nicht mit Champagner, Eis, Orangen und anderen Leckerbissen.

Susi und Tini waren seine ersten Gefährtinnen. Liebe braune Mädeln mit kußfrohen Lippen, bereit, sich über Hals und Kopf in den schönen, splendiden Mann zu verlieben. Aber nach einer Viertelstunde hatten sie ihr bißchen Witz verausgabt, wiederholten sich, begannen einander eifersüchtig zu sticheln. Und Ralph war froh, als er ihnen unter schicklichem Vorwand entkommen konnte. Eine große schlanke Blondine in schwarzer Seide wurde von ihm zum Sektstüberl geführt. Jung, unglücklich verheiratet, mit der Hoffnung auf baldige Scheidung. Dolly, so nannte sie sich, reizte seine Sinne, sie ließ es geschehen, daß er sie an sich zog, erwiderte Zärtlichkeiten. Sprach aber zur Unzeit, das heißt allzufrüh, von einer unbezahlten Schneiderrechnung, die ihr Sorgen bereite, erkundigte sich allzu dringlich nach den Wohnungsverhältnissen Ralphs und ob er Besuch empfangen dürfe.

Ernüchtert verlor Ralph auch diese Fee bald im Gewühl.

Begierde und Enttäuschung, Wohlgefallen und Überdruß wechselten unaufhörlich, und der Amerikaner hatte bald ein Sammelsurium von Namen, Telephonnummern und Adressen in sein Notizbuch eingetragen. Finni und Resi, Trude und Margot, Luison und Mia, die seltsamsten Abkürzungen und Metamorphosen gut wienerischer Namen hatte er kennen gelernt und geküßt.

Als er einen Augenblick frei war, schossen zwei Mädeln in kurzen Rosakleidchen, die keinen Zweifel über die Tadellosigkeit der Beine aufkommen ließen, auf ihn zu, hängten sich in ihn ein, übersprudelten ihn mit ausgelassenem Humor. Diesmals war es eine Inge und eine Ossi, rekte Oswalda. Blutjunge Dinger, als Schwestern gekleidet, aber nur Freundinnen, deren Freundschaft so innig war, daß sie sich bisher die Männer vom Leibe gehalten hatten.

Ralph war von den beiden munteren Kindern, die sich frei und ungezwungen gaben und doch dabei fein und diskret blieben, entzückt, sie blieben seine Gefährtinnen bis zum Schluß und noch einige Stunden darüber hinaus. Und als sie sich frühmorgens blaß und übernächtig trennten, da versuchte jede den Mann durch einen tiefen Blick ganz für sich zu halten, gab jede ihrem Kuß eine Betonung, die sagen sollte: „Nicht wahr, mich hast du lieber, als die andere."

Und Ralph ging mit dem Empfinden, ein kleines Abenteuer erlebt und eine Mädchenfreundschaft zerstört zu haben.

48. Kapitel
Athleten und Tänzer.

„Die ganze Welt ist eine Stadt“ hatte Ralphs Mutter oft gesagt, und er mußte an diese Worte jetzt denken, da der Breitbart-Rummel ganz Wien beherrschte. Niemals schienen ihm die Zeiten so kritisch gewesen zu sein, wie jetzt. Wachsende Unruhe unter den Arbeitslosen, Deutschlands Katastrophe, die früher oder später Österreich mitreißen mußte, das Säbelrasseln im Osten, zunehmende Verarmung und – „Breitbart, Breitbart über alles!“ Bei Ronacher trat dieser russische Jude auf, der alles, was man bisher auf dem Gebiete der Muskelleistungen gesehen, weit in den Schatten stellte. Und ganz Wien rannte hin, Hunderte von Menschen mußten allabendlich enttäuscht abziehen, weil sie keinen Platz mehr bekommen konnten, und als ein sogenannter Telepath im Apollotheater mit einem sogenannten Medium auftrat, das dem Breitbart Konkurrenz machen sollte und nicht konnte, da geriet Wien vollends aus dem Häuschen und man sprach von nichts anderem mehr als von Breitbart.

Herr Underwood, der eben die fünfzigste Kiste mit Bildern nach New York expediert hatte und sich als Mäzen von Wien vorkam, rügte dies heftig: “Total verkommene Stadt“, sagte er indigniert. „Lebt von Wohltätigkeit, läßt sich aushalten, wie eine Kokotte –“

„John“, rief Frau Underwood mahnend, da sie solche frivole Worte nicht liebte.

„Kurzum, die ganze Welt glaubt, daß die Wiener in Sack und Asche einhergehen und in Wirklichkeit haben sie keine anderen Sorgen, als sich über so einen Kerl aufzuregen, der Nägel durchbeißt.“

„Hm“, meinte Ralph lächelnd, „ist es bei uns anders? Hat nicht ganz Amerika durch einige Tage den Weltkrieg über den Kampf um die Weltmeisterschaft im Boxen vergessen gehabt? Und was glauben Sie, interessiert die guten New Yorker mehr: Eine neue epochale Erfindung oder das Match zwischen ›Giants‹ und ›Yankees‹?“

Der Schluß war, daß Ralph beauftragt wurde, eine Loge zu Ronacher für die Familie Underwood und sich zu beschaffen, was ihm mit Hilfe eines Zwischenhändlers auch gelang.

Das Verhältnis zwischen Charmion und Ralph war seit einigen Tagen irgendwie geändert. Sie war nicht mehr so zärtlich gegen ihn, hatte es scheinbar aufgegeben, ihn zu erobern, machte einen fahrigen, gereizten Eindruck, wenn sie mit ihm allein war. Und auch äußerlich schien sie ihm verändert, weniger mädchenhaft, ruheloser und nervöser geworden zu sein.

Am Tag vor dem Besuch bei Ronacher fand Ralph durch einen Zufall den Schlüssel zu Charmions Wesensänderung. Es war stürmisches, aber schon fast frühlingsmildes Wetter gewesen, Ralph schritt rasch und angeregt von seiner Wohnung der Stadt zu, wobei er die Hauptstraßen mied. So kam er hinter die Volksoper, ging die Sechsschimmelgasse abwärts, als er sah, wie der Schauspieler Senker aus einem Autotaxi stieg und in einem Haustor verschwand. Unwillkürlich, instinktiv hemmte Ralph seine Schritte, blieb einen Augenblick auf der anderen Seite der Straße stehen. Und schon kam abermals ein Autotaxi vorgefahren, dem eine Dame entstieg, um im selben Haustor zu verschwinden. Diese Dame war niemand anders als Charmion.

Einen Augenblick empfand Ralph etwas wie Schmerz. Dann lachte er vor sich hin und ging weiter.

Was geht es mich an? Und was schadet es ihr? Der Moneymaker, den sie drüben heiraten wird, wird es nie erfahren, daß vor ihm ein anderer dagewesen ist! Schließlich, sie ist zweiundzwanzig Jahre alt, muß wissen, was sie tun und lassen darf. Außerdem – vielleicht setzt sie auch droben bei dem Komödianten nur den Flirt im amerikanischen Stil fort. Obwohl – er scheint mir für solche Scherze ein wenig zu brutal zu sein.

Bei Ronacher wurde sogar der skeptische Herr Underwood, der es eigentlich nicht gelten lassen wollte, daß es außerhalb Amerikas auch starke Männer geben könne, von den beispiellosen Leistungen des Mannes mit den doppelten Knochen enthusiasmiert und er scharrte, um seinen Beifall zu bezeugen, mit den Füßen. Charmion schüttelte sich. Ihr gefiel der massive Mann nicht, und sein Zerbeißen von Ketten irritierte ihre feinen Nerven, während Mama Underwood sehr schwer atmete und ihr Opernglas am liebsten wirklich zum „Zubizarrer“ gemacht hätte.

Man ging nachher – die seltsam aufgepulverte Frau Underwood legte nur einen ganz schwachen Protest ein – in die Femina-Bar, in der nach der Revue teils von den engagierten Kräften, teils vom Publikum fleißig getanzt wurde. John Underwood entschloß sich wohl oder übel trotz seines Temperenzlertums Champagner zu bestellen, von dem er aber nichts trank. Hingegen beobachtete ihn Ralph, wie er im Theatersaal verschwand, sich dort vom Kellner einen Cocktail bringen ließ und bei dieser Gelegenheit von einer kleinen, leicht geschürzten Nymphe die Visitkarte bekam.

Einer der Artisten, ein Berufs-Bartänzer, ein überschlanker, exotisch aussehender Jüngling mit nervösem, fein geschnittenem Gesicht und melancholischen schwarzen, von langen Wimpern umschatteten Augen, begann mit Charmion Blicke zu wechseln, ging plötzlich auf den Tisch zu, verbeugte sich und forderte sie zu einem Jazz auf. Einen Augenblick nur zögerte Charmion, dann nickte sie und nahm seinen Arm. Er, Meister im Tanz, sie, jeder Bewegung folgend, ganz hingegeben, die Augen geschlossen, lasziv und doch keusch. Das Publikum applaudierte dem schönen Paar wie rasend, als der Tanz beendet war. Ralph war amüsiert, Papa Underwood wütend. Mama Underwood schockiert, was sie nicht hinderte, mit einem muskulösen Herrn am Nebentisch zu kokettieren.

Nochmals tanzte Charmion mit dem Bartänzer, diesmals aber schloß sie nicht die Augen, sondern flüsterte mit ihrem Partner und nickte zum Schluß, wie man es tut, wenn man eine Frage bejaht. In diesem Augenblick trat an die beiden ein geschminktes junges Ding im Flitterkleid, das den Oberleib fast nackt ließ, heran und rief dem Tänzer heftig ein paar Worte in einer fremden Sprache zu. Worauf er sie wie ein Raubtier anfunkelte und in gebrochenem Deutsch zu Charmion sagte:

„Es ist meine Frau, sie scheint wieder einmal eifersüchtig zu sein.“

Aus dem Programm war zu ersehen, daß der junge Mann und seine Frau das rumänische Tanzpaar Pietro und Pepita Manescu waren.

Ralph flüsterte nachher auf dem Weg ins Hotel Charmion zu:

„Du, dein Schauspieler, Herr Senker, wäre heute wenig mit dir zufrieden gewesen."

Charmion warf ihm einen forschenden Blick zu.

„Ach der!"

49. Kapitel
Ein Ausflug.

Einige Tage später wurde Ralph um Mitternacht, als er nach Hause kam, von Frau Lunzer mitgeteilt, daß ein Herr Underwood schon mehrfach stürmisch per Telephon nach ihm gefragt habe. Er stellte die Verbindung her und Herr Underwood bat ihn, sich sofort zu ihnen zu begeben, da Schreckliches geschehen sei. Glücklicherweise fand Ralph beim Währinger Rathaus noch ein Autotaxi und so war er in wenigen Minuten im Hotel Bristol, wo er Frau Underwood weinend, so daß die Tränen Furchen in die Schminke gebissen hatten, Herrn Unterwood aber im Stadium der Tobsucht vorfand.

„Das verdammte Mädel ist durchgebrannt!" brüllte Mister John ihm entgegen. „Hatte zuerst gedacht mit Dir, aber dann überlegt, daß ja das Blödsinn wäre, da sie ja dich ohneweiters haben könnte!"

Mama Underwood schluchzte: „Oh, diese Schande! Oh, wären wir nie nach dieser gottlosen Stadt gekommen", und es dauerte einige Zeit, bevor Ralph alles erfuhr.

Charmion hatte nach dem Souper, das die Underwoods nach amerikanischer Sitte schon um sechs Uhr nahmen, erklärt, sie habe Kopfschmerz und wolle daher nicht mit zur neuen Operette „Die gelbe Jacke" von Lehar gehen. Der Zofe sagte sie später, sie brauche sie nicht, sie möge ruhig ein Kino besuchen, und so war sie ganz allein im Hotel zurückgeblieben. Als nun die Underwoods nach Hause kamen, fanden sie Charmion nicht vor. Kästen und Schränke in ihrem Zimmer waren offen, es fehlte einiges Handgepäck, dafür lag aber auf dem Tisch ein Zettel mit den Worten:

„Ich habe mit einem guten Freund einen kleinen Ausflug gemacht und werde in einigen Tagen wieder zurück sein. Erzählt womöglich Ralph nichts davon. Eure Charmion."

„Himmel", schrie Herr Underwood, „wenn das drüben wäre, so würde ich mir weiter keine Gedanken machen. Das Mädel kann tun, was es will, und wenn es mit seinem Flirt nach den Adirondacks oder den Catskills eskapiert, so ist das seine eigene Angelegenheit. Aber in diesem wüsten Wien, wo die Weiber hinter den Männern und die Männer hinter den Weibern wie toll her sind, ist das etwas ganz anderes! Und wer weiß, vielleicht ist das Mädel verrückt geworden und heiratet so einen verdammten Österreicher, der Geld braucht und den ich dann aushalten kann."

Ralph blieb ruhig.

„Seid ganz unbesorgt, Charmion ist nicht das Weib, um einen ausgesprochenen Unsinn zu begehen. Sie hat geschrieben, daß sie zurückkommen wird, also wird sie es auch tun. Und das mit dem Heiraten hat keine Gefahr. Hier geht das nicht so rasch wie drüben, man braucht ein Aufgebot und alle möglichen Dokumente, es würde ein paar Wochen dauern, bevor sie getraut werden könnte. Übrigens bleibt euch auch gar nichts übrig, als warten. Ober wollt ihr die Polizei alarmieren und einen Skandal herbeiführen? Die Polizei würde auch nichts tun können, denn Charmion ist 22 Jahre alt, also Herrin ihres Willens. Nur daß die Zeitungen davon Wind bekämen und übermorgen in ganz New York bekannt wäre, daß Miß Charmion Underwood, Tochter des bekannten Mister John Underwood, auf mysteriöse Weise verschwunden sei. Die „World" wäre imstande einen Spezialberichterstatter herüberzuschicken, damit er nach pikanten Details forsche."

Die Underwoods sahen ein, daß Ralph recht habe und blieben in düsterer Stimmung zurück, während Ralph beschloß, noch in dieser Nacht zu erfahren, mit wem Charmion ihren „Ausflug“ unternommen.

Es war ein Uhr morgens, um diese Zeit würde er sicher den lange, stets vergnügten Schömla vom Burgtheater in der Reiß-Bar treffen und der müßte ja wissen, ob Senker einen Urlaub angetreten hatte.

Richtig saß Schömla im Kreis von etwa zwanzig Damen und Herren an einem Tisch, an dem für kaum sechs Platz war. Ralph wurde lebhaft und mit Neugierde, die von Schadenfreude nicht ganz frei war, von der Runde begrüßt. Es war das erstemal seit seiner „Verarmung“, daß er sich hier blicken ließ, und wenn ihn auch alle ganz gut leiden konnten – das Bewußtsein, daß einer über Nacht von dem reichsten Mann der Welt zu einem kaum noch mäßig wohlhabenden geworden sei, ist prickelnd genug, um im Untergrund einiges Behagen zu erzeugen.

Ralph, der sonst Champagner zu bestellen pflegte, trank, um nicht aus der Rolle zu fallen, bescheiden einen Mokka und fragte so ganz nebenbei den Schömla:

„Möchte bei euch wieder einmal den Senker sehen. Spielt er morgen?“

„Jawohl, hat heute gespielt und spielt morgen wieder.“

„So, dann ist er also nicht mit nach Holland gefahren, wie einige aus dem Ensemble?“

„Keine Spur! Übrigens habe ich heute mit ihm im Kurhauskeller zu Abend gegessen!“

Ralph wußte nun, daß Senker nicht in Betracht kam, und entfernte sich eilig.

In der Femina-Bar herrschte noch voller Betrieb, da sie gerade heute Erlaubnis hatte, bis drei Uhr offen zu halten. Ralph drückte dem Oberkellner eine Banknote in die Hand und erkundigte sich nach dem Tanzpaar Manescu.

„Oh, da hat der Herr Pech! Der Gauner ist heute überhaupt nicht gekommen, so daß die Nummer entfallen mußte. Seine Frau heult und tobt und behauptet, daß er mit einer Dame, die vor einigen Tagen hier war und englisch sprach, durchgebrannt sei. Das arme Frauenzimmer tut mir leid. Sie steht ganz ohne Geld da, weil der Haderlump nichts als Schulden gemacht hat, und statt jetzt nach dem Geschäft zu schauen und sich einen Freund zu suchen, weint sie sich die Augen aus dem Kopf. Sie sitzt drin im Saal in einem Winkel."

Ralph war bestürzt. Also konnte Charmion mit diesem hergelaufenen Rumänen, wenn er nicht ein Zigeuner war, auf- und davongehen, nur weil ihre Sinne von dem exotischen Zauber des hübschen Kerls entzündet worden waren! Und da wagte man es, über arme Frauen und Mädchen den Stab zu brechen, die sich aus Not, aus Sehnsucht nach einem hübschen Kleid verkauften!

Seine Gedanken flogen zu Hilde. War die Grundverschiedenheit dieses Mädchens von allen anderen, die er kennen gelernt, nicht der beste Beweis gegen die Möglichkeit eines kommunistischen Reiches? Konnten jemals Zustände geschaffen werden, die einer Hilde, einer Frau Günzel, Charmion und Lolotte gleich angepaßt wären? Oder ihm und diesem rumänischen Tänzer, den geistig überragenden Kriegel und Korn und dem Laszlo Bartos?

Ralph ging in den leeren Theatersaal und fand dort wirklich die kleine Pepita Manescu in Jammer und Verzweiflung aufgelöst.

„Ihr Mann wird ganz sicher bald zu Ihnen zurückkommen", sagte er tröstend, „ich glaube zu wissen, mit wem er davon ist. Diese Frau ist voll Launen und wird seiner nach wenigen Tagen überdrüssig werden. Schon die schwere Verständigungsmöglichkeit wird das Ihrige tun. Denn diese Dame spricht außer englisch nur sehr mangelhaft französisch und Ihr Gatte doch wahrscheinlich außer rumänisch nur französisch."

Pepita nickte und zischte wütend!

„Wenn ich sie irgendwo finde, so gieß' ich ihr etwas ins Gesicht, daß sie nie mehr in die Lage kommt, Männer zu verführen!"

„Das werden Sie schön bleiben lassen, sondern lieber Ihren Pietro neuerdings an sich fesseln.“ Pepita begann wieder heftig zu weinen, und Ralph erfuhr, daß sie mit dem hübschen Jüngling gar nicht verheiratet sei. Es war die Geschichte eines blutjungen Mädchens aus guter Bukarester Familie, das verführt, ausgenützt, geprügelt wurde und in steter Angst lebte, ganz verlassen zu werden. Ihre Eltern wollten von ihr nichts mehr wissen, als Tänzerin war sie ganz an die Eigenart Pietros gebunden und wenn er sie verließ, bliebe ihr nichts übrig als die Straße. Und dabei hing sie mit allen Fasern ihres Herzens an dem Lumpen, erklärte, sterben zu müssen, wenn er nicht zu ihr zurückkäme!

Ralph verließ sie erst, als das Lokal geschlossen wurde, nachdem er ihr diskret den ganzen Inhalt seiner Brieftasche zugesteckt.

Die Nacht war fast frühlingsmild, die Sterne funkelten sanft und matt, Ralph sah zum Himmel empor und gewann die Überzeugung, daß der liebe Herrgott das Leben und die Menschen doch recht kompliziert ausgestattet habe.

Seine Voraussage aber traf zu. Drei Tage später kehrte Charmion seelenruhig, als wäre nichts geschehen, zurück. Jede Frage der Eltern wies sie scharf ab:

„Ich kann tun, was ich will, ihr habt kein Recht, mir zu verbieten, daß ich mir mein Leben nach meinem Geschmack einrichte. Und ihr könnt unbesorgt sein – ich weiß mich schon zu schützen!“

Als Papa Underwood sich mit dieser Erklärung nicht zufrieden geben wollte und unangenehm wurde, blinzelte ihn Charmion an und fragte so leise, daß die Mama es nicht hören konnte:

„Sag' mal, Papa, in welcher Sprache unterhältst du dich eigentlich mit dem hübschen kleinen Mädchen mit den kurzgeschorenen Haaren, das du damals in der Femina kennen gelernt hast?“

Worauf Herr Underwood erblaßte, dann rot wurde und keinen Ton mehr von sich gab.

Ralph allerdings ließ sich nicht so leicht abspeisen. Als er mit Charmion allein war, teilte er ihr leichthin mit, daß er alles genau wisse, worauf sie, die in ihm doch nur mehr den brüderlichen Freund sah, ihm von ihren Erlebnissen erzählte.

„Weißt du, Ralph, du als Mann kannst das nicht so verstehen! Wir Amerikanerinnen, die wir in der wohltemperierten amerikanischen Atmosphäre aufgewachsen sind, in der wir Frauen die Herren und ihr Männer die Sklaven seid, geraten in Europa leicht außer Rand und Band. Und was schadet es auch? Der fischblütige Fadian, den ich einmal drüben heiraten werde, kann froh sein, wenn er mich so bekommt, wie ich bin. Drüben werde ich immer die hochachtbare Mrs. Soundso sein, und ausleben werde ich mich immer in Europa! Weißt du, darin liegt die Rache, die wir Amerikanerinnen dafür nehmen, daß unsere Männer zu viel Hochachtung vor uns haben!

Aber ich will ja beichten. Also, der Senker war mein erster Hineinfall. Und dann kam Pietro mit dem dunklen Teint und den großen traurigen Augen. Hier wollte ich mir nichts anfangen mit ihm, weil ich keine Lust hatte, mir von seiner Pepita die Augen auskratzen zu lassen und dann überhaupt, weil man dazu doch ganz aus seinem Milieu heraus muß.

Also sind wir auf den Semmering gefahren und haben uns Zimmer im Kurhaus genommen. Jeder für sich natürlich, so daß niemand von den Gästen Genaues wissen konnte."

Charmion schwieg plötzlich und eine leichte Röte stieg in ihr Gesicht.

„Nun", drängte Ralph.

„Ja, also, es war ja den ersten Tag sehr hübsch. Am zweiten nicht mehr ganz so. Abends erklärte er dann, kein Geld zu haben, so daß ich ihm aushelfen mußte. Und am dritten Tag wollte er wieder Geld, viel Geld und außerdem vermißte ich plötzlich den Ring mit dem Diamanten – du kennst ihn ja. Na ich fand ihn in der Westentasche Pietros und das weitere war gar nicht mehr hübsch. Stell dir nur vor, ich habe meinen schönen neuen Schirm an seinem Kopf in zwei Stücke gebrochen. Der arme Teufel hat sich vom Apotheker verbinden lassen müssen und wird sicher ein paar Tage nicht auftreten können."

Ralph wollte sich eben über die maßlose Frivolität Charmions entsetzen, als bei ihr plötzlich ein Umschwung eintrat. Sie schlug die Hände vor das Gesicht, schluchzte, sprang dann auf, stellte sich zum Fenster, den Rücken Ralph zugewandt und sagte gequält:

„Das alles ist so häßlich und schmutzig, ich weiß es! Und ich komm mir unsauber wie ein Tier vor. Du bist schuld daran, Ralph! Mit dir wäre ich brav und gut geworden. Aber du magst mich nicht und so ist mir alles gleichgültig! Was wißt ihr Männer von uns Frauen überhaupt!"

Ralph war betroffen und betrübt. Wieder hatte er, ohne es zu wollen, jemand weh getan, wieder in das Schicksal eines Weibes eingegriffen! Die da liebte ihn und er wollte sie nicht, Hilde aber, der er ganz sein Herz gegeben, hatte sich von ihm abgekehrt, weil ihre Liebe nicht groß genug war, um kleinlichen Stolz, erkünstelte Bedenken zu übertauchen!

Den drei Underwoods war der Aufenthalt in Wien verleidet. Jedem aus anderen Gründen. Und da außerdem genug Bilder angekauft worden waren, um die Marmorgalerie in New York von oben bis unten anzufüllen, so stand der Heimreise nichts mehr im Wege.

Charmion war sehr blaß, als sie Ralph zum Abschied küßte, und unter Tränen lächelnd sagte sie:

„Ich werde nun drüben recht bald heiraten und keinerlei Skandalaffären haben, das verspreche ich dir. Und noch etwas will ich dir sagen, Ralph: Vielleicht, daß deine Hilde doch die richtige Frau für dich wäre! Ich glaube, du brauchst so eine, auf die sich der Mann bis zum Tod verlassen kann!"

50. Kapitel
Ein Abenteuer.

An einem Nachmittag, da die Sonne so warm schien und der Himmel so tiefblau war, daß man sich in eine südliche Stadt versetzt glaubte, ging Ralph zu Fuß bis zum Praterstern und betrat von dort aus zum erstenmal den Prater, von dem seine Mutter ihm viel erzählt hatte.

Er war enttäuscht. Die große Allee machte den Eindruck restloser Verwahrlosung, jetzt, mitten im Winter, war sie so staubig, daß sich die Schuhe weiß färbten, von den wenigen Bänken fehlten Holzstücke, und eine graue, öde Verlassenheit lag über dem Ganzen. Wo waren die vielen Reiter, von denen seine Mutter ihm erzählt, wo die Equipagen mit edlen Trabern bespannt? Möglich, daß die Jahreszeit die Wiener nicht nach dem Prater lockte und sich in wenigen Monaten das Bild wesentlich anders gestalten würde. Aber in anderen Großstädten waren solche Gärten das ganze Jahr hindurch belebt, im New Yorker Central-Park, im Londoner Hyde-Park, im Bois de Boulogne würde man um diese Stunde das lebhafte Treiben der eleganten Welt sehen.

Wien schien doch nur mehr eine gefallene Größe zu sein, wirklich eine sterbende Schönheit. Das Bettlerkleid war unverkennbar.

Tief in Gedanken versunken, von Einsamkeit umgeben, ging Ralph mit raschen Schritten bis zum Lusthaus und zurück durch die Auen. Dabei verirrte er sich gründlich, geriet in Moräste, sah Rehe an sich vorbeieilen, bekam einen Begriff von der gewaltigen Ausdehnung dieses Praters. Schließlich, es war 7 Uhr geworden und ganz finster, kam er zu den städtischen Lagerhäusern und von dort in jenen Teil des Praters, der Volksprater genannt wird.

Ralph war müde und hungrig geworden, und als er in unmittelbarer Nähe des Lustspieltheaters ein Kaffeehaus fand, betrat er es und ließ sich Eier, Butter, Schinken und Kaffee geben.

Gesättigt und ausgeruht betrachtete Ralph seine Umgebung. Männer an den Kartentischen, jeder eine unheimliche Verbrecherphysiognomie, flackernde Augen, brutale Stiernacken, große wuchtige Ohren. An einem anderen Tisch ein paar junge Burschen, unter ihnen ein hübscher Kerl mit grellroter Krawatte, karrierten Hosen, frechen, verschlampten Augen. Ein anderer einäugig, einen Zug unsagbarer Gemeinheit um den breiten Mund und noch einer, der kaum den Kinderjahren entwachsen schien. Dieser Junge schien geschminkt zu sein, hatte künstlich gekräuselte blonde Locken und fiel durch seine weibischen Bewegungen auf. Seine blauen Augen begegneten dem Blick des Amerikaners, der junge Bursch begann süßlich zu lächeln, kokettierte wie ein Weib. Und Ralph wußte nun, daß er mitten unter Zuhältern, Perversen, Desperados, Abschaum der Großstadt saß.

Ein paar Dirnen betraten das Kaffeehaus, gingen auf die Männer zu, tuschelten mit ihnen. Die eine, ein zartes, hübsches Geschöpf, das immer hustete, gab dem Mann mit den karrierten Hosen Geld, er verlangte scheinbar mehr, es kam zu einem heftigen Wortwechsel, aus dem heraus Ralph nur die Schlußworte verstand:

„Wenn du heute net hunderttausend ablieferst, kriegst so viel Flaschen, als auf dein schiachen G'sicht Platz ham."

Und dabei schüttelte er das Mädchen am Arm, das hilflos und verängstigt wie ein verprügelter Hund dreinblickte.

Die Mädchen gingen, andere kamen, neue Zuhälter betraten das Lokal, immer mehr geschminkte Burschen mit grellen Krawatten. Nach und nach schien Ralph einige Aufmerksamkeit zu erregen. Mit Kennermienen wurde seine Kleidung taxiert, und als er auf die Uhr sah, hörte er, wie ein Mann am Nebentisch bewundernd zu seinen Gefährten sagte:

„Der hat a Uhr aus Platin! Die kriegst net unter zwanzig Millionerln Ka!"

Der Garderobier, ein älterer Mann mit spitzem Vogelgesicht, kam auf Ralph zu:

„Die Dame dort in der Ecke glaubt den Herrn zu kennen und läßt fragen, ob sie sich zu Ihnen setzen darf?"

Ralph verneinte lächelnd.

„Ich kenne die Dame nicht und habe auch gar nicht das Bedürfnis, sie kennen zu lernen.“

Der Garderobier nickte lebhaft.

„Recht haben Sie, Herr! Was soll so ein eleganter, junger Mann mit einer anfangen, die auf die Straße geht? Aber wenn der Herr sich wirklich gut unterhalten will – ganz in der Nähe wohnt ein Maler – zu dem kommen abends die schönsten Modelle von Wien. Ganz junge darunter, bis zu zwölf Jahren. Und Filme werden vorgeführt, lauter Pariser Sachen, hoch pikant. Nur für feine Herren natürlich. Regiebeitrag und was der Herr eben verzehrt. Eine ausgesprochene Sache für Lebemänner.“

Ralph wollte die Gelegenheit, einen Blick in die Wiener Unterwelt zu tun, nicht vorübergehen lassen, schob dem Garderobier einen Fünfzigtausendkronenschein zu, worauf er eine Adresse in der Stuwerstraße erhielt. Und gleichzeitig einen Zettel mit einem unleserlichen Wort, das ihm Einlaß verschaffen sollte. Eine vierstöckige Zinskaserne mit zerschundener Barockfassade aus Mörtel, unbenutzbaren Balkons, einem engen, dunklen Korridor, der nach der schmutzigen Steintreppe führte. Und in jedem Stockwerk sechs Wohnungen, aus denen schrille Stimmen, Gekeif, Gestank drang.

Im dritten Stockwerk war mit Reisnägeln an einer Türe eine Visitkarte befestigt.

Josef Sochatschewer, akademischer Maler.

Ralph setzte die Glocke in Bewegung, worauf sich die Türspalte öffnete. Erst als Ralph den Zettel hineingeschoben, wurde die Tür von einem dürren Männchen im Samtkittel ganz geöffnet. In singendem Tonfall, mit unverkennbar polnischer Betonung erfolgte die Begrüßung.

„Ich bitte serrr, mein Herr, folgen Sie mir in den Salon, es sind schon einige Herren anwähsend.“

Tatsächlich standen in dem sogenannten Salon einem mittelgroßen Zimmer mit zerfetzter Ledergarnitur, etliche Herren umher, die einander verlegen musterten. Fast durchwegs ältere Leute, die ein großes, lasterhaftes Abenteuer erhofften.

Die Frau des Herrn Sochatschewer, ein mächtiges, üppiges Weib in einem zerschlissenen Seidenkleid, aus dessen Rissen das Fett hervorzuquellen drohte, betrat das Zimmer, brüllte den Gästen ein „Guten Abend" zu und verkündete, daß nur Champagner zu haben sei. Worauf die Lebemänner resigniert und ein wenig erschrocken nickten und bestellten.

Das Zimmer hatte einen Erker und in diesem war eine Art Podium aufgestellt. Herr Sochatschewer eröffnete die „Vorstellung" mit den Worten:

„Verehrte Herren, einige meiner Modelle werden jetzt lebende Bilder stellen, nach berühmten klassischen Gemälden. Die lebenden Bilder sind von mir einstudiert, und ich bitte um einen Regiebeitrag in der Höhe von zehntausend Kronen."

Die Lebemänner zogen die Brieftaschen, zahlten, gossen warmen ungarischen Schaumwein in zerbrochene Wassergläser, und herein hüpften ein paar häßliche, ausgemergelte Dirnen, um sich splitternackt auf das Podium zu stellen und unsagbar blöde Figuren zu bilden. Das dauerte eine Weile, bis Herr Sochatschewer wieder das Wort ergriff und erzählte, daß nunmehr ganz jugendliche Modelle erscheinen würden, wofür aber neuerdings zu bezahlen sei, und zwar diesmal zwanzigtausend Kronen.

Die älteren Jahrgänge unter den Lebemännern bekamen rote Köpfe und ihre Finger zitterten beim Bezahlen.

Tatsächlich kamen ein paar blutjunge Dinger entkleidet herein, arme dürftige Kinder mit allen Zeichen des frühen Lasters, des Wissens über die zukünftige Bestimmung in den Mienen. Kinderkörper, zu denen die altklugen Gesichter in grauenhaftem Widerspruch standen.

In Ralph kämpfte Empörung mit Mitleid. Am liebsten wäre er aufgesprungen, dem alten Kupplerpaar an die Gurgel gefahren und hätte die Kinder mitgenommen, um zu retten, was noch zu retten war.

Die Furcht, lächerlich zu erscheinen, pathetische Szenen herbeizuführen, besiegte den guten Willen.

Es folgte gegen abermalige Bezahlung die Vorführung eines Filmstückes von unappetitlicher, abscheulicher und geschmackloser Obszönität und dann – dann durfte man sich mit den Modellen unterhalten, wenn man wollte.

Ralph wollte nicht. Entsetzt floh er die Wohnung des Herrn Sochatschewer, sein Bedarf an Orgien war für Lebenszeiten gedeckt.

Unten angelangt, verfehlte er wieder den Weg, lief straßaus und straßein, bis er nochmals zu dem sympathischen Kaffeehaus kam. Der Garderobier stand mit einigen Kerlen draußen vor der Tür, erkannte Ralph und drückte seine Verwunderung darüber aus, daß dieser so bald fortgegangen sei. Ohne zu antworten ging Ralph rasch weiter, um irgendwo auf ein Autotaxi zu stoßen.

Plötzlich, es war stockdunkel um ihn her, fühlte er sich von rückwärts umklammert, Hände legten sich um seinen Hals, der Mund wurde von einer Faust zugepreßt, andere Hände knöpften seinen Rock auf, versuchten die Brieftasche zu finden.

Die Strolche hatten aber die Kraft des Überfallenen unterschätzt. Ralph bückte sich plötzlich, schnellte in die Höhe, warf sich um, schleuderte mit einem furchtbaren Fußtritt den einen Kerl fort, der wimmernd zusammenbrach, versetzte einem zweiten einen Faustschlag in den Magen, hätte sich auf einen dritten geworfen, wenn dieser nicht davongelaufen wäre.

Schwer atmend, aber lachend blieb Ralph stehen, tastete an seinem Körper entlang, um einen Wutschrei auszustoßen: Die Brieftasche war da, aber seine Uhr hatten die Kerle doch gestohlen!

Die kostbare Uhr aus Platin war ein Geburtstagsgeschenk seiner Mutter, ihm also so teuer, daß er sie um jeden Preis wieder haben mußte.

Die zwei Burschen, die er niedergeschlagen, waren indessen ebenfalls verschwunden, also war guter Rat teuer. Rasch entschlossen, eilte Ralph zu dem Kaffeehaus zurück, rief den Garderobier, der ihm nicht in die Augen sehen wollte, und sagte seelenruhig:

„Lieber Freund, ich bleibe jetzt hier bei Ihnen. Entweder Sie sorgen dafür, daß ich innerhalb einer Viertelstunde meine Uhr, die mir soeben von einem Ihrer Spießgesellen geraubt wurde, wieder habe, dann gebe ich Ihnen meinethalben eine halbe Million. Oder ich bekomme die Uhr nicht zurück, dann breche ich Ihnen hier an Ort und Stelle sämtliche Knochen im Leib und laß Sie außerdem einsperren. Also rasch, entscheiden Sie sich."

Der Mann entschied sich, winkte einen Burschen herbei, flüsterte mit ihm, der Bursch eilte davon und bevor fünfzehn Minuten um waren, hatte Ralph seine Uhr und der Garderobier die halbe Million.

51. Kapitel
Cliquen

Pepi Lunzer stellte vor:

„Doctor medicinae Teufelsberger – Mister O'Flanagan."

Und flüsterte Ralph zu:

„Ein total verrücktes Huhn, verpfuschte Existenz, aber ein interessanter Mensch."

Doktor Teufelsberger war klein, zaundürr, sein kahler Schädel gleich einer Billardkugel, die kurzsichtigen, rotumränderten Augen bewegten sich unaufhörlich, blickten scharf, mißtrauisch die Menschen an. Äußerlich war er unsagbar vernachlässigt, trug zu braunen, ausgefransten Hosen einen speckigen, in den Nähten ergrauten Salonrock, ein Hemd mit weichem Kragen und eine Maschinenkrawatte, die stets aus der Hemdbrust herausrutschte.

Die Vorstellung war in einem Wirtshaus unweit der Volksoper vor sich gegangen und der Arzt sprudelte sofort, lebhaft gestikulierend, heraus:

„Sie sind der Amerikaner, weiß schon – tut nichts, Sie sind doch ein glücklicher Mensch, weil Sie eben Amerikaner sind! Ich Narr, vor zwanzig Jahren hatte ich eine Berufung an das New Yorker Hospital als Internist bekommen – habe abgelehnt, weil – na, weil ich eben ein Esel war. Bin hier geblieben, um Karriere zu machen – bitt' Sie, die Wiener Klinik! Idol aller Narren! Sollte nicht heißen Wiener medizinische Klinik, sondern Cliquenklinik. Sie studieren ja, höre ich, Wien – da sollten Sie sich auch um die Wiener Universität kümmern!"

Und nun begann Doktor Josuah Teufelsberger mit fanatischer Bosheit von der Wiener medizinischen Schule zu erzählen.

„Ich habe als junger Sekundararzt die Frechheit gehabt, ein Werk über die Erkrankungen der Lunge zu schreiben, und das Pech wollte, daß dieses Werk Aufsehen machte, ins Englische übersetzt wurde.

Sofort war die Hölle los. Giftige Angriffe, versteckte Bosheiten. Zunächst wurde in den Fachblättern von den Bonzen erklärt, daß meine Theorien uralt seien. Alles ist in Wien uralt. Wenn heute einer, der nicht zur Clique gehört ein Mittel gegen das Sterben erfinden wird, wird morgen ein Oberbonze mit Emphase erklären, daß dieses Mittel schon im Jahre 1830 von dem Wiener Gelehrten Maulmacher erfunden worden sei. Also: Meine Feststellungen waren natürlich uralt. Und außerdem natürlich falsch. Und nicht etwa direkt, sondern hinten herum, sehr vorsichtig mit Gemeinplätzen verbrämt wurde ich Hochstapler und Charlatan genannt. Bis eines Tages der Bonze und Ordinarius Schmuser mein Buch einfach abschrieb. Nicht im Wortlaut, aber ganz sinngemäß. Ich aber wurde geschnitten, bei Seite geschoben, wenn ich den Hut zog, erwiderte man durch Berühren der Krempe.

Immerhin, ich hätte mich nur einer der drei oder vier kompakten Cliquen anschließen müssen und wäre ein gemachter Mann gewesen.

Professor X hatte eine bucklige Tochter, die absolut unanbringbar war. Eines Tages, kurz nachdem mein Buch erschienen war, klopfte er mir auf die Schulter und lud mich zu sich ein. Es war grauenhaft. Unaufhörlich wurden die häuslichen und seelischen Tugenden der Tochter gepriesen, ein Loblied über den Segen des Familienlebens gesungen und abends wurde ich zwei Stunden mit dem Mädchen allein gelassen. Hätte ich zugegriffen, den Krüppel geheiratet, so wäre ich heute Professor, Autorität und bekäme für jede mißlungene Behandlung ein paar Millionen als Honorar. Aber ich griff nicht zu und blieb Sekundararzt, bis mir die Geduld riß und ich fortlief."

Ralph machte Einwände.

„Für mich als Amerikaner gilt die Wiener medizinische Schule als erste der Welt. Lauter Koriphäen, auf die Wien stolz sein kann. Man sollte doch glauben, daß gerade in Wien der Tüchtige sich Bahn brechen kann."

Teufelsberger wurde fuchswild und seine Augen schossen hin und her.

„Die Baner kann er sich brechen", äffte er nach, „aber nicht die Bahn. Früher einmal – ja, da stand Wien unerreicht da. Aber heute? Heute besteht der Nachwuchs aus Schwiegersöhnen, Schwägern, Söhnen und Neffen. Da ist die große Leuchte Florian. Sein Nachfolger ist natürlich der junge Florian. Daß er eine vollständige Null ist schadet weiter nichts. Da haben sie den Faul, der niemand hineinläßt als seine Vetter und Neffen. Der Feuertal, zwar Arier und im Herzen Antisemit, aber dabei betreibt er das, was man im jüdischen Jargon Mischpochitis nennt. Schwager, Neffe, Schwiegersohn sitzen im Fettnäpfchen. Und so weiter, und so weiter. Wehe dem, der nicht zur Clique gehört! Er könnte das Heilmittel gegen den Krebs und die Schwindsucht erfinden und man würde ihm Prügel zwischen die Beine werfen, bis er fällt und sich das Genick bricht. Oder aber ins Ausland geht."

Ralph wollte dem Gespräch eine andere Wendung geben und fragte, ob Teufelsberger praktischer Arzt geworden sei.

Teufelsberger grinste höhnisch.

„Fällt mir gar nicht ein! Niemals eine freie Stunde haben, von der Frau Müller in der Nacht aus dem Bett geholt werden, weil der Sprößling zu viel Zwetschken gegessen hat! Sich mit den Krankenkassenpatienten schinden, denen man nie etwas recht machen kann, die einen hassen und verdächtigen! Und dabei ein Hungerdasein führen, nein, mein lieber Amerikaner, es gibt glücklicherweise anderes. Ja, freilich, wenn man zu den Bonzen gehört, dann trägt auch die Praxis eine Villa und ein Automobil und sonst noch was. Oder man ist ein tüchtiger Kaufmann, betätigt sich als Schlepper für ein Sanatorium, hat seine Leute, die die Patienten auf dem Bahnhof und in den Hotels abfangen."

Und nun schwirrte es nur so von Namen und unsauberen Gesichtern und Indiskretionen aus den Sprechzimmern anerkannter Ärzte.

52. Kapitel
Die Kokainschnupfer.

Schon am nächsten Tag traf Ralph wieder den Dr. Teufelsberger, und zwar diesmal unter vier Augen. Ralph hatte in der letzten Zeit reichlich gebummelt, sehr wenig geschlafen, das Klima behagte ihm nicht, er sah abgespannt und übernächtig aus. Klagte dem Arzt über Abspannung und Nervosität!

„Sollten einmal Kokain schnupfen", sagte Teufelsberger boshaft lächelnd.

„Kokain schnupfen? Wozu soll das gut sein?"

„Gut für nichts als für den Arzt, der es verschreibt, den Händler, der es verkauft, und den Teufel, der einen früher oder später holt! Aber angenehm, sehr angenehm! Wirksamer als Opium, ohne dessen unangenehme Begleiterscheinungen. Ein Trost für alle Dekrepierten, mit Schmerzen Gebresten und Sorgen Beladenen. Übrigens schnupft jetzt halb Wien Kokain. Es gibt Kokainklubs und Kokain Wirtshäuser, möchte ich sagen!"

Ralph war interessiert.

„Besteht die Möglichkeit, sich einmal so einen Kokainklub anzusehen? Ich würde natürlich mitschnupfen. Einmal ist keinmal, und ich glaube mich in der Gewalt zu haben, um es bei dem einmal bewenden zu lassen.“

Der Arzt zögerte, funkelte Ralph mißtrauisch hinter den scharfen Gläsern an und sagte dann:

„Sie machen den Eindruck eines durchaus diskreten, zuverlässigen Menschen. Also, wenn Sie mir das Wort geben, nicht zu plauschen, so will ich Sie heute abends mitnehmen. Ich bin nämlich sozusagen Kokaindoktor. Sie haben mich gestern gefragt, ob ich praktischer Arzt sei und sich wahrscheinlich dann darüber den Kopf zerbrochen, wovon ich lebe. Nun wissen Sie es: ich rezeptiere Kokain! Gutes Geschäft, sage ich Ihnen, die Leute zahlen jeden Preis für diesen Schmerzenstöter und der Händler muß mit mir teilen.“

Ralph war empört.

„Wie können Sie das verantworten? Sie als Arzt kennen doch ganz genau die verheerende Wirkung solcher Dinge?“

„Verehrter amerikanischer Prinzipienreiter, erstens würden die Leute, wenn sie kein Kokain bekämen, sich Morphium oder Opium oder vielleicht gar einen Revolver verschaffen. Zweitens ist es ganz Wurst, woran und ob früher oder später der Mensch zugrunde geht, drittens tue ich es nicht, so tut es ein anderer Arzt und viertens, fünftens und sechstens sind der Alkohol und das Wiener Granitpflaster und die Armut und Wohnungsnot und der Wiener Mistbauer genau so schädlich wie Opium und Kokain und Morphium. Und nebenbei: Halten Sie mir keine puritanische Sonntagspredigt, sondern kommen Sie abends mit mir oder lassen Sie es bleiben.

Ralph ging natürlich mit.

In der Himmelpfortgasse befindet sich ein altes Haus, einstens ein hochherrschaftliches Palais mit einem Ziehbrunnen in dem schön angelegten Hof, jetzt eine Mietskaserne, verwahrlost, angefüllt von

Menschen. Im ersten Stock liegt eine Fremdenpension, die neuerdings zur Herberge für Kokainschnupfer geworden ist.

Es war neun Uhr, als Dr. Teufelsberger mit Ralph den Salon betrat, und sie waren die ersten Gäste. Gleich nach ihnen aber kam ein hochaufgeschossener Herr, elegant gekleidet, das Gesicht farblos, wie verwaschen, die Augen glanzlos und eingefallen. Er begrüßte den Kokaindoktor, verbeugte sich knapp vor Ralph, sah nervös um sich, trommelte ungeduldig mit den mageren Fingern auf den Tisch, an dem er sich niedergelassen. Fuhr mit der rechten Hand über die Schläfe und biß die Lippen zusammen.

„Haben Sie wieder Ihre neuralgischen Schmerzen, Herr Rechtsanwalt?“ fragte Teufelsberger.

„Besser gesagt, die Schmerzen haben mich! Und dabei eine vierstündige Konferenz in einer Ehescheidungssache! Eine weinende, keifende Frau, einen tobenden Mann, immer dieselben platten Dummheiten, dieselben albernen Beschuldigungen. Kein Wunder, wenn dann der Trigeminus, dieser Nervenbolschewik, reißt und zupft, daß man toll werden könnte!“

Nun kam ein Besucher nach dem anderen. Menschen, in deren Gesichtszüge Sorgen, Schmerzen, Verzweiflung, Gewissensbisse mit spitzem Griffel ihre Zeichen eingraviert hatten. Zwei Damen kamen. Beide geschminkt, überelegant, nicht alt und doch schon verfallen, mit dem Signum durchwachter Nächte, ruheloser Tage belastet.

Die Unterhaltung war gedämpft, fieberhaft, abgerissen, immer gingen die Augen nach der Türe, man sah ihnen die Enttäuschung an, wenn es nur ein neuer Gast war, der eintrat.

Es war zehn Uhr geworden, als die Hausfrau, ganz in schwarze Seide gekleidet, jeder Zoll würdige Matrone, eintrat. Totenstille entstand, hungerige Augen hefteten sich an die silberne Tablette, die die Matrone trug. Auf der Tablette eine kleine Schüssel aus Kristallglas, ringsum Zahnstocher.

Die Dame des Hause grüßte wortlos durch Nicken, ging von Gast zu Gast, tauchte einen Zahnstocher in die kleine Schüssel, schüttete eine Prise des weißen Pulvers auf den hingestreckten Handrücken. Und der Beglückte hob die Hand zur Nase, schnupperte langsam mit geschlossenen oder gierig aufgerissenen Augen die winzige Menge ein.

Brieftaschen flogen heraus, Banknoten raschelten, die Dame schob die Millionen in ihr schwarzes Seidentäschchen, entfernte sich, nachdem sie den Kronleuchter abgeknipst hatte. In der Ecke des Saales leuchtete nun eine einzige elektrische Lampe diskret hinter grünem Schirm. Einige der Gäste kuschelten sich in die Ecke ihres Fauteuils, andere streckten sich auf die vorhandenen Diwans aus, wieder andere blieben am Tisch sitzen und vergruben den Schädel in den Armen. Auch Ralph hatte Kokain geschnupft, nur Doktor Teufelsberger nicht. Der war der Frau des Hauses gefolgt. Ralph schloß die Augen, döste vor sich hin. Schnell und schneller begann das Blut in seinen Adern zu kreisen. Es wurde ihm seltsam leicht zu Mute, er begann im Halbschlaf zu träumen, daß er Höhen erklomm, Bergluft atmete. Laut lachte er auf. Oder war dies nur in seiner Einbildung geschehen? Plötzlich sah er Hilde vor sich. Lieb und schön war sie, senkte das blonde Köpfchen, sah ihm halb traurig, halb schelmisch in die Augen.

„Hilde!" schrie Ralph, streckte die Arme nach ihr aus. Sie stand aber nicht mehr vor ihm, Ralph sah nur mehr ein grünliches Licht, rieb sich verwundert die Augen, kam langsam zur Besinnung.

Mit ihm die anderen Kokainschnupfer. Aber es waren nicht mehr die Männer und Frauen von früher. Frische lebendige Menschen reckten und streckten sich, lächelten einander ein wenig verlegen an. Der Rechtsanwalt war der erste, der mit elastischen Schritten den Salon verließ, die anderen folgten innerhalb weniger Minuten. Und die beiden verwelkten Demimondänen waren jung und strahlend geworden, sahen Ralph kokett an, die eine summte eine Melodie vor sich hin, die andere legte frisches Rouge auf, bevor sie ging. Nur ein älterer Herr mit mächtig gewölbter Stirne blieb noch sitzen und flüsterte dem eben eingetretenen Kokaindoktor zu:

„Bitte, noch eine Prise! Die Wirkung ist fast ganz ausgeblieben!"

Schweigend gingen Ralph und der Doktor durch die Kärntnerstraße, die ohne Beleuchtung mit ihren aus und in die Bars gehenden Menschen und den vielen, lockenden Frauen einen mehr unheimlichen als großstädtischen Eindruck machte. Bis Ralph das Schweigen brach.

„Doktor, die Wirkung dieses Giftes ist wirklich herrlich! Ich begreife, daß es zur Leidenschaft werden kann. Ist es wirklich gesundheitszerstörend?"

„Warten wir ein, zwei Jahre ab. Dann haben wir eine Legion Kokainschnupfer in Wien, die nicht mehr mit einer Prise, kaum mit zwei, drei Dosen zufrieden zu stellen sind. Denen ist dann nicht mehr zu helfen, sie werden, um das Leben ertragen zu können, zur Morphiumspritze greifen müssen, bis sie durch Selbstmord oder im Narrenhaus endigen."

„Und trotzdem verschaffen Sie ihnen das Gift?"

„Herr, ich habe es Ihnen ja schon gesagt: So oder so, es kommt auf das gleiche hinaus! Und die, die Kokain schnupfen wollen, tun es ja nicht aus Übermut, sondern weil sie ein Leck haben, Wracks sind, denen ohnedies nicht mehr zu helfen ist. Außerdem, ich will leben, gut leben sogar! Da ich nicht zur Clique gehöre, bin ich eben Kokaindoktor geworden."

53. Kapitel
Wien im Taumel.

Der Fasching ging seinem Ende zu, aber noch war nichts von Aschermittwochstimmung zu spüren. Im Gegenteil, es schien, als ob das lebenslustige, sorglose Wien noch einmal alle seine Kräfte anspannen wollte, um aufzujauchzen, sich noch einmal zu unterhalten, nochmals nach dem großen Abenteuer zu suchen und noch eine oder mehrere Millionen in einer Nacht auszugeben.

Ralph O'Flanagan hatte mit der Zeit deutlich genug erfahren, daß das Wien des Grabenbummels, der „Thés dansantes“, der Bars, Theater, Redouten und Varietes nicht das eigentliche Wien ist, das Wien, in dem anderthalb von zwei Millionen darben, arbeiten und keuchend gegen Teuerung und Not ankämpfen. Trotzdem war er maßlos erstaunt, als er das Deutsche Volkstheater betrat, das seine große Redoute abhielt.

Seit Tagen war in der sogenannten Gesellschaft von nichts gesprochen worden als von dieser Redoute, sogar die „Gloire“ Breitbarts verblaßte darüber, und die Preise für die Logen und den Eintritt wirbelten empor wie dürre Blätter im Wind. Mit hunderttausend Kronen wurde begonnen und nun, um zehn Uhr abends, verlangte und bekam man fünfmal so viel und immer noch standen „Verzweifelte“ da, die eine Million boten und doch keine Karte mehr bekamen.

Ein berauschenderes Bild konnte auch Paris in seinen besten Tagen nicht bieten. Fürstliche Toiletten aus kostbarstem Material, funkelnde Diamanten, mattleuchtende Perlen, fabelhafter Kopfschmuck und die schönsten Frauen, die Wien beherbergt.

Niemand von den Frauen, die zur mondänen Welt gehören oder gehören wollen, fehlte. Nach wie vor mieden seit dem Umsturz die Aristokraten solche Feste, blieben zu Hause im Schmollwinkel, von der seligen Vergangenheit träumend, oder fuhren nach Bayern zu ihren Freunden und Verwandten, die ihrem Schmerz volles Verständnis entgegenbringen. Aber die bürgerliche Gesellschaft hatte sich mit der Republik versöhnt, und dieselben Damen, die früher ihre tiefen Knickse vor der jeweiligen Erzherzogin-Patronesse gemacht, saßen nun, nicht immer sehr anmutsvoll, aber von angenehm plutokratischen Gefühlen durchdrungen, in den Logen. Nur einige ungarische Aristokraten ließen es sich nicht nehmen, mit ihren Damen auch die Volkstheater-Redoute zu besuchen.

Ralph sah viele bekannte Gesichter aus jener eben verflossenen Zeit, da er als der reichste Mann der Welt gefeiert worden war, hielt sich ihnen geflissentlich fern, wollte im Gewühl des Parterres verschwinden. Hier nun wirkte lediglich seine Persönlichkeit, seine männliche Schönheit, und bald begannen schöne Frauen ihn zu intrigieren. Um ihn aber bald wieder zu verlassen, nach gesprächigeren, lustigeren Herren zu fahnden. Denn Ralph konnte sich mit bestem Willen nicht in den leichten Ton finden, wußte nicht, was er mit fremden Frauen sprechen sollte.

Schließlich fand er Bekannte, denen er sich anschloß. Einen Wiener Publizisten mit seiner lieblichen, blonden Frau, die, wie er, an der zwangsweisen, lauten Unterhaltung wenig Gefallen fand, einen politischen Journalisten mit seiner Frau, einer gefeierten Hamburger Schönheit, die vor kurzem noch ein Wiener Bühnenliebling gewesen, ein junges Ehepaar, er eine überaus sympathische Erscheinung, sie eine sieghaft schöne, junge Frau. Und als die ganze Gesellschaft um zwei Uhr morgens aus dem überfüllten und überheizten Theatersaal nach dem Moulin Rouge floh, da ging in Champagnerlaune auch der Amerikaner aus sich heraus, bis er nicht mehr entscheiden konnte, wem der Preis für Schönheit zuzusprechen sei. Da zwei der jungen Frauen Ida hießen, war die Sache besonders kompliziert, und er wäre bereit gewesen, der Lisi und den beiden Idas sein Herz zu Füßen zu legen.

Bis die kalte Nachtluft auf der Heimfahrt ihn wieder zur ruhigen Besinnung kommen ließ. Und das Bild Hildes vor ihm auftauchte, dieses armen, arbeitenden Mädchens, das, wäre sie heute in Glanz und Schmuck dagewesen, sicher den Schönsten beigezählt hätte werden müssen.

Nochmals wurde Ralph, der für alle Reize des Lebens überempfindlich wurde, eben weil er unverbraucht war und die große Sehnsucht nach Hilde zum Schweigen bringen wollte, in ein Abenteuer verstrickt, das peinliche Folgen hätte haben können.

Auf dem Schützenkränzchen – Ralph wollte den Fasching bis zur Neige auskosten – lernte er eine junge Frau kennen, keine Schönheit, aber durch ihre eigene Triebhaftigkeit auch auf andere wirkend. Den Mann, der im schlechtsitzenden Frack wie ein halbverhungerter Schakal aussah, fand Ralph abstoßend, die Frau reizte und fesselte ihn. Und da die junge Frau ihm vom ersten Augenblick an unzweideutig entgegenkam, wurde Ralph betäubt, verwechselte auflodernde Leidenschaft mit Liebe, überschüttete die Geliebte, entgegen seinem Vorsatz, nicht als reicher Mann aufzutreten, mit Geschenken, verbrachte viele Stunden mit ihr. Und merkte nicht, daß die Frau im Einverständnis mit ihrem Mann handelte. Dieser Mann, von dem keiner wußte, wovon er seinen Aufwand bestritt, der heute ein Automobil besaß, um es morgen zu versetzen, immer geschickt mit den Ellbogen am Zuchthaus vorbeistreifte, ging von der Idee aus, daß O'Flanagan, auch wenn er nicht mehr der Krösus war, doch nach österreichischen Begriffen reich genug sein müsse. Und nach einigen Tagen, da Ralph gerade zur Überzeugung gelangt war, daß seine Geliebte nichts als ein egozentrischens, kaltsinnliches Weib war, erhielt er den Brief eines Advokaten, der mit konstruierten Ehebrüchen einen schwunghaften erpresserischen Handel betrieb. Der Rechtsanwalt teilte ihm mit, daß Herr Schuster von dem Ehebruch seiner Frau Kenntnis erlangt und ihn mit einer Klage beauftragt habe. „Immerhin ließe sich vielleicht doch eine gütliche Einigung erzielen."

Ralph zog auf Betreiben seiner Freunde einen Wiener Rechtsanwalt, den kleinen Dr. Eitelhof, zu Rat, der ein Gemisch von Amateur-Literat, Witzbold und Tischhumorist war, nebenbei aber ein tüchtiger Jurist, der die kniffIichsten Fälle mit Geschick zu behandeln verstand und im Gerichtssaal kritische Momente oft zugunsten seiner Klienten durch einen hingeworfenen Wortwitz erledigte. Und ihm gelang es auch, eine Zurückziehung der Klage zu erwirken, allerdings nur gegen eine Summe von etlichen Millionen, die dem wackeren Gatten für „wohltätige Zwecke" überreicht wurden.

Für Ralph war aber der Ausgang dieses Abenteuers Mahnung, sich wieder dem Wien zuzuwenden, dem er hatte helfen wollen. Dem Wien der arbeitenden, um ihre Existenz ringenden Menschen.

54. Kapitel
Im Volksheim.

Ein Besuch im Volksheim in Ottakring erfüllte ihn mit Freude und Zuversicht. Dort fand er keine Schieber, keine mondänen Frauen, nicht die Menschen, die Zeit und Geld haben, um Bars und Redouten zu besuchen. Dort fand er aufopferungsvolle Gelehrte, die ihr Wissen in den Dienst des Volkes stellten, des Volkes, das nach schwerer Arbeit abends in den Hörsälen saß, oft noch im Arbeitsgewand, die roten schwieligen Hände derb und kraftvoll, die Herzen brennend in Sehnsucht nach Wissen und Aufklärung.

Alle diese jungen und oft auch alten Männer, Frauen und Mädchen beseelte ein einziger Wunsch: Hochkommen, lernen, Kenntnisse erwerben, sich aus dem Dunstkreis ihrer jämmerlichen Atmosphäre erheben, Menschen im höheren Sinne des Wortes zu werden.

Es wurde eben eine volkswirtschaftliche Vorlesung gehalten, die über die Geldentwertung und ihre Ursachen in populärer Weise Aufschluß gab. Der Saal war dicht gefüllt, kein Räuspern und Husten störte den Vortragenden, nur das Rascheln der Bleistifte auf den Papierblättern unterbrach die Stille.

Ralph fielen zwei junge Leute auf, ein Mann von höchstens dreiundzwanzig, ein Mädchen von kaum zwanzig. Er kämpfte ersichtlich schwer gegen seine Müdigkeit an, immer aber, wenn seine Augenlider sich schlossen, zupfte ihn das Mädchen am Ärmel, wobei es ihm einen liebevoll besorgten Blick gab.

Nach Schluß der Vorstellung traf es sich, daß Ralph mit den beiden jungen Leuten vor dem Tor zusammenstieß, und er führte, von menschlichem Interesse erfüllt, ein Gespräch herbei.

„Meinem Bräutigam fällt es so schwer, genau aufzupassen“, klagte das Mädchen. „Er arbeitet in einer Gießerei und ist abends todmüde. Ich hab es leichter, ich bin Näherin in einer Hemdenfabrik, das strengt nicht so an.“

„Verfolgen Sie mit dem Besuch dieser Vorlesungen einen bestimmten Zweck?“

Das Mädchen errötete.

„Mein Gott, man will doch nicht so dumm in den Tag hineinleben! Und vielleicht geschieht doch einmal ein Wunder, daß wir selbständig werden, dann muß man doch etwas wissen und gelernt haben.“

Ralph bat die beiden, mit ihm ein Gasthaus zu besuchen, da er das Gespräch fortsetzen wolle.

Das Mädchen sah den Bräutigam fragend an. Der lachte auf und sagte ganz frei und natürlich:

„Das wird nicht zusammengehen. Heute ist Donnerstag und da sind wir halt beide mit der Löhnung fertig. Im Wirtshaus braucht man ja, wenn man sich satt essen will, gleich ein Schüppel Tausender. Zu Hause aber haben wir Brot und Fett.“

Ralph, der erfahren hatte, wie gerne sich die Damen der guten Gesellschaft zum Tee einladen ließen, das heißt zu einem Tee mit allen Delikatessen, die es nur gab, stotterte verlegen eine Entschuldigung und bat, seine Gäste zu sein.

Die Einladung wurde nicht ohne Widerspruch angenommen und Ralph lernte wieder eine andere Seite des Wiener Lebens kennen.

Die beiden jungen Menschen waren in mehr als einer Hinsicht Schicksalsgefährten. Uneheliche Kinder, von ihren Müttern verlassen, von einer Kostfrau großgezogen. Not, Entbehrung, rohe Worte, Schläge – das waren ihre Kindheitserinnerungen. Später Lehrling und Lehrmädchen bei gleichgültigen Menschen und schließlich doch die ersehnte Selbständigkeit, der Verdienst, der, solange nicht auch sie arbeitslos wurden, sie ernähren konnte.

Und nun waren die beiden, die immer zusammengehalten hatten, immer aufeinander angewiesen waren, Bettgeher, das heißt, jedes von ihnen bewohnte mit anderen zusammen eine Kammer. Und träumten davon, einmal doch irgendwie eine eigene Wohnung zu bekommen, dem

Fron zu entrinnen, ein Geschäftchen zu gründen, zu lernen und sich zu bilden.

Ralph war tief deprimiert.

Nichts wollten diese zwei Menschen, als einen Winkel, in dem sie miteinander leben könnten und sich eine Zukunft aufbauen. Aber auch das blieb ihnen versagt, sie durften ihr Leben nicht gemeinsam führen, hatten die Kammer nicht, die ihnen ein eigenes Heim sein sollte.

Nun, diesen beiden konnte er ja helfen, aber wie viele solcher gab es? Hunderttausende sicher! Und ihnen konnte nicht der einzelne helfen, nicht der Staat und die Gemeinde.

Ralph freute sich über die ungekünstelte, natürliche Art, in der das Brautpaar dem Essen zusprach, war aber nicht wenig erstaunt, als beide nicht wie er Bier, sondern Sodawasser bestellten.

„Wir haben uns das Wort gegeben, keinen Alkohol zu trinken. Nicht die Unternehmer, nicht der Kapitalismus sind unsere ärgsten Feinde, sondern der Alkohol ist es. Schauen Sie sich nur die Arbeiter an, die hochqualifiziert sind und wirklich viel verdienen. Dabei gehen sie oft zerrissen herum, die Frau darbt, die Kinder haben keine ganzen Schuhe. Weil der Mann abends Tausende auf Bier, Wein und Schnaps ausgibt. Übelnehmen kann man es ja nicht. Wer acht Stunden schwer in Glut und Staub gearbeitet hat, bekommt eine wahre Sehnsucht nach Alkohol, und wenn man erst im Wirtshaus sitzt, wandern alle guten Vorsätze zum Teufel, man trinkt und trinkt, bis man hinausgeworfen wird.

Ich und auch Annerl haben es hundertfach beobachtet: Wo der Mann trinkt, geht alles zugrunde, werden auch die Kinder Säufer, herrscht Not und Elend. Wo aber der Mann nicht trinkt, geht es schließlich doch einmal besser, kommen die Leute in die Höhe. Und weil wir selbst einmal in die Höhe kommen und Kinder haben wollen, die gesunde, ordentliche Menschen werden sollen, so haben wir uns halt zugeschworen, nicht einen Tropfen zu trinken. Denn beim Tropfen fängt man an und beim Liter hört man noch lange nicht auf.“

Ralph führte die jungen Leute noch in ein Kaffeehaus und holte den Bräutigam über seine Pläne aus.

„Was täten Sie, wenn Sie Geld, recht viel Geld auf die Hand bekämen?“

Anna, die überhaupt die Munterere und Schlagfertigere war, übernahm mit leuchtenden Augen die Antwort:

„Oh, wenn wir Geld hätten! In der Veronikagasse, in Hernals, hat eine alte Frau ein hübsches Geschäft mit Küchengeschirr und allerlei Eisenwaren. Vorne ein großes Lokal und nach rückwärts dazu gehörend ein Zimmer, eine Küche und eine Kammer. Die Frau ist schon fast siebzig und möchte, wenn sie einen ordentlichen Preis bekäme, das Geschäft und die Wohnung abgeben und aufs Land zu ihren Kindern übersiedeln, die bei Oberhollabrunn eine Wirtschaft haben. Und nicht einmal gar so viel verlangt sie! Für das ganze Lager und die Wohnung mit der Einrichtung nur zehn Millionen. Ist eigentlich, wenn man es in gutes Geld umrechnet, fast geschenkt. Aber für uns natürlich unerreichbar.“

Warum gibt es keine Volksbank? dachte Ralph. Eine große Bank, die von selbstlosen Menschen geführt wird und solchen jungen Leuten Kredit gibt? Wäre dies vielleicht ein Weg für mich?

Aber im nächsten Augenblick beschlich ihn körperliches Unbehagen, da er all der Schwierigkeiten gedachte, die ihm entgegentreten würden. Und was wäre das Ende? Daß nach und nach aus der Volksbank ein kapitalistisches Finanzinstitut wie alle anderen werden würde!

Ralph ließ sich Namen und Adresse der beiden jungen Leute geben und verabschiedete sich herzlich von ihnen. Er selbst hatte absichtlich seinen Namen so gemurmelt, daß er unverständlich bleiben mußte.

Am nächsten Tag aber erwarb Rechtsanwalt Eitelhof in seinem Auftrag das Geschäft mit der Wohnung in der Veronikagasse und einige Stunden später gab es in Wien zwei restlos glückliche Menschenkinder, die einander schluchzend umarmten und allen Segen des Himmels auf den Unbekannten vom Abend vorher herabbeschworen.

55. Kapitel
Zweimal ist vier.

Ralph pflegte gegen neun Uhr morgens mit der Straßenbahn von der Weimarer Straße nach der Stadt zu fahren, um im Café Landtmann zu frühstücken und Zeitungen zu lesen. Einigemal schon war ihm in der Elektrischen ein alter Herr aufgefallen, dessen Gesichtszüge außerordentliche Intelligenz und eine Frische verrieten, die zu den schneeweißen Haaren in seltsamem Gegensatz standen. Er fühlte, wie ihn der alte Herr unablässig ansah, und auch er mußte, aus unerklärlichen Instinkten heraus, immer wieder die Blicke erwidern.

Einmal traf es sich nun, daß einer vom Stammtisch im Währingerhof Ralph in der Elektrischen überlaut begrüßte. Der alte Herr, der ihm gegenübersaß, beugte sich, als er den Namen O'Flanagan hörte, vor, schien etwas sagen zu wollen, gab es aber scheinbar wieder auf, während ein Lächeln die feinen Gesichtszüge belebte.

Als Ralph am Schottentor den Wagen verließ, ging der Greis mit jugendlich raschen Schritten hinter ihm her, holte ihn ein und sprach ihn an:

„Entschuldigen Sie meine Zudringlichkeit, aber ich glaube gehört zu haben, daß Sie der Herr vorhin per O'Flanagan ansprach?"

Ralph bejahte verwundert.

„Also hat mich mein Gefühl nicht getäuscht! Nicht wahr, der Vater Ihrer seligen Mutter hieß Holub? Ja? Nun, dann sind Sie mein Großneffe, der Enkel meines vor vielen Jahren in Amerika tödlich verunglückten Bruders."

Mit diesen Worten streckte ihm der alte Herr beide Hände entgegen und mit zitternder Stimme fuhr er, während Ralph vor Überraschung sprachlos war, fort:

„Ich beobachte Sie seit längerer Zeit schon und war immer von Ihrer Ähnlichkeit mit meinem verstorbenen Bruder überrascht. Jetzt kann ich sagen, daß Sie ihm Zug für Zug gleichen! Aber gehen wir, es ist wieder grimmig kalt geworden, wenn es Ihnen paßt, so begeben wir uns nach einem Kaffeehaus. Das heißt, wenn Sie nichts anders vorhaben."

Und nun saßen sie im Café Landtmann, und Ralph, dem das alles traumhaft vorkam, ließ sich von seinem Großvater, den er nie gekannt, erzählen.

„Dein Großvater war um acht Jahre älter als ich, und ich noch ein Student, als er mit seiner jungen Frau und Töchterchen, deiner Mutter, nach Amerika übersiedelte. Als die Todesnachricht in Wien eintraf, konnte ich weder für meine Schwägerin noch für meine Nichte etwas tun. War selbst ein armer Teufel, der sich seinen Unterhalt durch Stundengeben verdienen mußte. Jahre vergingen, ich wurde Privatdozent für Geschichte, dabei Supplent an einem Gymnasium, konnte keinen Kreuzer erübrigen, und der Briefwechsel mit deiner Großmutter schlief bald ein. Auf Umwegen und durch einen Zufall erfuhr ich dann einmal, daß deine Mutter drüben zur Bühne gegangen und einen Irländer namens Patrick O'Flanagan geheiratet hatte. Du wirst begreifen, daß mich, da ja mein armer Bruder nicht mehr lebte und auch seine Witwe gestorben war, die weiteren Entwicklungen gar nicht mehr sonderlich interessierten. Mein Interesse wurde erst wieder wach, als im Dezember die Zeitungen von einem gewissen Ralph O'Flanagan berichteten, dem reichsten Mann Amerikas, der, weil seine Mutter eine Wienerin gewesen, hierher kam, um Wien zu helfen. Natürlich zweifelte ich gar nicht daran, daß dieser Ralph O'Flanagan mein Großneffe sei, zerbrach mir aber durchaus nicht den Kopf darüber."

„Hättest mir aber doch näher treten können, lieber Onkel!"

„Ausgeschlossen! Mich wie die tausend anderen an den jungen Krösus herandrängen? Fiel mir gar nicht ein! Erst später, als ich von dem Verlust deines Vermögens las, dachte ich oft an dich und nun hat uns eben der Zufall zusammengebracht. Dem Zufall aber soll man niemals ausweichen."

„Und wie geht es dir? Bist du verheiratet? Wie hast du denn diese grauenhaften acht Jahre überstanden?"

Der alte Herr Holub lächelte:

„Verhältnismäßig gut, mein lieber Junge! Wenn du mich näher kennen lernen wirst, so wirst du nämlich darauf kommen, daß ich ein durchaus kluger Mensch bin. Kein Eigenlob, nein, sondern nur Feststellung einer Tatsache! Wobei ich unter klug die Fähigkeit verstehe, in allen Lagen des Lebens sich an die primitivste Logik, an die Regel, daß zweimal zwei immer und unter allen Umständen vier ist, zu halten. Die meisten Leute vergessen das, rechnen sich plötzlich aus, daß zweimal zwei auch acht sein kann, und wundern sich dann, wenn ihre Rechnung nicht stimmt."

„Als der Krieg ausbrach, war ich eben als Gymnasialdirektor pensioniert worden. Nach meiner primitiven Logik, von der ich mich weder durch Armeebefehle noch durch Hurrageschrei abbringen lasse, wußte ich, daß wir irgendwie den Krieg verlieren würden. Also legte ich mein kleines Vermögen, das ich mir im Laufe von Jahrzehnten erspart, nicht in Kriegsanleihe an, sondern deponierte es bei einer Schweizer Bank gegen dreiprozentige Verzinsung. Na, und dort liegt mein Geld noch immer, so daß ich von meiner Rente ganz behaglich leben kann. Verheiratet bin ich nicht, mein Junge. Meine Logik hielt mich davon ab. Ich beobachtete nämlich, daß ungefähr neunzig Prozent aller Ehen unglücklich, neun Prozent gerade noch erträglich sind und höchstens ein Prozent glücklich ist. Also durfte ich logischerweise nicht auf eine Sache eingehen, bei der die Möglichkeit des Gelingens sich wie eins zu hundert verhält."

Ralph lachte vergnügt.

„Menschliche Leidenschaften dürfen allerdings bei solcher Wahrscheinlichkeitsrechnung keinen Faktor bilden."

„Stimmt, mein lieber Großneffe. Aber man kann eben auch den Leidenschaften mittels Logik zu Leibe ziehen. Und nun zu dir: Wie ist das eigentlich mit deiner Verarmung und diesem wie ein unbequemer deus ex machina aufgetauchten Stiefbruder."

Ralph wurde blutrot und kaute verzweifelt an einer Antwort.

„Brauchst mir nichts zu sagen, Ralph, ich habe das sehr rasch als Schwindel erkannt. Auf welche Weise? Natürlich auf logische! Wenn wirklich dieser Stiefbruder aufgetaucht und Herr deines riesigen Vermögens geworden wäre, so würden die amerikanischen Zeitungen das als die größte Tagessensation behandelt haben und die Nachrichten wären per Kabel nach Europa gelangt. Das sind sie aber nicht, sondern ihre Veröffentlichung in den Wiener Zeitungen begann mit den Worten: ›Wie wir erfahren‹.

Hm, dachte ich, also ist nicht gekabelt worden, sondern die Wiener Zeitungen haben einfach die mit der Post eingetroffenen New Yorker Zeitungen benützt. Seltsam, aber doch möglich. Ich begab mich ins Café Central und studierte die amerikanischen Blätter der letzten acht Tage durch. Kein Wort war über die Flanagan-Affäre zu finden. Ich verfolgte von da an täglich diese Blätter und richtig las ich vierzehn Tage später im „New York Herald“ an ganz unauffälliger Stelle, daß in Wien scheinbar von einem Spaßvogel ein Flanagan-Märchen dieses und jenes Inhalts erfunden und veröffentlicht worden sei. In New York sei durchaus nichts derartiges bekanntgeworden, und der Präsident der „American Wood- and Forest Trust Co.“ habe auf Befragen eines Reporters die ganze Geschichte als albernen Scherz oder faustdicke Lüge bezeichnet.

Ich weiß nun, daß du nach wie vor so eine Art Nabob bist, versichere dir aber, daß mich dein Geld nicht interessiert. Sehr interessieren würde mich hingegen, was dich zu diesem Bluff veranlaßt hat und welcher Art überhaupt deine Wiener Erlebnisse sind.“

Ralph begann zu erzählen und verschwieg nichts. Berichtete dem ihn mit keinem Wort unterbrechenden alten Herrn von den Fallstricken, die ihm gelegt worden waren, der Habgier, die ihm unverhüllt bei Männern und Frauen entgegentrat, von Lolotte und Hilde, und wie er schließlich dazu gekommen war, sich zu verbergen, als Verarmter aufzuhören, Zielscheibe für alle menschliche Gemeinheit zu werden.

Herr Holub lächelte milde, als Ralph seine Beichte beendet hatte.

„Brauchst die Wiener nicht für schlechter zu halten als andere Menschen sind. Nur, daß sie mehr noch als die anderen ihr Gleichgewicht verloren haben. Mußt bedenken, daß ihnen Furchtbares geschehen ist. Vielleicht, daß andere sich rascher den neuen Verhältnissen anpassen könnten. Den Österreichern sind aber nur ihre Tugenden, ihre Gutmütigkeit und heitere Beschaulichkeit zu Untugenden geworden. Die Hauptschuld an deinen Enttäuschungen hast du aber selbst. Wolltest eben auch nicht glauben, daß zweimal zwei vier ist. Kommst mir vor, wie jemand, der einem Todkranken, der keine Nahrung mehr verträgt, sagen würde: Hier mein Lieber, essen Sie das Beefsteak, damit Sie wieder zu Kräften kommen! Hast dieselben Fehler begangen wie unsere Regierungen in den vier Jahren, die sich einbildeten und noch immer einbilden, daß uns mit Geld und mit Kredit geholfen werden kann.

Wir brauchen aber weder Geld noch Kredit, sondern einen neuen Organismus. Wir dürfen nicht aufgebaut werden, sondern müssen uns selbst aufbauen. Erst wenn alles das, was aus der Kriegszeit stammt, abgefault, verwest sein wird, kann aus dem mit Blut und Leichen gedüngten Boden eine neue Saat aufgehen. Du hast den Kampf um Wien führen wollen und nur den Kampf gegen Wien geführt. Gib diesem kranken Organismus dein ganzes Vermögen und er wird nicht gesund werden, sondern noch mehr krank. Wird das Gold nicht verdauen können und daran zugrunde gehen. Tu dem einzelnen, der deinen Weg kreuzt, Gutes, laß aber im großen den Dingen ihren Lauf. Alles wird kommen, wie es kommen muß. Spiel nicht Vorsehung, sonst wirst du mehr Schaden anrichten als Segen und zum Schluß doch noch gekreuzigt werden."

Ralph war von den Worten des Greises erschüttert und ergriffen. Hatte der Greis nicht das mit klaren Worten gesagt, was ihm selbst seit Wochen unklar und verschwommen vorgeschwebt hatte? Und im Unterbewußtsein begann es ihm verwegen und töricht zu erscheinen, daß er einen Kampf um Wien, um Österreich aufnehmen hatte wollen, wie wenn es sich um eine Sache handeln würde und nicht um einen komplizierten Organismus, der sich aus sechs Millionen Rädern und Federn zusammensetzt.

56. Kapitel
In der Provinz.

Der Winter hatte mit neuer Kraft eingesetzt und Ralph lernte in den möblierten Zimmern der Frau Lünzer die Annehmlichkeit der Wiener Kachelöfen kennen, deren Mission im Verzehren von viel Brennmaterial und Erzeugung von wenig Wärme besteht. Er, der bisher nichts gekannt hatte als Zentralheizungen, fühlte sich unbehaglich und wäre am liebsten wieder in ein Hotel übersiedelt.

Professor Holub, mit dem er jetzt täglich zusammenkam, gab ihm guten Rat:

„Wenn du nicht frieren willst, mußt du irgend wohin fahren, wo es viel kälter ist als in Wien."

„Was soll das wieder bedeuten?" lachte Ralph, der an den Paradoxen seines Großoheims immer Gefallen fand.

„Wörtlich das, was ich sage. Im Winter ist es nur in eiskalten Ländern warm, wie in Rußland, Schweden, Norwegen. In Italien aber kann man im Jänner zu Tode frieren. In nordischen Ländern weiß man nämlich, wie man sich gegen Kälte schützen muß, man hat dort herrliche, mächtige Öfen, die Tag und Nacht geheizt sind. In Italien hat man gar keine Öfen, weil man dort den Winter als Bagatelle behandelt. Und Wien, das noch immer nicht recht weiß, ob es zu Europa oder zum Balkan, zu Deutschland oder zu Italien gehört, hat zwar Öfen, aber solche, die nichts taugen. Ich rate dir, setze dich auf die Bahn und fahre nach Tirol. Tummel dich auf den Skiern, das macht warm, und wenn du ins Zimmer kommst, wird der mächtige Ofen glühen. Außerdem wird dir Luftveränderung und Bewegung im Freien nur gut tun. Schaust schon aus wie ein Wiener Lebemann, und das steht dir gar nicht gut."

Ralph überlegte nicht lange, schaffte eine herrliche Winterausrüstung nebst den besten Skiern, die in Wien zu bekommen waren, an und fuhr zunächst auf den Semmering, der, als seine Mutter noch ein kleines Mädchen gewesen, nur das kleine Hotel Stephanie gehabt hatte und nun zum großen Kurort geworden war.

Der Amerikaner nahm im Hotel Panhans Quartier und war über die Pracht dieses und der anderen Hotels erstaunt. Wieder umgab ihn das reiche, das luxuriöse, das üppige Wien. Aber er konnte auch klar sehen, wie klein eigentlich dieser Kreis von Menschen war, die den großen Luxus entfalteten. Alle Gesichter kamen ihm bekannt vor, alle die schönen Frauen und weniger schönen Männer hatte er vormittags in den Frühstücksstuben der Inneren Stadt, in der Oper, auf den Bällen und in den Bars gesehen. Fünf- vielleicht sechstausend Menschen, die den Ton angaben, die Mode bestimmten, die Luxuslokale füllten und nun, da der Fasching vorüber und es wieder Winter geworden, den Semmering aufsuchten.

Ralph fand bald Anschluß und mehr Gesellschaft, als ihm lieb war. Die vielen Frauen, des einheimischen Männertyps überdrüssig, wären gerne bereit gewesen, mit ihm, der so ganz anders war, ein, wenn auch nur kurzfristiges Abenteuer zu erleben, Mütter sahen in ihm, trotzdem man von seinem verlorenen Reichtum wußte, noch immer eine gute Partie für die Tochter, junge, dem Backfischalter kaum entwachsene Mädchen wollten ihren ersten Flirt lieber mit dem stattlichen schlanken Amerikaner erleben, von dem so viel Kraft und Güte ausging, als mit den Jünglingen ihrer Kreise.

Aber Ralph hatte allzuviel an Liebesabenteuern in der letzten Zeit erlebt, und seine Gedanken kreisten mit Beharrlichkeit immer wieder um Hilde.

Abends schälten sich die Frauen aus der grünen, roten, gelben, weißen Wolle und warfen sich in große Toilette, die Herren vertauschten den Sportanzug mit dem Smoking, und in den Hotelcafés entwickelte sich bei Musik und Tanz das mondäne Leben eines Winterressorts, das nur zwei Bahnstunden von der Großstadt entfernt ist.

Ralph war von der Plattheit und Gedankenarmut der Gesellschaft, in der er sich allnächtlich wohl oder übel bewegte, entsetzt. Übler Gesellschaftstratsch, intensive Besprechung der neuesten Wiener Ehescheidungs-, Verlobungs- und Entlobungsaffairen, allenfalls, weil es sich gehört, ein seichtes Gespräch über ein neues Buch oder über ein neues Stück, wobei weniger über den Inhalt, als über die Tatsache, daß Herr Klitsch entzückend war, geredet wurde, und schließlich, wenn die jungen Mädchen sich zurückzogen, höchst eindeutige Witze, die mit dem Fortschreiten des Stundenzeigers immer ungenierter wurden.

Ralph konnte sich in diesen Ton nicht finden. Allen seinen Erlebnissen zum Trotz war ihm die Frau noch immer die Krone der Schöpfung, lieblich als Mädchen, heilig als Frau und anbetungswürdig als Mutter. Hier aber saßen Frauen, die erwachsene Kinder hatten, und lachten hysterisch, wenn der Mann, der es eben auf sie abgesehen hatte, grinsend und schmatzend Zoten erzählte.

Ralph wollte die österreichischen Provinzstädte kennen lernen und fuhr vom Semmering nach Graz, dem einstigen Pensionopolis der Monarchie, in dem die ausgedienten Generäle und Exzellenzen ihr behagliches Raunzerdasein führten, vormittags im Stadtpark die Spatzen fütterten, nachmittags Tarock spielten und abends auf den billigen Parkettsitzen im Stadttheater mörderische Kritik übten.

Heute war Graz eine armselige Stadt, so teuer fast wie Wien, gefüllt mit erbitterten Menschen, die sich in die neue Zeit nicht fügen konnten.

Viele Laster der Großstadt ohne ihre Tugenden, Lebemänner im Steirerhütl, Frauen mit modernen Toiletten und Barchentunterröcken.

Ralph stieg auf den Schloßberg, empfand mit Behagen die köstliche Lieblichkeit der Stadt und trug die Überzeugung in sich, daß auch dieses Juwel an Kostbarkeit nichts verloren habe. Mochten unerträgliche Zustände den Menschen von heute auch das Leben zur Höllenqual machen – die steinernen Bauwerke blieben stehen, die Mur rauschte noch immer majestätisch einher und die Berge ringsumher würden nicht verschwinden.

Schon nach zwei Tagen wurde Ralph der Aufenthalt in Graz arg verleidet. Ein Journalist hatte seinen Namen im Fremdenbuch des Hotels entdeckt, schlug in den Wiener Zeitungen nach und veröffentlichte die ganze Geschichte von O'Flanagans Mission und seinem plötzlichen Vermögensverlust. Er schrieb dazu:

„Gar so schlecht scheint es Mister Ralph O'Flanagan nicht zu gehen. Er bewohnt im Hotel Erzherzog Johann das beste und teuerste Appartement und trinkt abends zu seinem vortrefflichen Souper eine halbe Flasche Champagner. Vielleicht hat der junge Amerikaner nunmehr auch die Kunst erlernt, mit Luft Geschäfte zu machen! Da er in Wien viel in jenen Kreisen verkehrt hat, die man die Gesellschaft nennt, wird es ihm an Lehrmeistern nicht gefehlt haben."

Ralph war nach Graz in der uneingestandenen Hoffnung gefahren, irgend etwas von Hilde, die sich ja mit ihrer Mutter wohl noch immer in der Steiermark aufhielt, zu erfahren. Vergebens durchstreifte er die Straßen, vergebens erkundigte er sich im Meldeamt! Hilde schien ihm endgültig entrückt zu sein.

Als in den Grazer Blättern der indiskrete Artikel über ihn erschienen war, begann man ihm im Hotel und auch auf der Straße mehr Aufmerksamkeit zuzuwenden als ihm behagte, und er verließ die steirische Hauptstadt, um von dort aus die einigermaßen komplizierte Reise nach Salzburg anzutreten.

Salzburg wurde ihm zum größten künstlerischen Erlebnis. Die einzigartige Schönheit dieser Stadt überwältigte ihn, ließ ihn stundenlang wie in einem Taumel zwischen dem Mirabellpark und der Altstadt pendeln. Und es wurde ihm fröhlich zu Mut. Er lachte in sich hinein und dachte:

„Ein Land, das Städte wie Wien und dieses Salzburg hat, ist wahrhaftig nicht verloren. Ob es nun selbständig bleiben oder zum großen deutschen Bruderreich gehören wird – so viel Schönheit, Kultur und Geschichte können nicht ausgemerzt werden. Und wenn sogar einmal eine neue Völkerwanderung eintreten und die Menschen von Land zu Land treiben wird – immer werden in Wien die Menschen Wiener werden müssen, weil der Genius loci sie ummodeln und stempeln muß. Und immer wird dieses Salzburg ein Wunder der Natur bleiben!"

57. Kapitel
Tragikomisches Intermezzo.

Von Salzburg ging die Reise nach Innsbruck und von dort begann Ralph mit einem berühmten Bergführer auf Skiern Touren durch die Alpen zu unternehmen, blieb tagelang fern von jeder Postverbindung, vergaß die ganze Welt und ihre Fehden, überließ sich ganz dem jauchzenden Gefühl von Jugend, Kraft und Bewegung.

Und hatte keine Ahnung, was unterdessen in Wien geschah.

In Wien geschah aber höchst Seltsames, trat ein Ereignis ein, das beinahe den Ruhm Breitbarts verdunkelte.

Der reichste Mann der Welt kam nach Wien. Der wirklich reichste Mann der Welt. Und dieser konnte, wie man ja wußte, niemand anders sein als der Stiefbruder Ralphs, dessen plötzliches Auftauchen nach den Berichten der Wiener Zeitungen dem Krösusdasein des Schwärmers und Menschheitsbeglückers ein so plötzliches Ende bereitet hatte.

Es ereignete sich also, daß am 17. Februar vormittags ein mit zwei mächtigen Koffern beladenes Autotaxi vor das Hotel Bristol fuhr. Dem Wagen entstiegen zwei Herren, ein großer, mächtiger mit Stiernacken und Glatze, und ein kleiner, zaundürrer.

Der Kleine eilte zuerst auf den Portier zu und flüsterte ihm auf gut Deutsch und mit allen Zeichen größter Wichtigkeit zu:

„Mein Chef, Mister O'Flanagan, will hier Quartier nehmen. Die besten Zimmer natürlich. Für ihn vier bis fünf, für mich genügen zwei.

John O'Flanagan und sein Sekretär bekamen im ersten Stock sechs Zimmer, und wenn der Hoteldirektor, Herr Fuchs, nicht schon nach der Erwähnung des Namens O'Flanagan schlau genug gewesen wäre, sich einen Reim zu machen, so hätten ihn die ersten Worte, die Mister John höchstpersönlich sprach, genügend orientiert. Der mächtige, große Mann mit der karrierten Hose und dem dunkelblauen Sakkoanzug und einem Diamant von einem Zentimeter Durchmesser auf dem fleischigen Ringfinger, sagte nämlich in richtig gehendem Deutsch-Amerikanisch:

„Well, hat hier nicht Mister Patrick Ralph O'Flanagan gewohnt? Das sein nämlich mein armes Bruder, was hat Österreich kaufen wollen und durch mir armes Mann geworden sein. Well, du nicht wissen, wo er jetzt sein tun? Ich will lucken for him und ihm schenken ein paar Millionen Dollars, damit er nicht machen muß mein Name Schem."

Direktor Fuchs, der es noch immer nicht ganz verwunden hatte, daß Ralph O'Flanagan statt im Bristol, im Imperial abgestiegen war, zitterte vor Aufregung, versammelte im Bureau die Portiere, die Stubenmädchen und Hausdiener des ersten Stockwerkes um sich und hielt eine feurige Ansprache.

„Alstern, jetzt haben wir den reichsten Mann der Welt im Haus und wir müssen zeigen, daß der auch nur in dieses Hotel hineingehört. Alles muß auf seinem Posten sein, um ihm das Leben so angenehm als möglich zu machen. Und nicht nur ihm, sondern auch seinem Sekretär, denn diese hohen Herren sind sehr vom Willen ihres Privatsekretärs abhängig. Und Sie Schurl, laufen S' zur Presse hinüber und teilen Sie dort mit, daß der wahre Mister O'Flanagan bei uns abgestiegen ist, der Bruder von dem armen Schlucker, dem, der was sein Schicksal verdient hat, weil er die Ordnung hat auf den Kopf stellen wollen. Was ein richtiger Amerikaner ist, muß eh wissen, daß man im Bristol absteigt und net in dem stieren Balkanpalast da drüben."

In diesem Augenblick klingelte das Bureautelephon.

„Jawohl, Herr Privatsekretär, hier Hoteldirektor. Bitte, womit kann ich dienen? Die landläufigen Noten? Na, zehntausend, das ist wohl das kleinste, was man in Wien brauchen kann. Ja, die Teuerung ist groß. Immerhin, ha, haha! Sehr gut, Herr Privatsekretär! Sofort werde ich fünf Millionen in Zehntausendern, Fünfzigtausendern, Hunderttausendern und halben Millionen hinaufschicken. Gibt es auch, jawohl, gibt es auch! Lieber gleich zehn Millionen? Ja, sehr richtig, glaube auch, daß es besser ist."

Strahlend sah sich der Direktor im Kreise um.

„Der Herr O'Flanagan will zehn Millionen Kleingeld, damit er am ersten Tag nicht in Verlegenheit kommt!“

Mister John badete, sein Privatsekretär badete, die im Korridor lauschende Dienerschaft hörte sie schnauben und prusten. Und das ganze Hotel wurde von ihnen in Atem gehalten. Frühstück auf dem Appartement. Ein elegantes Auto zur steten Verfügung, zehn Flaschen Wein und fünf Flaschen Likör als Reserve. Friseur, Manikeur, Stiefelputzer, Seife, Parfüm, ein Schneider, der in der Lage wäre, innerhalb vierundzwanzig Stunden ein paar Anzüge herzustellen und so weiter.

„Das ist ein echter Amerikaner!“ rief der Direktor und „Das ist ein echter Amerikaner“ echote es im Kreise.

Nachmittags erschienen die Abendblätter mit der Sensationskunde von dem Eintreffen des echten, wirklichen Nabobs, und es meldeten sich etliche Reporter, um John O'Flanagan zu interviewen. Er war sehr leutselig, klopfte jedem auf die Schulter, teilte Khedive-Zigaretten, die er sich vom Hotel hatte besorgen lassen, schachtelweise aus, sprach väterlich milde über seinen armen Bruder, den Phantasten, dem er nun Beweise seiner brüderlichen Liebe geben wolle, und gab Worte von sich, über die ganz Wien teils lachte, teils in Verlegenheit geriet:

„So weit ich in den wenigen Stunden meines Wiener Aufenthalts erkannt habe, ist der Wiener viel zu stolz, um sich etwas schenken zu lassen!“

Spät nachmittags verließ der Amerikaner mit seinem Sekretär zum ersten Male seine Appartements, wobei er unaufhörlich an alle Bediensteten an denen er vorbeikam, Zehntausender, die er lose in der Hosentasche trug, verteilte.

Unten packte er den Direktor am Rockknopf, boxte ihn zärtlich in die Magengegend und sagte:

„Mein Lieber, ich sein setisfeid von dein Hotel! Sag mir aber, wo wir heut abends uns kennten emjusen?“

Der Direktor verstand den Sinn des Wortes emjusen nicht, aber Mister John erklärte:

„Ich meinen lustik sein mit Wein und Mädchen!"

„Oh, amüsieren wollen sich Mister O'Flanagan, amüsieren! Ja, also, in der Oper – aber da gibt es keinen Wein und die Mädchen sind auf der Bühne. Aber halt, ich hab's schon: Heut ist ja im Konzerthaus der Gesindeball. Großartig, die schönsten Frauen und Mädchen von Wien! Und sehr lustig und sehr viel Wein. Der Herr werden sich sehr gut emjusen, ich garantiere dafür."

Mister John O'Flanagan schnitt ein sorgenvolles Gesicht.

„Ich aber noch nicht haben Full Dreß, was man bei euch nennt Frack. Ich immer in jeder Stadt alles neu machen lassen und dann wegwerfen, wenn weiter trevel."

Der Direktor, der an Spleen und Verrücktheit schon einiges erlebt hatte, nickte verständnisvoll.

„Sehr praktisch, sehr praktisch, Mister O'Flanagan! Immer alles neu, selbstverständlich, das Vernünftigste. Bitte, Sie können im Kostüm gehen, als Hausdiener oder Chauffeur. Am besten aber so wie Sie sind. Gar keine Umstände notwendig, es wird dem Herrn Altmann, der was den Ball veranstaltet, eine Ehre sein, Sie zu empfangen. Also bitte, zwei Karten, nicht wahr?"

Der Direktor stürzte zum Telephon und verständigte den Arrangeur des Gesindeballes, den Maler Altmann, der die künstlerische Reklame in Wien auf eine ungeahnte Höhe gebracht hatte, und dieser rieb sich vergnügt die Hände. Das Konzerthaus ausverkauft, Breitbart auf der Bühne und der reichste Mann der Welt in einer Loge – von diesem Ball würde man noch lange sprechen.

Punkt zehn Uhr betrat John O'Flanagan mit seinem Privatsekretär Fred Plumber das Konzerthaus, das von Herren und Damen, in lustiger Bekleidung, maßlos überfüllt war. Das Empfangskomitee empfand es als pikante, charakteristische Eigenart, daß der Krösus im dunklen Sakko mit karrierten Hosen, sein Sekretär aber im Smoking kam. Herr Altmann umfaßte die beiden Herren mit geübtem Künstlerauge und irgendwie kamen ihm die beiden Gestalten grotesk vor, auch glaubte er einen geflickten Riß auf den Hosen des Gewaltigen zu sehen und Fettflecke auf dem Smoking des Kleinen, aber das spielte sich im Unterbewußtsein ab, wurde von der Freude über solche illustre Gäste übertönt.

Herr Altmann stellte die Amerikaner zunächst seiner reizenden, in ein Pflegerinnenkostüm gekleideten Frau vor. Da dies sehr laut geschah, verbreitete sich die Kunde von dem Erscheinen O'Flanagans im Nu, und bevor zehn Minuten um waren, wußten es die dreitausend Ballgäste, daß der reichste Mann der Welt unter ihnen weile.

Ziffern brausten von Mund zu Mund, die Billionen schwirrten umher, man multiplizierte und addierte, und wie ein Lauffeuer wurde die Feststellung verbreitet, daß Mister John der Besitzer von achthundertsiebenundvierzig Billionen sei.

Herr Altmann führte die beiden Herren in seine Loge und dort machte sich, während Plumber bescheiden im Hintergrund blieb, sein wuchtiger Herr sofort sehr beliebt. Er sah sich vergnügt um, schüttelte den Herren kräftig die Hände und sagte, laut und breit lachend:

„Oh nein, so viel Bjutis ich haben noch nicht gelukt auf einmal."

Einer Freundin der Frau Altmann, einem brünetten Wäschermädel mit großen, brennenden Augen, streichelte er die Hand, vor einer imposanten blonden Schönheit im Reifrock, die nachher für ihr Kostüm den zweiten Preis bekam, verbeugte er sich und bat sie, ihr ergebener, wenn auch zweihundert Pfund schwerer Page sein zu dürfen. Den stärksten Eindruck aber schien auf ihn eine junge, als Kammerzöfchen gekleidete Frau mit rotgoldig leuchtenden Locken und sanften Augen in der Farbe von Goldtopas zu machen. In seinem drolligen Deutsch bat er sie, von ihm eine Motorjacht und ein Schloß an der Küste von Florida als Geschenk entgegenzunehmen, und ihren Hinweis auf den jungen Gatten, mit dem sie erst drei Monate verheiratet sei und den sie liebe, beschwichtigte er mit den Worten:

„Nevermind! Ich nehmen Ihren Hosbend mit und begnügen mich mit stummer Anbetung!“

Breitbart betrat das Podium, bog eine Eisenstange und bekam dafür ein Honorar von fünf Millionen. Kaum war der Jubel der Menge verklungen, als sich auch schon wieder alle Blicke der Loge zuwandten, in der der Goldonkel aus Amerika saß. Inzwischen hatte sich ein Gespräch zwischen Herrn Altmann und den Insassen der Nebenloge entwickelt. In dieser saß ein berühmter und schwerreicher Bankier mit seiner Gattin. Er als Koch gekleidet, sie in einem aparten ähnlichen Kostüm, das selbstverständlich den ersten Preis erhielt.

Herr Altmann wandte sich an seinen illustren Gast:

„Mister O'Flanagan, der Herr neben uns ist einer unserer ersten Bankiers, ebenso berühmt wegen seiner Erfolge wie wegen seiner literarischen Vielseitigkeit und seinem tiefen Geist. Er möchte Sie gerne kennen lernen. Erweisen Sie mir die Auszeichnung, ihn vorstellen zu dürfen.“

Wäre Herr Altmann nicht so aufgeregt gewesen, so hätte ihm auffallen müssen, daß die Antwort gar nicht deutsch-amerikanisch klang, sondern in wienerisch-jüdischer Tonart erfolgte:

„Was, der Herr im Gewand eines Koches ist Bankier? Nu, stellen Sie vor.“ Zwischen den beiden, dem amerikanischen Dollarkönig und dem Krösus im Westentaschenformat, entwickelte sich nun ein sehr angeregtes Gespräch, in dessen Verlauf aber Flanagan eigenartige Gedanken entwickelte. Diese Gedanken bewegten sich in folgendem Geleise:

„Der Mann verrät eine gewisse Naivität. Mit einem Wort: er ist mein Mann, er ist der, den ich brauche, um so rasch als möglich mein Geschäftchen zu machen und zu verduften. Denn ich muß gestehen, daß mir unheimlich zu Mute ist. Der Teufel soll den John O'Flanagan holen, ich möchte schon gerne wieder irgend einen unauffälligeren Namen wie Müller oder Meier oder meinethalben sogar Kohn führen.“

Eine Dame schrie plötzlich erschreckt auf. Sie vermißte ihre Haarspange mit Diamanten. Alles begann zu suchen, kroch auf dem Boden umher, die Dame jammerte, ihr Gatte tobte. Mister John wandte sich von dem Oberkoch ab und beschwichtigte:

„Meine Verehrte, da das Unglück in mein Presenz geschehen ist, so fühle ich mir verpflichtet, Ihnen zu trösten. Ich haben viele Juellerie in mein Trunk und werden Ihnen anderes, schöneres Stück zum Present machen."

Allgemeine Rührung über so viel Noblesse. Die Dame trocknete ihre Tränen und kokettierte wieder heftig mit einem als Lift-Boy gekleideten Jüngling.

Der Bankier erkundigte sich bei dem Nabob über die amerikanischen Geldverhältnisse, erzählte von den österreichischen Zuständen, sprach die Überzeugung aus, daß allen Krediten zum Trotz die Krone wertlos sei und wieder fallen werde.

Der Amerikaner schüttelte den Kopf.

„Ich haben gute Meind von Krone. Wir Amerikaner vertrauen Österreich. Ich sein schur, daß Dollar kommt auf fünfzigtausend."

Der Bankier widersprach. Wenn die Krone steigen könnte, wäre sie schon gestiegen. Er halte es für durchaus nicht ausgeschlossen, daß der Dollar angesichts der Unruhen in Europa wieder in die Höhe gehe.

Mister John kniff den Koch so derb in den Arm, daß er aufschrie und sagte:

„Well, ich nicht viel reden, ich handeln! Sie mir geben morgen tausend Millionen in barem Geld, ich Ihnen bezahlen in einem Monat zum morgigen Kurs in effektiven Dollars. Ich sein schur, ich machen ein großes Büsniß, so daß ich leben umsonst in Wien ganzes Monat."

Der Bankier war zwar als Koch gekleidet, aber geschäftlich durchaus klug. Und er sagte sich, daß er bei der derzeitigen Stabilität der Krone keinesfalls viel riskiere. Also schlug er ein und das Geschäft war gemacht. O'Flanagan winkte seinem Sekretär.

„Freddy, du gehen morgen zu dem Mister und holen tausend Millionen Kronenbanknoten und geben dafür Dollarschek, fällig am 17. März.“ Dröhnend und lachend wandte er sich an die Insassen der beiden Logen:

„Oh, ich sein smart, ich haben Bankier eingelegt! Ich jetzt laden alle Ladies und Gentlemen ein zu großem Champagnersouper.“

Die Einladung wurde freudig angenommen und John O'Flanagan bewirtete die ganze Gesellschaft wahrhaft fürstlich im Restaurant Francais, bis gegen vier Uhr die Kellner zum Aufbruch mahnten.

Mit einer großen Gebärde wies Mister John den Zahlkellner an den Herrn Bankier.

„Ich Sie bitten, die ganze Kleinigkeit auf mein Konto zu buchen.“

Der Koch strahlte. Damit war die Geschäftsverbindung seines Bankhauses mit dem reichsten Mann der Welt offiziell eröffnet.

Nochmals ereignete sich ein kleiner Zwischenfall. Einer der Herren entdeckte, als er seine Garderobemarke suchte, daß er seine Brieftasche mit ihrem Inhalt von einigen tausend Tschechenkronen, tausend holländischen Gulden und zehn Millionen Kronen verloren habe. Auch ihn tröstete John, indem er erklärte, sich für jeden Schaden seiner lieben Gäste verantwortlich zu fühlen.

„Ich wer Ihnen Scheck schicken, damit ist Sache allright.“

Der junge Ehemann neckte seine schöne Frau auf der Nachhausefahrt im Auto:

„Na Ida, wie ist's mit dem Schloß in Florida und der Jacht?“

Worauf sie gähnend erwiderte:

„Du, der Kerl ist direkt widerwärtig! Hast du die groben, ungepflegten Hände gesehen? Und den Riesendiamanten, der gar nicht wie echt aussieht?“

John O'Flanagan aber sagte zur selben Zeit seinem Privatsekretär:

„Du, Fredl, wann mir die Milliarde Ka haben, dann mach i die Komödie net mehr lang mit. Zwei, drei Tag und mir verduften!. Weißt, mir kaufen uns a Stehweinhalle in Ottakring und werd'n solide Bürger."

Der Kleine nickte.

„Wär ka schlechte Idee, Franzl! Mir dürfen jetzt, wo mir das Glück am Schopf halten, net übermütig werd'n."

Bei diesen Worten betrachtete er die funkelnde Haarspange und zählte den Inhalt der geklauten Brieftasche sorgfältig ab.

Am nächsten Morgen begab sich der Privatsekretär per Auto zu dem Bankhaus und bekam gegen Quittung und Überreichung eines Bons auf vierzehntausend und etliche Dollars, zahlbar am 17. März des laufenden Jahres, eine Milliarde in funkelnagelneuen Halbmillionenscheinen.

Der Schneider brachte die Anzüge, der Schuster die Schuhe, das feudale Auto war bereit, und in den Zeitungen stand die Notiz, daß unser Gast, der weltbekannte amerikanische Millionär John O'Flanagan diese und diese Geschäfte mit seinem Besuch beehrt und größere Einkäufe gemacht habe.

58. Kapitel
Der echte und der falsche O'Flanagan.

Der alte Herr Professor Holub war im höchsten Grade bestürzt, als er in den Zeitungen von der Ankunft dieses John O 'Flanagan las.

Was konnte das bedeuten? Ralph hatte ihm doch erzählt, daß er gar keine Geschwister habe und der Stiefbruder eine Erfindung sei!

Holub nahm wieder sein bewährtes System, die komplizierten Dinge auf die Formel zwei mal zwei ist vier zu reduzieren, zu Hilfe und sagte sich:

Zwei Schwindler haben einfach die Ereignisse verfolgt und irgendwie erfahren, daß Ralph zum Wintersport in die Berge gefahren ist. Und nun spielen sie, die natürlich nichts von dem Trick Ralphs wissen, die Rolle des Stiefbruders und sind wahrscheinlich im Begriff, ein paar Leute ordentlich zu begaunern.

Professor Holub wußte, daß Dr. Kriegel in das Geheimnis Ralphs eingeweiht war, und so suchte er ihn auf, um zu beraten.

Kriegel nahm die Sache von der humoristischen Seite.

„Ganz famose Idee von den beiden! Und uns geht es nichts an, ebensowenig aber unseren Freund Ralph, der doch nicht dafür verantwortlich ist, wenn in seiner Abwesenheit ein Hochstapler sich als sein Bruder ausgibt. Beobachten wir ruhig, wie die Sache weiter verläuft. Vielleicht wird ein gelungener Sketch daraus."

Holub war nicht umsonst durch Jahrzehnte Gymnasiallehrer gewesen. Auch er empfand den Humor der Sache, aber fühlte sich als Staatsbürger und Großonkel Ralphs doch verpflichtet, einer offenkundigen Gaunerei ein Ende zu bereiten. Aber auf welche Weise? Einfach eine Anzeige bei der Polizei erstatten? Das schien bedenklich. Vielleicht hatte ihm Ralph nicht die ganze Wahrheit erzählt, vielleicht handelte dieser angebliche John O'Flanagan in seinem Einverständnis, vielleicht lag hier eine neue und ganz harmlose Komödie vor!

Es gab nur einen Weg: Ralph mußte sofort verständigt werden. Aber wie? Das Wetter war dem Wintersport andauernd günstig, Ralph konnte noch wochenlang fernbleiben, außerdem hatte Holub keine Ahnung, wo sich sein Großneffe aufhielt.

Schließlich glaubte der alte Herr einen Ausweg gefunden zu haben. Er ließ in den größeren Zeitungen von Graz, Innsbruck und Salzburg folgendes Inserat erscheinen:

R–ph!
Bruder John macht sich hier in Wien breit.
Falls Schwindel, kehre sofort zurück.
Großonkel Holub.

Tatsächlich las Ralph diese Anzeige in einem Wirtshaus in Kitzbühel, wo er sich eben aufhielt. Er konnte sich keinen Reim darauf machen, sah aber jedenfalls die Notwendigkeit ein, nach Wien zurückzukehren. Er fand die Stadt in einem verängstigten, aufgeregten, verhetzten Zustand vor. Am Tag vorher waren von monarchistischen Burschen Revolverschüsse gegen Arbeiter abgegeben worden, ein Arbeiter kam dabei ums Leben, ein anderer war schwer verletzt. Und die Situation gestaltete sich drohend, es sah nach einer bevorstehenden Kraftprobe zwischen den radikalen und rückschrittlichen Elementen aus.

Ralph war abends in Wien angekommen und begab sich, nachdem er sich umgezogen, sofort zu seinem Großoheim, der in der Nähe der Weimarerstraße wohnte. Erstaunt, aber auch belustigt, las er die Zeitungsausschnitte, die Professor Holub ihm vorlegte.

„Natürlich sind das Gauner! Ich habe, wie du weißt, keinen Bruder, und der John O'Flanagan ist meine Erfindung, das Geschöpf meiner Phantasie, das nun von einem lustigen Hochstapler materialisiert wurde. Immerhin, ich werde ihm das Handwerk legen müssen."

Von einer sofortigen polizeilichen Anzeige wollte Ralph nichts wissen.

„Zuerst muß ich mir den Burschen ansehen. Vielleicht handelt es sich nur um einen Scherz oder um eine Wette, vielleicht ist es die Tat eines Verzweifelten, dem man helfen kann. Ich werde versuchen, die beiden Vögel noch heute abends zu sprechen."

„Sei vorsichtig, mein Junge, einer gegen zwei ist immer eine bedenkliche Sache."

„Unbesorgt, ich bin nicht allein, mein guter Browning stellt auch seinen Mann! Und außerdem sind Hochstapler selten gewalttätig. Sie verlassen sich mehr auf ihren Witz als auf ihre Muskeln."

Es war fast Mitternacht, als Ralph das Hotel Bristol betrat. Der Nachtportier teilte ihm mit, daß Mister O'Flanagan mit seinem Privatsekretär vor wenigen Minuten nach Hause gekommen sei. Ralph ließ sich telephonisch anmelden.

„Mister Plumber? Der Bruder des Mister O'Flanagan ist hier und möchte die Herren noch sprechen."

Die Antwort verzögerte sich um mindestens eine volle Minute, dann kurbelte der Portier ab.

„Die Herren lassen bitten."

Gespannt und innerlich belustigt ging Ralph die eine Treppe hinauf, aber bevor er klopfte, entsicherte er die Pistole und steckte sie in die äußere Tasche seines Pelzes.

Schweigend standen drei Männer in dem fürstlich eingerichteten Salon einander gegenüber. Bis Ralph, der angesichts des Kolosses, neben dem der „Privatsekretär" wie ein Gnom aussah, das Lachen mühsam verbiß, das Schweigen unterbrach.

„Darf ich Sie bitten, mir die Zwecke dieser Komödie klar zu machen!"

Während der Kleine scheu und ängstlich um sich sah, seufzte der Gewaltige tief auf.

„Schade! Es ist alles so gut gegangen und nun müssen Sie uns die Geschichte verderben. Das heißt, wie wäre es, wenn ich nach wie vor behaupten würde, Ihr älterer Bruder zu sein? Sie kennen den ja nicht, glaube ich! Aber nein, ich weiß schon, was Sie sagen wollen: Papiere, Paß, Gesandtschaft, Polizei und so weiter. Na ja, nichts zu wollen. Also los ins Kittchen?"

Das kam so wehmütig heraus, daß Ralph laut auflachen mußte.

„Erklären Sie mir wenigstens den ganzen Schwindel!"

„Ist nicht viel zu erklären! Mein Freund heißt Ferdinand Spengler und mein werter Name ist Georg, genannt Schurl Wamperer. Also, wir haben uns in New York kennen gelernt, wo er Kellner und ich Agent war. Na, durch eine dumme Geschichte sind wir, ganz unschuldig selbstverständlich, mit den knifflichen, dämlichen amerikanischen Gesetzen in Konflikt geraten und nachher nach Europa zurückgefahren. In Berlin haben wir wieder erbärmliches Pech gehabt. Wissen Sie, wir haben dort so ein nettes kleines Heiratsbureau errichtet. Besonders für betagte Mädchen und ältere Witwen geeignet. Der Spengler war dabei der Vermittler und ich der jeweilige Bräutigam. Also, die Sache ist schief gegangen und wir mußten ins Kittchen. Jeder auf ein Jahr. Na, und dann sind wir, weil wir doch beide Wiener sind, hierhergekommen. Mein Freund hat hier noch aus früherer Zeit Gepäck gehabt, sogar einen Smoking. Gewohnt haben wir zunächst bei einer alten Frau. Diese alte Dame hat nun eine Nichte namens Lintschi, Lintschi hat aber ein Gspusi mit einem Neger namens Sam, der jetzt Chauffeur ist, früher aber, als Sie noch ein reicher Knopf waren, bei Ihnen Diener gewesen ist. Und da erfuhren wir eben auf Umwegen allerlei und als Sie wegfuhren, um im Schnee Frostbeulen zu bekommen, habe ich die Geschichte mit Ihrem Bruder ausgeknobelt. Feine Idee, was?"

Ralph fand das Monstrum unerhört amüsant, bot ihm und dem Kleinen Zigaretten an, was aber zurückgewiesen wurde.

„Sie sind mein Gast", erklärte Schurl Wamperer mit Würde und schob ein Tischchen mit Likörflaschen und Zigarrenschachteln näher. Und dann erzählte er auf weiteres Befragen ganz offen, wie man von geschäftlichen Erfolgen berichtet, daß er den als Koch verkleideten Bankier kennen gelernt und ihn mit einer glatten Milliarde hineingelegt hatte. Nicht einmal die kleinen Taschendiebstähle des kleinen Spengler verheimlichte er. Und schloß seufzend:

„Pech, nichts als Pech! Wenn Sie statt heute übermorgen gekommen wären, so würden Sie uns nicht mehr angetroffen haben. Wir wären mit dem schönen Geld auf und davon gewesen und man hätte uns schwerlich jemals erwischt. Der Teufel soll dich holen, lieber Bruder! Jetzt wirst du wohl die Polizei holen, was?"

„Es wird mir nichts anderes übrig bleiben", sagte Ralph, der eine Art Mitleid nicht unterdrücken konnte.

„Besser, wir gehen mit Ihnen, verehrter Stiefbruder. Auf die paar Jahre kommt es mir schließlich nicht an, aber Aufsehen vertrage ich nicht."

Ralph war einverstanden. Auch er wollte nicht Zeuge eines Skandals im Hotel sein, wollte nicht sehen, wie sich vielleicht ein paar wutentbrannte Kellner und Portiers schimpfend und tobend auf die beiden Sünder werfen würden.

Während er ein wenig nervös im Salon auf- und abging, hatten die beiden Schelme einen Blick miteinander gewechselt. Wamperer erhob sich schwerfällig und sagte:

„Gleich werden wir mit Ihnen gehen. Aber Sie erlauben wohl, daß wir uns ein Päckchen mit Toilettesachen zurecht machen. Sie sehen, das ganze Appartement hat nur einen Ein- und Ausgang. Wir können Ihnen wahrhaftig nicht entwischen. Würden es auch gar nicht versuchen, weil die Polizei uns ja doch innerhalb einer Stunde beim Wickel hätte."

Ralph wollte, als die beiden sich in das benachbarte Schlafzimmer und von dort in ein Badezimmer zurückzogen, ihnen nachgehen. Sein empfindliches Taktgefühl hinderte ihn daran. Der Mann, der sich für seinen Bruder, ausgegeben, war so ersichtlich aufrichtig gewesen, daß man ihm wohl bis zu einem gewissen Punkt vertrauen konnte. Und so setzte er sich ruhig nieder, setzte eine Zigarette in Brand und ließ die Komödien des Lebens, in denen er mitgespielt, an seinem geistigen Auge vorüberziehen.

Es mochten fünf Minuten vorübergegangen sein. Immer hatte der dicke Wamperer ganz fidel zu ihm hinübergerufen:

„Geliebter Bruder, wir sind da, nur keine Angst nicht!"

Nun aber erdröhnte sein Baß nicht mehr, und beunruhigt erhob sich Ralph, um nach ihnen zu schauen.

Die nächsten Zimmer waren leer, ebenso das Badezimmer. Nur daß das schmale, unscheinbare Fenster offenstand.

Erschreckt beugte sich Ralph hinaus. Ein enger Lichthof gähnte ihm entgegen. Und da, da hing ja am Fensterkreuz ein Seil! Also waren die beiden Erzgauner doch durchgebrannt!

Während Ralph die Treppe hinunterraste und die Bediensteten alarmierte, kam ihm ein sonderbarer Gedanke: Also kann man nicht einmal mehr einem Gauner trauen!

Mit wenigen Worten klärte Ralph den Nachtportier auf, dieser weckte den Direktor, der händeringend nach der Polizei schrie, während die Hausdiener und Stubenmädchen schlaftrunken das Hotel durchsuchten.

Bald war alles klargestellt. Die beiden Gauner hatten sich mittels des Seiles, das sie wohl stets parat gehalten, in den Lichthof hinabgelassen.

Dort hatten sie das Fenster eines im Parterre gelegenen Klosetts durchgedrückt, von dem Klosett waren sie in einen Korridor gelangt, der in ein Schreibzimmer führte, das nach der Straße zu liegt. Und die Dunkelheit der Nacht, das Schneetreiben, die Leere der Straße benützend, hatten sie durch das Fenster die Flucht ergriffen. Wie die Polizei feststellte, nicht ohne alles, was sie an gestohlenem und erschwindeltem Geld besaßen, mitzunehmen.

Die Öffentlichkeit erfuhr von dem grotesken Vorfall nichts. Ralph, der seinen Namen nicht in Zusammenhang mit Gaunern bringen lassen wollte, ersetzte dem Hotel den gesamten Schaden, und der Bankier war zwar über den Verlust einer Milliarde untröstlich, aber schließlich froh, daß er nicht zum Gelächter für ganz Wien wurde. Wohl setzte die Polizei, die Diskretion bewahrte, alle Hebel in Bewegung, um die Hochstapler anzufangen. Aber ihre Bemühungen blieben erfolglos. Sie waren spurlos verschwunden. Nach etlichen Jahren begegnete Ralph ihnen im Gewühl des New Yorker Broadway. Aber sie waren seinen Augen sofort entschwunden, und er hatte kein Interesse, sie festnehmen zu lassen.

59. Kapitel
„Bereitschaft."

Es ist schon gesagt worden, daß Ralph kein Freund mechanischer Philanthropie war. Die ungeheueren Schenkungen der Rockefellers, Astors und Vanderbilts empfand er immer nur als das, was sie in Wirklichkeit waren: als Kompensationen für ein schlechtes Gewissen, als Entlastungsposten in einem Budget, das von Gewalttätigkeit, Übeltaten und Raubgier strotzte. Und mitunter sah er in einem „hochherzigen Akt", auch wenn er Hunderte von Millionen umfaßte, eher eine Blasphemie als wahres Wohltun, eine Karikatur dessen, was er unter Menschenliebe und Gemeinsinn verstand.

Als Ideal schwebte ihm Wohltätigkeit vor, die direkt an dem notleidenden Individuum ausgeübt wird, soziale Übel an der Wurzel trifft, mit Mühe und persönlicher Aufopferung verbunden ist.

Wenige Tage nach seiner Ankunft in Wien hatte Ralph in der neuen Tageszeitung „Der Tag" einen Aufsatz gelesen, in dem der feinste, tiefgründigste, allem Kitsch und Geschäftsschund gegenüber erbarmungsloseste, aller echten Kunst restlos ergebene Kritiker A. P. über eine Wohlfahrtsinstitution „Die Bereitschaft" schrieb, zur Hilfeleistung für dieses selbst notleidende Werk der Menschenliebe aufforderte.

Im Trubel der Geschehnisse hatte Ralph den Vorsatz, sich für diese „Bereitschaft" zu interessieren, vergessen. Jetzt aber, losgelöst von hundert überflüssigen gesellschaftlichen Pflichten, in der Isoliertheit eines Menschen, der aufgehört hat, die Aufmerksamkeit auf sich zu lenken, kam ihm die Erinnerung an den Aufsatz des A. P., der ihn damals so tief ergriffen hatte. Und er begab sich eines Tages ins Café Central und frug seinen Freund Kriegel, der mit stoischer Ruhe der ersten Aufführung seiner Judastragödie entgegensah, ob er Näheres über die „Bereitschaft" wisse.

Dr. Kriegel hob wortlos seinen schweren Oberkörper aus dem bequemen Lehnsessel, zog die Pfeife aus dem Munde, so daß das Lächeln, das die letzten Worte des Amerikaners begleitet hatte, noch deutlicher wurde, entschuldigte sich für einige Augenblicke und ging ans Telephon.

„18766 …

Hallo! Hier Kriegel! Lieber Freund, Sie müssen sofort ins Café Central kommen. Es handelt sich um die ›Bereitschaft‹. Ich erwarte Sie."

Als Dr. Kriegel nach einigen Minuten zum Tisch zurückkehrte, blickte ihn Ralph erstaunt und erwartungsvoll an. Kriegel klopfte seine Pfeife aus, stopfte sie wieder gemächlich und bemühte sich, sie in Brand zu setzen. Dann begann er ein gleichgültiges Gespräch mit Ralph.

Da trat ein kleiner, magerer Herr an den Tisch und begrüßte Dr. Kriegel mit „Servus“ und herzlichem Händedruck.

Dr. Kriegel stellte vor:

„Der Präsident der ›Bereitschaft‹ – Professor Hammerschlag“ ...

Ralph, der während der Begrüßung der beiden Freunde sich höflich vom Sessel erhoben hatte, blieb zunächst einige Sekunden lang verdutzt stehen, sah den einen, dann den anderen etwas mißtrauisch an, als wollte er ergründen, ob er hier das Opfer eines Scherzes geworden sei, und ließ sich zögernd und ein wenig verdrossen auf seinen Sitz nieder.

„Mister O'Flanagan“, sagte Dr. Kriegel, „interessiert sich für die ›Bereitschaf‹. Ich dachte, du würdest ihm wohl am besten Aufschluß geben können und habe dich deshalb zu uns gebeten.“

Prof. Hammerschlag, Spezialist für Ohrenheilkunde, ein Sonderling und Eigenbrötler mit dem Herzen eines Kindes, fand in der „Bereitschaft“ seine Lebensaufgabe. Einige Jahre vor Ausbruch des Krieges war in einem engen Kreis die Gründung der „Bereitschaft“ beschlossen worden. Und Hammerschlag widmete ihr jeden Gedanken, jede freie Stunde. Die Behörden verfolgten die Neugründung mit mißtrauischen Blicken. Sie vermuteten hinter den Bestrebungen des jungen Vereines „umstürzlerische“ Tendenzen und legten ihm Schwierigkeiten in den Weg. Dann kam der Krieg, der Zusammenbruch, der Niedergang und auch sehr schwere Zeiten für die „Bereitschaft“, die nicht die Mittel besaß, ihre sozialen Institutionen aufrechtzuerhalten. Aber mit unermüdlichem Eifer und unverminderter Begeisterung war Hammerschlag Tag und Nacht am Werke. Er trug Stein um Stein zum Bau zusammen, gab seinen Mithelfern wertvolle Anregungen, wußte das Ausland zu interessieren und erst kürzlich führte er einen schwedischen Philanthropen durch die Fürsorgeeinrichtungen der „Bereitschaft“, worauf dieser über die unter so schwierigen Verhältnissen geleistete Arbeit so begeistert war, daß er den Wohlfahrtszwecken eine Spende von vielen Millionen widmete.

Aber all das ist zu wenig, um das Elend von Tausenden von Kindern zu lindern, zu wenig, um all die Existenzen wieder aufzurichten, die schon zusammengebrochen sind oder unterzugehen drohen. Darum müssen immer neue Freunde gewonnen werden, und darum war es Professor Hammerschlag willkommen, einem Menschenfreund das Schicksal der „Bereitschaft" klagen zu können.

„Der Verein ›Die Bereitschaft‹ – sagte Professor Hammerschlag – verdankt seine Entstehung der Erkenntnis, daß eine zielbewußte, dauernd wirksame und ökonomisch arbeitende Verbesserung der sozialen Übelstände nur von einer Gesellschaft angebahnt werden kann, die die Gesetze ihres eigenen Lebens gründlich kennt. Eine in Unkenntnis dieser Gesetzmäßigkeiten und ursächlichen Zusammenhänge verharrende Gesellschaft wird nie imstande sein, soziale Übel zu verhüten und abzustellen. Sie wird sich damit begnügen müssen, die allerschwersten Übelstände notdürftig einzudämmen und auch das immer nur unter Vergeudung von Geld, Energie und gutem Willen. Darum hat sich die ›Bereitschaft‹ die Aufgabe gestellt, soziale Kenntnisse in die breitesten Schichten der Gesellschaft zu tragen. Als Mittel dazu dienen dem Verein die Abhaltung gemeinverständlicher Vorträge, die Veranstaltung von Vorlesungen über soziale Fragen, die Verbreitung von Flugschriften. Diese Tätigkeit hat in der Wiener Bevölkerung schon feste Wurzeln gefaßt. Die Vortragszyklen der ›Bereitschaft‹ über soziale und kulturelle Zeit- und Tagesfragen erfreuen sich stets eines Massenbesuches, werben ihr neue Mitglieder und tragen humane Ideen und Aufklärung in immer breitere Schichten.

Hand in Hand mit dieser aufklärenden Tätigkeit aber geht die praktische, soziale Arbeit des Vereines, die darauf gerichtet ist, schon heute im Rahmen des Erreichbaren an der Abstellung schwerer gesellschaftlicher Übelstände werktätig mitzuarbeiten. Die soziale Tätigkeit der ›Bereitschaft‹ ist nicht humanitäre Arbeit im gebräuchlichen Sinne. Sie beschränkt sich nicht darauf, einlangende Bittgesuche durch die Zuweisung von größeren oder kleineren Geldspenden zu erledigen. Im Gegenteil. Die Berufsbettler bleiben unberücksichtigt. Das Geldspenden ohne Zweck und Ziel verstößt gegen die Leitsätze der ›Bereitschaft‹. Unser oberster Grundsatz ist die Wiederaufrichtung und Erhaltung von Existenzen.

Wir sind bestrebt, ein neues Geschlecht aufzuziehen, das die Gewähr einer glücklicheren Zukunft in sich selber trägt. Und darum mußten wir unsere Arbeit am Kinde beginnen. In einer Zeit, die an der Gegenwart verzweifelt, gibt es nur einen Trost: die Zukunft. Wir müssen uns bescheiden, ein noch in der Ferne liegendes Glück kommender Tage vorbereiten zu können, an dem wir selbst nicht mehr teilhaben werden, wohl aber jene, die heute in den Kinderschuhen um uns sind. Die ›Bereitschaft‹ hat bei Ausbruch des Krieges Heime eingerichtet, in denen seither viele Hunderte 3 bis 14 Jahre alter Kinder ganztägig beschäftigt, verpflegt und betreut werden. Sie finden dort ihren Kindergarten, werden, soweit sie schulpflichtig sind, bei den Hausaufgaben überwacht, erhalten Handfertigkeitsunterricht, machen Spaziergänge, spielen, baden und finden oft Erholung in Ferienkolonien. Die Bedürftigsten werden nach Maßgabe der vorhandenen Mittel bekleidet. Besonders Begabte werden je nach ihren Anlagen entsprechend gefördert. Um der Einrichtung den bedrückenden Charakter des Almosens zu nehmen, werden die verdienenden Mütter der Kinder im bescheidenen Maße zu Beitragsleistungen an diese Tagesheime verpflichtet. Die ›Bereitschaft‹ hat nach und nach sechs solcher Tagesheimstätten in Betrieb setzen können.

Aus dieser Tätigkeit entstand der Gedanke, das ›Haus des Kindes‹ auszubauen. Es sollte alle Zweige der Kinderfürsorge in sich schließen und Kinder vom Säuglingsalter bis zur Zeit aufnehmen, wo sie, der Schule entwachsen, das Bedürfnis nach einem freundlichen und ihrem Geist und ihrer Seele noch immer etwas gebenden Abendheim besitzen. Der verstorbene Meister neuzeitiger Baukunst, Otto Wagner, hatte bereits die Baupläne für das schöne Projekt fertiggestellt. Die Entwicklung der Verhältnisse aber – so klagte Prof. Hammerschlag –, hat die Verwirklichung vorläufig wenigstens unmöglich gemacht.

Die Not des Staates und die allgemeine Not hat unseren Bestrebungen hart mitgespielt. Wir mußten nach und nach drei Tagesheimstätten auflassen und können augenblicklich unter großen Sorgen nur die Tagesheimstätten im 3. Bezirk, Oberzellergasse, im 15. Bezirk, Witzelsbergergasse, und im 21. Bezirk, Frömmelgasse, weiterführen. Aber auch sonst hat unsere Tätigkeit, da uns die zureichenden Mittel fehlen, wesentliche Einschränkungen erfahren. Von den Abendheimen für Jugendliche, die früher in mehreren Arbeiterbezirken, bestanden, können wir nur noch eines erhalten. Eine Mittagsausspeisung und die Arbeitsvermittlung im großen mußten wir einstellen.

Um so mehr Freude haben wir an der Arbeit unserer Pflegschaftsgruppen. In einer Reihe von Wiener Bezirken bestehen Ortsgruppen der ›Bereitschaft‹, die fleißig am Werke sind. Die Hilfesuchenden kommen in die Amtslokale der ›Bereitschaft‹ ihres Bezirkes, klagen dort ihr Leid, ein Pfleger, der den Fall sofort übernimmt, macht die erforderlichen genauen Erhebungen und stellt in der darauffolgenden Sitzung der Ortsgruppe seine Anträge, in welcher Weise der betreffenden Familie beigestanden werden könnte. Rasches Handels fördert den Effekt dieser Hilfsbereitschaft. Der meistens durch Arbeitslosigkeit oder aber durch Krankheit der Ernährer in Unglück geratenen Familie wird über die schwersten Tage durch Lebensmittelspenden hinweggeholfen, gleichzeitig aber danach getrachtet, dem Ernährer wieder zu einem Erwerb zu verhelfen. Sei es durch Beschaffung einer Arbeitsgelegenheit außer Haus oder aber durch die Ermöglichung von Heimarbeit. Wo der Mangel an Bekleidung den Erwerb behindert, wird für Bekleidung gesorgt. Wo verdienende Mütter durch die Sorgen um ihre Kinder an das Haus gefesselt sind, werden die Kinder in die Obhut der ›Bereitschaft‹ genommen. Alles Bemühen ist eingestellt auf die Wiederaufrichtung der Existenz und auf die Sorge um das Schicksal der Kinder.“

Ralph hatte mit Spannung dem Bericht Prof. Hammerschlags zugehört.

Am nächsten Tag machte er in Begleitung Prof. Hammerschlags und Dr. Kriegels einen Rundgang durch die verschiedenen Institutionen. Er besuchte die Tagesheimstätten der Kleinen, ließ sich von den Fürsorgerinnen eingehenden Aufschluß geben über das Leben der Kinder in diesen Heimen, sprach den Arzt, der gerade da war und den Gesundheitszustand aller Kinder regelmäßig überwacht, ließ sich die Tragödie des einen und anderen kleinen Schützlings erzählen, beschenkte die Kinder, die sich zärtlich und liebesuchend um ihn gedrängt hatten, mit kleinen Gaben, die er mitgebracht hatte, und besuchte dann ein Abendheim für Jugendliche, die sich gerade sehr eifrig an der Diskussion über einen kurz vorher gehörten Vortrag beteiligten.

Von da ging es in das Café Hamerling, wo die Ortsgruppe Josefstadt, eine der rührigsten Ortsgruppen der „Bereitschaft", Sitzung hielt. Ungenannt und ungekannt verbrachte Ralph in Gesellschaft seiner beiden treuen Begleiter den Abend in der Ortsgruppe.

Da saßen an einem langen hufeisenförmigen Tisch etwa fünfzig bis sechzig Männer und Frauen des Mittelstandes und berieten über das Schicksal ihrer Schützlinge. Zunächst berichteten die Pfleger über die von ihnen übernommenen Fälle und über das Ergebnis ihrer Erhebungen.

Da war ein Kriegsbeschädigter, der jetzt sein Fortkommen darin findet, daß er – ein geschickter Bastler, wie der Wiener sagt – Spielzeuge für Kinder baut: große Schiffe, Flugzeuge, Motorboote usw. Er hatte monatelang an einem solchen Riesenschiff gebaut, sich schon auf den Ertrag seiner Arbeit gefreut, um das traurige Dasein seiner Familie weiter fristen zu können, aber eine Versteigerung brachte ihm für dieses so wenig Geld, daß er kein neues Material für weitere Arbeit nachschaffen konnte. Der Pfleger beantragte, ihm einen größeren Betrag zur Anschaffung von Material vorzustrecken. Da meldete sich ein Mitglied in der Runde und erklärte sich bereit, dem Mann alles Erforderliche aus eigenem beizustellen. Dem armen Kriegsbeschädigten war geholfen.

Ein anderer Pfleger berichtete von einem alten Mann, der einmal Kaufmann war, sein Geschäft verlor und nun Hadernhandel im kleinen betreiben möchte, wenn er das bescheidene Anfangskapital zur Verfügung hätte. Sofort fand sich ein Hilfsbereiter in der Gesellschaft, der dem Pflegling aus seinen Vorräten und auch von Freunden so viel Hadern kostenlos zur Verfügung stellen wollte, daß der Verkauf dieser geschenkten Menge ihm einige Millionen zur Weiterführung des Geschäfts bringen kann.

Ungezählte Fälle gab es von Stellensuchenden, von Familienvätern mit sechs und acht unversorgten Kindern, kranken, unterernährten Kindern, die auch die notdürftigste Bekleidung entbehren müssen, und für jeden Fall fand sich Rat und helfende Tat. Für die Arbeitsuchenden Arbeit, für die Kinder Pflege. Die einen hatten auch noch Kleider, die andern Schuhe, die dritten Wäsche zu Hause, die sie, nachdem sie jede Woche geben, nur schwer, aber doch noch entbehren wollten und jenen zu geben bereit waren, die nichts besaßen.

Dann kamen die „neuen" Fälle zur Sprache. Jene, die kurz vor der Sitzung zum ersten Male in die Amtsstube kamen und für die nun ein Pflegling zur Anstellung der Vorerhebungen bestimmt wurde. Fälle aus dem 8. und aus dem 16. und 17. Bezirk, die gleichfalls dieser Ortsgruppe angeschlossen sind.

Schließlich berichteten die Pfleger über ihre „alten" Fälle. Denn man begnügt sich in der „Bereitschaft" nicht damit, einem Fall einmal etwas zuzuwenden und ihn von da ab für erledigt zu betrachten. Der Pfleger kümmert sich fortgesetzt um seinen Schützling, um, wenn notwendig, rechtzeitig einen neuerlichen Rückfall ins Elend zu verhüten oder aber um seine ursprüngliche Auffassung zu korrigieren, wenn es sich herausstellt, daß die Hilfeleistung einem Unwürdigen gegolten hat, einem, der Professionsbettler ist, oder einem, der die empfangene Hilfeleistung mißbraucht, zur Unterstützung seiner Existenz erhaltene Maschinen, Werkzeuge oder andere Hilfsmittel dieser Art verkauft, um wieder vor dem Nichts zu stehen. Solche Fälle werden aus der Fürsorgeliste der „Bereitschaft" für immer gestrichen.

Die Arbeit in der Ortsgruppe dauerte bis Mitternacht.

Ralph hatte einen tiefen Einblick gewonnen in das Elend dieser Stadt, aber auch die Überzeugung, daß hier Menschen am Werke sind, die zielbewußt und unter großen Opfern an Zeit, Nerven und Geld gute, ernste Arbeit leisten.

Und Ralph, der jetzt durch eine Millionenspende aus der selbstgewählten Rolle gefallen wäre, ließ schon am nächsten Tag Professor Hammerschlag anonym einen erheblichen Betrag zukommen. Ob er nun den „Kampf um Wien" führen oder aufgeben würde – der „Bereitschaft" wollte er Freund und Beschützer sein.

60. Kapitel
Hilde Wehningen und ihre Freier.

Eine Fahrtstunde von dem kleinen, idyllisch gelegenen Orte Krieglach in der Steiermark entfernt, befindet sich das Gut, dessen Herrin die verwitwete Frau Leonie Stuppach, vor dem Umsturz Baronin Stuppach, geborene Gräfin Boos, ist. Bei ihr hielt sich nun schon seit Wochen Hilde Wehningen mit ihrer Mutter, einer Schwester der Gutsherrin auf.

Frau Stuppach hatte nach dem Tode ihres Gatten mit starken, harten Händen die Zügel ergriffen, um den über und über verschuldeten und mit Hypotheken belasteten Herrensitz für sich zu retten. Ihrer zähen Energie, verbunden mit sprichwörtlichem Geiz, war die schwierige Aufgabe gelungen, und die letzten Jahre mit ihren unaufhörlichen Preissteigerungen für Vieh, Molkereiprodukte, Gemüse und Geflügel hatten es mit sich gebracht, daß das Gut Stuppach schuldenfrei wurde und reiche Erträgnisse abwarf.

Frau Stuppach hatte gewußt, daß ihre einzige Schwester als verarmte Witwe in Wien darbte, ihre Nichte mühsam das kärgliche Brot verdienen mußte – trotzdem war es ihr nie in den Sinn gekommen, die beiden Frauen irgendwie zu unterstützen. Im Gegenteil, um es zu vermeiden, daß die armen Verwandten sich an sie wenden würden, hatte sie jeden Briefwechsel aufgegeben, war nie nach Wien gefahren, so daß Hilde sich nur dunkel entsinnen konnte, als kleines Mädchen einmal die große, knochige Tante mit ihrer tiefen Stimme und dem fast männlich-derben Gehaben gesehen zu haben.

Allerdings, als Frau Wehningen nach der Verhaftung und gleich darauf erfolgten Rehabilitierung ihrer Tochter der Schwester einen jammervollen Brief schrieb, da erwachte Mitleid und Zusammengehörigkeitsgefühl in der Gutsherrin und sie verstieg sich zu der Ausgabe eines Telegrammes, um Schwester und Nichte einzuladen.

Und als sie das bildhaft schöne, zarte, junge Geschöpf mit den bleichen Wangen und den traurigen, vom Weinen ermatteten, großen Augen vor sich sah, da wurde sie von fast erstarrten Gefühlen übermannt und schloß Hilde in die Arme, eine Geste, deren sie sich gleich darauf schämte, weil sie alles, was man sentimental nennen konnte, für lächerlich erklärte.

Lange hielt dieser Gefühlsüberschwang allerdings nicht an. Nach einigen Tagen dröhnte wieder ihr männlicher Baß durch das große, weitläufige Herrenhaus, sah sie in Schwester und Nichte unnütze Esser, ließ keine Mahlzeit vorübergehen, ohne sich ausführlich über die geltenden Lebensmittelpreise zu äußern und zu erklären, welchen großen Wert die aufgetragenen Speisen hätten. Sorgte aber doch dafür, daß Hilde immer einen Krug frischer Milch auf ihrem Zimmer hatte und sich langsam wieder an die seit vielen Jahren entbehrte Fleischkost gewöhnte.

Hilde empfand mit ihren überempfindlichen Nerven sehr wohl das Peinliche ihrer Lage, empörte sich innerlich über das Dasein einer Almosenempfängerin, das sie führte, war aber körperlich zu schwach, zu müde, um sich aufzulehnen.

In einen alten Reisepelz ihrer Tante gehüllt, die Füße in derben, genagelten Schuhen, pflegte Hilde die Vormittage mit einsamen Wanderungen durch die schneereiche Landschaft zu verbringen.

So sehr war sie durch die Ereignisse der letzten Wochen erschüttert und aufgewühlt, daß sie mitunter stundenlang halblaute Selbstgespräche führte. Der Mittelpunkt ihrer Gedanken und Gespräche aber war immer und immer wieder Ralph.

Jetzt, ferne von Wien und ihrer betäubenden Bureauarbeit, innerlich ganz auf sich selbst gestellt, kam es ihr klar zum Bewußtsein, wie groß und wie tief ihre Liebe zu Ralph war. Und wenn sie in Schnee und Sturm die Straße gegen Mürzzuschlag hinanstieg, kreisten ihre Gedanken stundenlang um den einen Punkt:

War es recht gewesen, daß sie Ralph endgültig von sich gestoßen, mußte sie ernstlich der Echtheit seiner Gefühle mißtrauen, oder war es nur dummer, alberner Mädchenstolz, von den Ahnen ererbter Hochmut gewesen, der sie gezwungen, die Bewerbung Ralphs zurückzuweisen?

Sie schloß bei solchen Gedanken oft die Augen und dann sah sie das männlich-schöne, Güte und Liebe ausstrahlende Gesicht Ralphs vor sich, und sie schluchzte laut auf in jener tiefen Verzweiflung, die Menschen überfällt, wenn sie ihr Glück mit eigenen Füßen von sich gestoßen haben.

Mitunter war sie nahe daran, Ralph zu schreiben. Aber immer wieder verwarf sie diese Absicht. Müßte er nicht glauben, daß sie nur Komödie gespielt hatte? Und wer weiß, in wessen Bann Ralph mit seinen unverdorbenen, allen Eindrücken zugänglichen Sinnen jetzt stand? Schließlich mochte sie ihm doch nur ein liebes Spielzeug gewesen sein und er begann ihrer zu vergessen, war froh; in heiterer, leichtsinniger Gesellschaft nicht immer von sittlichen Forderungen und dem Ernst des Lebens verfolgt zu werden. Da Frau Suppach nur den Wochenanzeiger für Krieglach und Umgebung hielt und dieser nur die geltenden Preise für agrarische Artikel, die Termine der Märkte und etliche Anzeigen veröffentlichte, wußte Hilde nichts von den Vorgängen in Wien. Frau Stuppach hätte das Halten einer Grazer oder gar Wiener Zeitung für gottlose Verschwendung erklärt, glaubte um so eher darauf verzichten zu können, als sie bei ihren sonntäglichen Kirchenbesuchen in Krieglach ohnedies von welterschütternden Ereignissen auf mündlichem Wege einiges erfuhr.

Wohl nahm Hilde an Körpergewicht zu, wohl färbten Wind und Luft ihre Wangen wieder rot, aber die Gemütsdepression, von der sie umfangen wurde, hielt an, begann in jene Melancholie überzugehen, aus der sich bei jungen Menschen oft schwere psychische Störungen entwickeln.

Frau Wehningen beobachtete die traumverlorene Versunkenheit ihrer Hilde längst mit Schmerzen, schließlich bemerkte sie auch Frau Stuppach, und als ihr eine der Mägde einmal mitteilte, daß das gnädige Fräulein die halben Nächte in ihrem Zimmer ruhelos auf- und abzugehen pflege, da war sie mit ihrem Urteil fertig und erklärte der Schwester in dröhnendem Baß:

„Hilde braucht einen Mann, das ist alles! Ich werde sie einfach verheiraten und damit basta!“

Richtig brachte Frau Stuppach am nächsten Sonntag aus Krieglach einen Gast mit: den Ökonomen und Mühlenbesitzer Herrn Peter Kunzel, einen braven, biederen, durchaus ehrbaren Witwer, in den besten Jahren, das heißt hoch in den Vierzigern, der für seine Ökonomie, Mühle, die zwei halbwüchsigen Kinder und schließlich auch für sich selbst unbedingt ein Weib brauchte.

Er war von Hilde entzückt, hätte sie am liebsten vom Fleck weg geheiratet und erklärte einüber das anderemal: „Unter meiner Pflege tät' das gnä' Freil'n in drei Monat' dreißig Kilo zunehmen! Ich versteh' mich auf die Aufzucht, was, Frau Baronin?“

Nach Tisch fuhr er mit der einwandfreien Begründung, sich um die Schweine kümmern zu müssen, deren zwei am Rotlauf erkrankt seien, nach seiner Ökonomie bei Mürzzuschlag zurück, nicht ohne mit vielsagendem Blinzeln zu erklären, daß er bald wieder kommen würde. Und küßte Hilde zweimal heftig die Hand, was sie sich nur widerstrebend gefallen ließ, da ihr sein dichter, buschiger Schnurrbart Unbehagen verursachte.

Abends bei Tisch verkündete Frau Stuppach kategorisch:

„Hilde, der Herr Kunzel ist zwar nur ein einfacher Mann, der nicht aus unseren Kreisen stammt, aber er ist ein zuverlässiger Mensch, schwerreich, durchaus gutmütig, kurz und gut, der richtige Mann für dich. Wenn es dir paßt, so könnt' Ihr euch am nächsten Sonntag verloben und noch vor Ostern Hochzeit halten."

Hilde hatte eben an Ralph gedacht und wie in greifbarer Nähe seine warmen braunen Augen auf sich gerichtet gefühlt. Die Erinnerung an die vielen hübschen Stunden, die sie in seiner Gesellschaft verbracht, überkam sie so lebendig, daß sie glücklich vor sich hingelächelt hatte. Und nun war sie durch die Worte ihrer Tante aus ihren Träumen in die Wirklichkeit gerissen worden. Und schon lag in der gereizten Art, in der sie fast überlaut antwortete, ein Anflug von Hysterie, dieser Mitgift armer, unzufriedener, unglücklicher Frauen:

„Nein Tante, es paßt mir nicht und ich finde es eigentlich unerhört, daß du mir einen derartigen Menschen auch nur in Gedanken zumutest."

Frau Stuppach fuhr auf, es kam zu heftigen Worten, vergebens versuchte Frau Wehningen zu beschwichtigen, die Tante schmetterte erbost ihrer Nichte zu:

„Lieber will die Bettelprinzessin fremdes Brot essen, als die Frau eines anständigen Menschen werden, der kein geschniegelter Windhund ist!"

Der Schluß war, daß Hilde in krampfhaftes Schluchzen verfiel, das stundenlang anhielt, und ihre Tante trotz ihres Ingrimmes ihr die besten Worte geben mußte, um sie zu verhindern, schon am nächsten Tag nach Wien zurückzukehren.

Im Februar erhielt Frau Stuppach von ihrem Gutsnachbarn, der ehemalig gräflichen Familie Borstorf, eine Einladung, die natürlich auch Frau Wehningen und Hilde galt. Die fast zweistündige Schlittenfahrt über meterhohen Schnee verursachte Hilde tiefes Behagen, sie konnte sich an der Schönheit der in Schnee gehüllten Berge und Wälder nicht satt sehen, war von der Pracht des alten Barockschlosses der Borstorfs angenehm überrascht.

Das Ehepaar Borstorf galt als außerordentlich begütert und hatte neben einer verheirateten Tochter, deren Gatte dereinst das Gut übernehmen würde, noch einen Sohn, der der österreichischen Gesandtschaft in Berlin attachiert war und nun einen kurzen Urlaub bei seinen Eltern verbrachte.

Rudolf Borstorf, schlank, sehr blond mit sehr hellblauen Augen, überschüttete Hilde, die ihm in ihrer strahlenden Schönheit wie eine Königin erschien, mit Aufmerksamkeiten, machte ihr sofort auf Tod und Leben den Hof, verliebte sich bis über beide reichlich langen und abstehenden Ohren in sie.

Hilde empfand seine Huldigung nicht als unangenehm, es war schließlich ein Mann von ihrer Art und Gesittung, benahm sich taktvoll und diskret, und es entwickelte sich ein herzlicher, freundnachbarschaftlicher Verkehr, der ein wenig Farbe in Hildes monotones Leben brachte. Rudolf Borstorf fuhr täglich mit dem Schlitten herüber, um sie abzuholen und mit ihr weiter in kleine, freundliche steierische Dörfer zu fahren, deren Wirtshäuser ihnen Apfelwein, schwarzes Brot und Räucherspeck boten.

So verging die Zeit und mit ihr Rudolfs Urlaub.

Es war an einem Tag zu Mitte Februar, als bei solch gemeinsamer Schlittenfahrt Rudolf Borstorf die Hand Hildes ergriff und warm sagte:

„Hilde, ein paar Tage noch und ich muß zurück nach Berlin. Möchte aber vorher wissen, woran ich bin. Sie müssen doch fühlen, wie teuer Sie mir sind, wie sehr ich Sie liebe und an Ihnen hänge. Ich weiß, Sie sind mir geistig überlegen, sind feiner und besser als ich, aber schließlich, das bißchen Verstand, das ich für meinen Beruf als Diplomat brauche, habe ich, und es ist doch wohl nicht unwesentlich, daß ich reich genug bin, um Ihnen ein sorgenloses Leben zu bereiten. Und so frage ich Sie denn in aller Form, ob Sie meine Frau werden wollen!“

Hilde hatte diese Erklärung erwartet und gefürchtet. War sich immer ganz klar darüber gewesen, daß sie auch diesen Antrag ablehnen würde. Wie aber nun Rudolf Borstorf ihr so schlicht und treuherzig seine Liebe erklärte, mußte sie die Augen schließen, um im Bruchteil einer Sekunde ihr Leben und seine Möglichkeiten zu betrachten.

Auf der einen Seite Frondienst, kleinliche, erbärmliche Sorgen, die alternde Mutter mit ihrer steten Angst vor Hunger und Schande, sie selbst in ein paar Jahren ein gealtertes Mädchen, auf der anderen Seite Sorglosigkeit, ein behagliches Heim, Reisen nach fremden Ländern, und ein Mann, den sie zwar nicht liebte, aber doch würde schätzen und achten können.

Hilde krampfte die Hände in Qual zusammen. Brennende, maßlose Sehnsucht überkam sie. Sehnsucht nach Ralph, aber auch nach Frieden, nach Ruhe, Glück und dem eigenen Heim.

Schweratmend wandte sie sich Rudolf Borstorf zu:

„Und wenn ich Ihnen sage, daß ich in Ihnen zwar einen guten Freund sehe, aber Sie nicht lieben kann, wie es sein soll, weil ich mein Herz schon längst einem anderen geschenkt habe, einem, von dem ich allerdings nicht einmal mehr weiß, ob er noch in Europa weilt?"

Einen Augenblick empfand Rudolf diese unerwartete Antwort wie einen Schlag ins Gesicht, dann gewann der Wunsch, Hilde zu erobern, in ihm die Oberhand.

„Die Liebe wird kommen, wenn Sie erst mein sind! Ich werde mir Ihre Liebe langsam, Schritt für Schritt erkämpfen. Werden Sie meine Frau, wir werden es beide nicht zu bereuen haben!"

Müde, zaghaft, innerlich zerquält tat Hilde das, was Frauen in solchen Lagen stets zu tun pflegen: Sie verschob die Entscheidung.

„Geben Sie mir Zeit, zu überlegen und mit mir klar zu werden! Drei Tage meinethalben nur, dann werde ich Ihnen sagen, ob ich Ihnen eine gute, treue Frau sein kann oder ob sich unsere Wege trennen müssen."

Dabei blieb es und Borstorf fuhr nach Graz, weil er, wie er sagte, es nicht ertragen würde, sie drei Tage nicht zu sehen, vor ihrer endgültigen Beschlußfassung aber nicht mir ihr zusammenkommen wollte. Es wurde verabredet, daß er nach drei Tagen, am kommenden Sonntag also, unmittelbar nach Tisch Besuch machen würde.

Bevor die Frist um war, hatte Hilde den Entschluß gefaßt, Rudolfs Frau zu werden. Entscheidend war eine Aussprache mit ihrer Mutter gewesen. Frau Wehningen fragte abends vor dem Schlafengehen Hilde, wie sie eigentlich zu Rudolf Borstorf stehe und ob sich dieser nicht mit ernstlichen Absichten trage. Als Hilde darauf von dem Antrag Rudolfs und der Bedenkzeit, die sie sich ausbedungen, erzählte, begann Frau Wehningen bitterlich zu weinen und sagte schluchzend:

„Hilde, das ist das große Glück für dich und auch für mich! Mit einem Schlag wirst du eine reiche, vornehme Dame sein, nicht mehr arbeiten müssen und nicht in solche Situationen kommen, wie damals – – Und ich selbst, ich werde meine alten Tage in Ruhe und Zufriedenheit verbringen können und mir vielleicht sogar ein neues schwarzseidenes Kleid machen lassen können – du weißt, Hilde, daß ich meines kaum noch tragen kann. Und du brauchst auch dringend ein Winterkostüm."

Hilde mußte unter Tränen lachen, sie sah in dieser Kombination von Ehe, Schwarzseidenem und Winterkostüm den rührenden Jammer einer Mutter, deren schwacher Kopf von tausend kleinlichen Sorgen zerquält war. Sie küßte die Mutter auf die Stirne und sagte, während es um ihre Mundwinkel zuckte:

„Gut, Mutti, wein' nicht mehr, ich werde ihn heiraten und du wirst ein herrliches schwarzseidenes Kleid bekommen."

Frostklar brach der entscheidende Sonntag an, es schien, als wollte der Winter nochmals mit letzter Kraft gegen den jungen Frühling, der mittag seinen warmen Hauch auf die Erde sandte, ankämpfen.

Hilde suchte ihren Lieblingsplatz, eine vom Wind geschützte Waldlichtung, auf und es war ihr todtraurig zu Mute. Sie, die den Glauben an eine persönliche höhere Macht, die in das Schicksal der Menschen eingreifen könnte, längst verloren, rang verzweifelt die Hände und rief in sich hinein:

„Lieber Gott, sag du mir, was ich tun soll, laß ein Wunder geschehen, damit ich mich nicht einem, den ich nicht liebe, verkaufen muß!"

Und als ein paar Stunden später das Schellengeläute eines Schlittens ihr ankündigte, daß eben ihr Freier angefahren kam, da hatte sie die Vision, daß es Ralph sei, der dem Schlitten entsteige und auf sie zustürzen werde. Es war aber nur Rudolf. Sein erster Blick galt Hilde und seine Augen enthielten die Frage, die sie nun mit einem abgerungenen Ja beantworten wollte.

Sie, ihre Tante und Mutter saßen noch beim Dessert, als Rudolf eintrat, er mußte sich also noch gedulden, bis er mit Hilde allein sein würde.

Nach der ersten Begrüßung fragte ihn Hilde, nur um Gleichgültiges zu sagen, was er in Graz alles erlebt habe. Lachend erzählte er:

„Na, Graz hat wieder einmal eine kleine Sensation gehabt. Der verrückte Amerikaner, der zuerst Österreich erobern wollte und dann plötzlich um sein Geld gekommen ist, war in Graz und –“

Hilde, die totenblaß geworden war, stieß einen kleinen Schrei aus, so daß Frau Stuppach und Rudolf sie verwundert ansahen, während die im Denken schwerfällige Frau Wehningen die Zusammenhänge nur langsam erfaßte.

Hilde nahm ihre ganze Kraft zusammen und sagte tonlos:

„Von welchem Amerikaner sprechen Sie?“

„Na, von diesem Ralph O'Flanagan! Richtig, Sie lesen ja in ihrer idyllischen Einsamkeit keine Zeitungen, also wissen Sie gar nicht, was seit Ihrer Abreise von Wien vorgefallen ist. Nun, dieser Amerikaner, der, wie mir scheint, nicht ganz normal ist, mußte eines Tages, es dürfte drei, vier Wochen her sein, seinen Plan, aus Österreich so eine Art Suppen- und Teeanstalt zu machen, aufgeben, denn plötzlich meldete sich drüben in Amerika sein älterer Stiefbruder, von dessen Existenz er keine Ahnung gehabt hatte. Dieser Stiefbruder, mit Namen John, war der richtige Erbe des ganzen Vermögens und ist jetzt der reichste Mann der Welt, während Monsieur Ralph ein armer Teufel mit einer kleinen Rente ist. Was er in Graz wollte, weiß man nicht, aber eines von den Grazer Blatteln schrieb, daß er unter die Schieber gegangen ist. Nachdem das, in der Zeitung erschienen ist, verschwand er wieder aus Graz, wahrscheinlich, um in Wien seine paar Dollars zum höchsten Kurs anzubringen."

Rudolf Borstorf lachte intensiv über seinen Witz, Frau Wehningen sah ihre Tochter triumphierend an, als wollte sie sagen: Siehst du, diese Amerikaner sind alle nichts als Plebejer und Schwindler. Frau Stuppach aber begann sich nach den neuesten Grazer Preisnotierungen für Eier und Butter zu erkundigen.

In Hilde tobte ein Aufruhr. Sie würgte und grub die Fingernägel in die Handballen, um nicht in ein lautes Weinen und Lachen auszubrechen, zitterte am ganzen Leib, sprang plötzlich auf und rannte mit einer flüchtigen Entschuldigung aus dem Zimmer. Bestürzt folgte ihr Rudolf, holte sie ein, als sie gerade die Treppe hinauf in ihr Zimmer gehen wollte.

„Hilde, was ist Ihnen nur? Sie sind so blaß und verstört! Wird es Ihnen so schwer, mir Ihr Jawort zu geben?"

Das Mädchen preßte die beiden Hände gegen das Herz.

„Rudolf, seien Sie mir nicht böse, – ich kann nicht – es darf nicht sein – ich gehöre einem anderen und muß den jetzt suchen gehen –"

So viel eiserne Entschlossenheit leuchtete aus ihren weit aufgerissenen Augen, daß der junge Mann, auch ohne ein guter Diplomat zu sein, erkannte, hier nichts mehr hoffen zu dürfen.

Wortlos beugte er sich über ihre zitternde, eiskalte Hand, küßte sie und ging.

Hilde log später ihre Mutter an.

„Ich habe noch eine kurze Bedenkzeit erbeten! Er wird später nach Wien kommen und da werde ich mich entschließen. Aber nun will ich weg von hier, sofort, womöglich heute noch! Ich habe vergessen, dir zu sagen, daß gestern eine Postkarte von meinen Chefs gekommen ist, mit der Bitte, sobald als möglich meine Stellung wieder anzutreten. Wir müssen zurück, Mutti, bitte quäl mich nicht, es wird ja alles gut werden, du wirst dein neues Seidenkleid bekommen, nur jetzt fort von hier, zurück nach Wien!"

„Hängt das nicht vielleicht gar mit dem Amerikaner zusammen?“ fragte Frau Wehningen ängstlich.

„Nein, Mutti, nein“, log Hilde, „es hängt nur mit mir selbst zusammen! Komm, laß uns jetzt packen!“

Frau Stuppach war zwar über diesen plötzlichen Entschluß empört, innerlich aber ziemlich froh, Frau Wehningen seufzte und versicherte, daß früher, in der Monarchie, solche Dinge unmöglich gewesen wären und half Hilde höchst umständlich beim Einpacken. Da der Nachmittagszug nicht mehr hätte erreicht werden können, mußte Hilde ihre Ungeduld bezähmen und die Reise nach Wien konnte erst am folgenden Tag in den frühen Morgenstunden angetreten werden.

Um zehn Uhr vormittags trafen die beiden Frauen in Wien ein, fuhren mit dem Handgepäck mittels Straßenbahn nach ihrer Wohnung in der Kreuzgasse, wo eiskalte, ungeheizte Zimmer sie erwarteten. Hilde, die vor Erregung fieberte, mußte Holz und Kohle holen, nach dem Markt eilen, damit ihre Mutter ein Mittagessen zurecht mache, es wurde zwölf Uhr, bevor sie sich verabschieden und mit der Bemerkung, sie werde eine Kleinigkeit unterwegs essen, davoneilen konnte.

Hilde hatte damals bei der Polizei erfahren, daß Ralph im Hotel Imperial wohnte. Dort würde sie also wohl seine Adresse erfahren, wenn er, was ja anzunehmen war, die Wohnung gewechselt hatte.

Der Beamte im Hotelbureau wies sie kurz an den Portier. Dieser hatte sehr dringend mit einem Herrn zu tun, der um jeden Preis, auf Tod und Leben, noch eine Loge für Breitbart haben mußte, und als Hilde endlich an die Reihe kam, begann er in einem Büchel nachzuschlagen, in Zetteln zu suchen und erklärte schließlich achselzuckend:

„Irgendwo wohnt der Herr, das weiß ich ganz genau! Aber wo er wohnt, das weiß ich nicht. Der Hauptportier, der es wahrscheinlich genau weiß, hat heute nämlich seinen freien Tag. Am besten, Sie fragen morgen wieder nach.“

Verstört entfernte sich Hilde. Bis morgen warten? Ausgeschlossen! Sie fühlte, daß sie der Qual einer längeren Ungewißheit nicht gewachsen war. Aber es gab ja ein polizeiliches Meldeamt, dort würde sie die Adresse sicher erfahren können.

Die Elektrische brachte sie nach dem Schottenring zur Polizeidirektion. Dort erfuhr sie, daß sich das Meldeamt auf der Elisabethpromenade befinde. Also dort, wo sie die furchtbarsten Stunden ihres Lebens verbracht hatte!

Todmüde legte sie zu Fuß den Weg nach der Elisabethpromenade zurück. Und kam genau zehn Minuten zu spät. Das Meldeamt war schon geschlossen!

Hilde fühlte ihre Kräfte schwinden. Sie war noch nüchtern, hatte seit fünf Uhr morgens nichts zu sich genommen. Wie im Traum ging sie zurück nach dem Schottenring und dann hinauf bis zum Schottentor.

Ein wehes, verzweifeltes Lächeln huschte über ihr bleiches Gesicht. Hier war es gewesen, wo sie vor drei Monaten Ralph zum erstenmal gesehen hatte. Sie in der Straßenbahn, er auf der Straße, ihre Blicke hatten sich gekreuzt und damit war ihr Schicksal besiegelt gewesen. Ihres, aber nicht seines. Groll stieg in ihr auf. Er, er hatte sie wohl schon vergessen, empfand den Verlust seines Vermögens als Katastrophe, ahnte nicht, daß er ihr junges Leben verpfuscht, zerstört, vernichtet. Er war ein Mann, ein junger, starker Mann, der wieder in die Höhe kommen konnte, sie aber ein armes, schwaches Ding, immer abhängig von anderen, ein Blättchen im Winde, das nicht Kraft genug besaß, um sich irgendwo festzuklammern.

Ein wüstes Huppensignal, ein Fluch und Aufschrei riß sie aus ihrer Träumerei. Fast wäre sie von einem Automobil überfahren worden. Und der Chauffeur brüllte sie noch dazu an und war so wütend, daß sich sein ganzes kohlschwarzes Gesicht verzerrte. In der nächsten Sekunde aber wurde aus der wütenden Grimasse eine grinsende und der Neger rief:

„Oh, Fräulein Wehningen, Sie sein das Person, was ich beinah' überfahren hätt'!"

Sam lenkte das geschlossene Auto dicht an das Trottoir, während Hilde, nicht wissend ob sie wachte oder träumte, ihn anstarrte. „Sam, Sie sind es? Wo ist Herr O'Flanagan?"

Sams Gesicht wurde ganz tiefes Bedauern.

„Oh, Master Ralph Geld verloren, kann Auto nicht mehr halten. Ich sein jetzt Chaffeur bei reichem Wiener Herrn, aber ich nicht zufrieden sein, möcht' lieber Master Ralph umsonst bedienen."

Fast geschluchzt kamen die Worte heraus.

„Wo wohnt Herr O'Flanagan? Ich will ihn sprechen."

Sam grinste über das ganze Gesicht.

„Steigen S' nur ein, Fräulein Wehningen! Ich haben gerade Zeit und werde Ihnen zu Master führen. Wohnt weit, in Weimarerstraße."

Gedanken über das Unerlaubte dieser Schwarzfahrt wurden nicht groß. Hildes Müdigkeit verscheuchte jedes Bedenken. Sie stieg ein, und in sausender Fahrt ging es die Währingerstraße hinauf.

61. Kapitel
Melodram.

Ralph war in den letzten Tagen von schwerer innerer Unruhe erfüllt gewesen. Er begann sich hier in Wien immer unbehaglicher zu fühlen, empfand sein Dasein als inhaltslos und leer, sehnte sich nach tätigem Leben. Der gesunde Skeptizismus seines Großonkels trug viel dazu bei, daß er seine Mission für unerfüllbar hielt.

„Was willst du eigentlich, mein Junge?" hatte erst gestern der alte Herr Holub gesagt. „Dieses Landl hat nun seine Kredite, kann wieder fünf Monate fortwursteln, was immer du tätest, würde wenigstens von der Hälfte der Bevölkerung als Störung empfunden werden. Tu Gutes, streu Geld mit vollen Händen, richte Existenzen auf, wo du sie niedergebrochen siehst, aber lass' diesen Kampf um Wien, das nicht erobert werden will. Weder von dir noch von anderen. Du siehst es ja: Während sich Deutschland unter den Krallen Frankreichs windet, holen wir uns von dort Geld und gute Sittenzeugnisse. Quäl' dich nicht mit Wöllersdorf und Industrialisierungsprojekten, lebe dein eigenes Leben und nicht das eines Staates, der selbst noch gar nicht weiß, was ihm frommt und Not tut."

Mehr noch als die Worte Holubs quälte und verwirrte Ralph die steigende Sehnsucht nach Hilde. Jetzt, wo er sich von allen den schillernden und blendenden Frauen losgelöst hatte, empfand er wie groß seine Liebe zu diesem Mädchen war, das ihm schöner, lieblicher, klüger und besser zu sein schien, als irgend ein anderes Weib auf der Welt.

Gestern abends war er nach der Kreuzgasse gegangen, um zu erfahren, ob Hilde schon wieder in Wien sei. Aber die Wohnung war versperrt und die Hausmeisterin konnte keine Auskunft geben, wußte nicht, wo sich Frau Wehningen mit ihrer Tochter aufhielt. Worauf Ralph seinen Unmut und seine Enttäuschung in einem Meer von Champagner bis drei Uhr morgens in Gesellschaft seiner Freunde betäubte.

Nun war Ralph eben vom Mittagessen nach Hause gekommen, ging mit langen Schritten im Zimmer auf und ab und begann mit dem Gedanken zu spielen, Wien und Europa demnächst zu verlassen.

Es war zwei Uhr, als Frau Lunzer klopfte und ihm mit diskretem Lächeln mitteilte, daß eine junge Dame ihn zu sprechen wünsche.

Verwundert ließ Ralph im Geiste die Frauen Revue passieren, die ihn in seiner Junggesellenwohnung aufsuchen konnten. Und recht unwillig rief er in das dunkle Vorzimmer hinaus, man möchte nähertreten.

Im nächsten Augenblick standen fassungslos zwei Menschen einander gegenüber, blickten sich in die Augen und fanden kein Wort. Bis Ralph sah, daß das blasse, schmale Mädchen schwankte und nach einem Stuhl griff, um nicht umzusinken. Worauf er mit einem Jubelschrei auf sie lossprang, sie an sich riß und das kalte, bleiche Gesicht mit Küssen bedeckte und wärmte.

Minuten, angefüllt mit „du“ und „du“ und mit geschluchzten Koseworten und sanften Küssen. Bis sich Hilde seinen Armen entzog und leise sagte:

„Wenn du mich jetzt noch willst, Ralph, jetzt, wo du selbst arm bist, dann kannst du mich haben. Als deine Geliebte oder als dein Weib, mir ist es ganz gleichgültig, nur bei dir will ich bleiben, nie mehr von dir lassen.“

Auf diese rührende und echt weibliche Erklärung aber, auf dieses Sich-los-lösen von mädchenhaftem Stolz, auf diese restlose Hingabe, entfuhr Ralph zunächst nur ein Wort und dieses Wort war nicht schön:

„Damned!“

Und er verdeutschte es mit „Verdammt!“ und fügte kläglich hinzu:

„Nun habe ich dich schon wieder zum Narren gehalten, Hilde, und am Ende läufst du mir wieder davon! Ich bin nämlich gar nicht arm, sondern genau so reich wie damals, als du mich kennen lerntest. Aber trotzdem, du entwischt mir nicht mehr.“

Zog Hilde auf seinen Schoß und erzählte ihr, wie und warum er die Komödie gespielt.

Hilde aber störte dieser Reichtum nicht mehr, Hilde wußte und wollte nichts mehr, als ihren Ralph behalten. Und sie wehrte seinen Liebkosungen nicht, erwiderte seine Küsse und es war nicht Besonnenheit, die sie fort von seinen Knien trieb, sondern ein peinliches Geräusch. Hervorgerufen durch das heftige Knurren ihres Magens.

Errötend entwand sie sich ihm und sagte schüchtern:

„Ralph, ich habe furchtbaren Hunger!“

Und nun war er es, der zum Aufbruch drängte, nicht nur um Hilde satt zu machen, sondern weil auch sein amerikanisches Gehirn langsam wieder in Ordnung kam und ihm sagte, er möge die reife Frucht erst pflücken, wenn es offen und ehrlich geschehen durfte.

62. Kapitel
Hochzeitsglocken.

Die kommenden Tage waren ein Taumel in Freude und Glück. Es war ein wenig schwer, Frau Wehningen von all dem, was geschehen, zu überzeugen, als es aber doch so weit war, begann die arme Frau mit dem Bleistift in der Hand ununterbrochen die höchsten Ziffern mit 70.000 zu multiplizieren, wobei sie zu phantastischen Resultaten kam, denen sie absolut verständnislos gegenüberstand. Bis sie irgendwie und irgendwo vernommen hatte, daß der Dollar auch einmal sinken könne, ja, daß sogar immerhin die Möglichkeit bestände, ihn wieder wie im Jahre 1914 für fünf Kronen zu kaufen. Ralph gab sich die größte Mühe, ihr klar zu machen, daß dies für ihn, der ja wieder in Amerika leben werde, ganz gleichgültig sei. Klagend beharrte sie darauf:

„Eine Million Dollars sind heute siebzig Milliarden, und wenn daraus nur fünf Millionen werden, so bedeutet dies eben einen ungeheuren Vermögensverlust."

Schließlich aber, als sie sah, wie Ralph ihre Tochter mit den kostbarsten Geschenken überhäufte, begann sie sich doch zu beruhigen.

Ralph war mit Hilde übereingekommen, ihr ständiges Heim in New York aufzuschlagen. Von dort aus würden sie die Welt bereisen, immer wieder nach Wien kommen, aber ihre Heimat sollte das junge, aufwärtsstrebende Amerika sein.

Hilde hatte in Wien zu Bitteres erlebt, um, wie Ralphs verstorbene Mutter, mit allen Fasern an dieser Stadt zu hängen.

„Es graut mir von Wien", sagte sie einmal, „ich will, wenn ich nicht muß, die Entwicklungen, die sich hier vollziehen werden, nicht miterleben. Ich würde hier unseres Reichtums nie ganz froh werden können. Neid und Haß liegen in der Wiener Luft, die Atmosphäre ist vergiftet, jeder, der nichts hat, ballt die Faust gegen den, der etwas besitzt, und der, der etwas hat, schleudert denen, die mehr besitzen, seinen Fluch nach. Ich glaube, daß jedem dahinrollenden Automobil ungezählte Verwünschungen folgen. Einer nennt den anderen Schieber, dabei ist doch die Zahl derer, die auf ehrliche Weise ihrem ehrlichen Erwerb nachgehen, recht gering."

Ralph aber lebt nur seiner Liebe, war mit allem, was Hilde vorschlug und sagte, einverstanden und hatte nur den einen Wunsch, ihr jede Stunde eine neue Freude zu bereiten. Und so plünderte er die Läden der Juweliere, entdeckte durch Mittelspersonen Perlenschnüre von phantastischer Pracht, und wanderte mit seiner Braut unverdrossen von einem Modesalon zum anderen, weil ihm nichts schön und kostbar genug war. Bis Hilde ihm weitere Einkäufe energisch untersagte.

Nach und nach begannen die enormen Geldausgaben des Amerikaners aufzufallen, irgendwie verbreitete sich das Gerücht, daß Ralph O'Flanagan wieder der reiche Mann geworden sei, Amerikaner, die von drüben kamen, erklärten überhaupt die ganze Geschichte mit dem angeblichen Stiefbruder für einen Witz, und eines Tages stand es in einer Wiener Zeitung, daß Ralph, wahrscheinlich um die Parasiten los zu werden, ganz Wien geblufft habe und nach wie vor der reichste Mann der Welt sei.

Und schon rührten sich wieder die Sendlinge der Vereine, kamen Bettelbriefe, erfolgten von allen Seiten Einladungen, gab der Präsidialist seine Karte ab.

All dies bewog aber Ralph nur, seine Trauung zu beschleunigen und Österreich so bald als möglich zu verlassen. Er wollte seine Braut unter keiner Bedingung in den Dunstkreis einer verlogenen Welt ziehen, nur mit dem alten Holub, mit seinen Freunden Kriegel und Korn machte er sie bekannt, verbrachte mit ihr in diesem kleinen Kreis manch behaglichen Abend.

Es entstand die Frage, was mit Hildes Mutter und Sam geschehen sollte. Hilde hatte ihre Mutter lieb, aber stand ihr doch nicht so nahe, daß sie sie nicht hätte entbehren können. Und Frau Wehningen selbst fürchtete die Seereise, hatte vage Vorstellungen, daß man in New York durchaus nicht vor Überfällen durch Indianer sicher wäre. Hingegen war ihr der Gedanke, allein in behaglichen Verhältnissen in Wien zu bleiben, um so sympathischer, als sie ja wußte, daß Hilde alljährlich nach Europa kommen würde.

Anders stand die Sache mit Sam. Der Neger liebte nach wie vor seine Lintschi und außerdem durfte er sie gar nicht verlassen, weil sie ihm in absehbarer Zeit ein nicht ganz schwarzes, sondern mehr schokoladebraunes Mulattenbaby schenken wollte. Die beiden mit nach Amerika nehmen, war ausgeschlossen, weil dort die weiße Frau eines Negers unter dem Haß und der Verachtung der Bevölkerung ein unerträgliches Dasein führen würde.

Schließlich fand Ralph eine Kombination, die allen Schwierigkeiten mit einem Schlag ein Ende bereitete. Er kaufte abermals ein prachtvolles Automobil und Sam wurde wieder sein Chauffeur. Nach der Abreise Ralphs sollte der Wagen Sam gehören, der dann einen Taxameter aufmontieren und als Besitzer eines Autotaxis von besonderer Schönheit und Güte ein gemachter Mann sein und Lintschi heiraten würde. Das schwarz-weiße Paar sollte dann zu Frau Wehningen, deren Wohnung geräumig genug war, übersiedeln, Lintschi die Wirtschaft führen, so daß Frau Wehningen nicht allein wäre, sondern in Gesellschaft zuverlässiger, braver Menschen, und Sam mit seiner Frau ein Heim hätte.

Als auch diese Frage glücklich gelöst war, ging Ralph daran, sich mit Hilde trauen zu lassen.

Leichter gesagt, als getan. Ralph hatte nur seinen Paß, aber keinen Taufschein. Man erklärte ihm, daß dieser erst beschafft werden müßte. Und dann wäre ein Aufgebot in den amerikanischen Zeitungen notwendig, kurzum, es könne keine Rede davon sein, vor Ablauf von zwei bis drei Monaten zu heiraten. Die amerikanische Gesandtschaft, an die sich Ralph wandte und die, wie alle amerikanischen Botschaften und Gesandtschaften, berühmt dafür ist, daß sie jeder Intervention, jeder Hilfeleistung für ihre Bürger aus dem Weg geht, lehnte auch diesmal ein Eingreifen ab.

Ralph war wütend. Er wollte noch den März in Italien verbringen, dann mit Hilde Paris und London besuchen, im Mai in New York ein Haus bauen lassen, nach den Bergen fahren und im Herbst das neue Haus beziehen. Und nun sah er, daß bureaukratische Widerwärtigkeiten seine Pläne stören wollten.

Auf Anraten seiner Freunde wandte sich Ralph diesmal, da Eitelhof verreist war, an einen der hervorragendsten Wiener Rechtsanwälte, Dr. Hugo Schönborn, einen geistvollen und amüsanten Causeur, dessen Kanzlei berühmt dafür war, durch geschickte Interventionen außergerichtlicher Art die größten Erfolge zu erzielen.

Dr. Schönborn lachte, als ihm Ralph seinen Fall vortrug.

„Ich wußte nicht", sagte er, „daß es naive Krösusse gibt! Glauben Sie wirklich, daß für Menschen mit viel Geld hierzulande oder anderswo bureaukratische Hindernisse existieren? Ein mit Gold beladener Esel kann nicht nur die höchste Mauer übersteigen, sondern auch Akten, die ihm im Wege stehen, auffressen. Nun, wir werden den Esel in Bewegung setzen. Sagen Sie einmal, verehrter Herr O'Flanagan, befindet sich im Direktorium oder Verwaltungsrat Ihres Trustes niemand, der direkte Verbindungen mit dem auswärtigen Amt in Washington hat?"

Ralph dachte nur einen Augenblick nach.

„Natürlich, der Kongreßabgeordnete Houston gehört dem Board of Directors der „American Wood- und Forest-Trust-Company" an. Da jetzt der Kongreß in Washington tagt, wird er sicher dort sein."

„Also schön, dann geben wir eine dringende Depesche an diesen Herrn auf. Vielleicht sind Sie so freundlich und helfen mir bei der englischen Textierung."

Nach einer Viertelstunde ging folgendes Kabeltelegramm an den ehrenwerten Kongreßmann Houston in Washington ab:

„Wünsche sofort eine junge Wiener Dame namens Hilde Wehningen hier in Wien zu heiraten. Veranlasset Foreign Office per Kabel amerikanische Legation in Wien zu beauftragen, alle Schwierigkeiten zu beseitigen, so daß Montag, 5. März, Trauung stattfinden kann. Mit Dank für Bemühungen Ralph O'Flanagan." Folgte die genaue Adresse.

Und es waren noch keine achtundvierzig Stunden vergangen, als der amerikanische Gesandte von Washington den kurzen und bündigen Auftrag erhielt, die Trauung Ralph O'Flanagans am 5. März unter allen Umständen zu ermöglichen. Worauf der Gesandte einen Besuch beim Wiener Auswärtigen Amt am Ballplatz machte. Zehn Minuten später fuhr der Minister für Äußeres zum Minister für Inneres, weitere zehn Minuten später dieser zum Landeshauptmann, dann dieser zum Bürgermeister, und damit war die Angelegenheit erledigt.

Ralph O'Flanagan erhielt die Aufforderung, sich nach Dispens von jedem Aufgebot mit Hilde Wehningen am 5. März in Begleitung seiner Trauzeugen im neuen Wiener Rathaus pünktlich um vier Uhr nachmittags einzufinden, „behufs Eheschließung mit Fräulein Hilde Wehningen."

63. Kapitel
Der Kampf um Wien.

So fand denn in aller Stille am 5. März vor dem Standesamt die Trauung Ralph O'Flanagans mit Hilde Wehningen statt. Als Zeugen und Gäste wohnten der schlichten Zeremonie nur Frau Wehningen, die aus Krieglach herbeigeeilte Frau Stuppach, Herr Holub und die beiden Freunde Ralphs bei.

Das junge Paar hatte Plätze für den Nachtschnellzug genommen, der nach Mailand fuhr, vorher soupierte die kleine Gesellschaft bei Sacher. Der junge Ehemann und seine Frau waren für die Reise gekleidet und Hilde sah in ihrem grauen Tuchkostüm und dem kleinen grauen Reisehut aus Wildleder, der die Fülle der blonden Haare kaum bergen konnte, engelhaft schön aus. So schön, daß Ralph keinen Blick von ihr wenden konnte und immer wieder ihre Hand heimlich preßte, wie um sich zu vergewissern, daß dies alles kein Traum sei.

Nach den üblichen Trinksprüchen wurde Ralph aber nachdenklich und ernst und sagte in tiefer Ergriffenheit:

„Ich bin sehr glücklich und dürfte es eigentlich nicht sein. Denn ich habe die Aufgabe, die ich mir gestellt, nicht erfüllen können, bin mit meinen Plänen jämmerlich gescheitert. Ich verlasse Wien, ohne dieser Stadt, in der ich mein Glück gefunden, geholfen zu haben. Ich wollte um Wien kämpfen und ergreife die Flucht."

Der alte Herr Holub schlürfte langsam sein Glas Champagner aus, lehnte sich in den Stuhl zurück und erwiderte mit seltsam bewegter, fast visionärer Stimme:

„Du hast dein Glück in Wien gefunden und vielleicht dadurch den letzten Wunsch deiner Mutter, die ihren Satz nicht vollenden hatte können, erfüllt. Deine Mission wird aber wohl erst beginnen. Denn der Kampf um Wien wird kommen, früher oder später. Ich sehe, wie gierige Hände von allen Seiten nach diesem Kronjuwel Mitteleuropas greifen, weil sie wissen, daß nur wer Wien hat, Herr von Mitteleuropa sein kann. Ich sehe wie Sklaven und Magyaren, Monarchisten und Republikaner, beutegierige Reaktion und wilde Anarchie um Wien streiten und bluten werden. Was heute ist, ist nur Übergang, Stille vor dem Sturm, Atempause. In diesem Frühjahr vielleicht oder in einem der kommenden Jahre wird sich das Geschick Österreichs erfüllen, wird es Vasallenstaat oder Teil des großen deutschen Reiches werden müssen. Und dann mag der Augenblick kommen, wo du mit deinem Gold auf den Kampfplatz treten wirst, um die Entscheidung herbeizuführen, Wien zu helfen.

Zu früh hast du eingreifen wollen, zu früh retten, wo nichts zu retten ist.

„Der Kampf um Wien beginnt erst!"